LES
RUES DE PARIS

BIOGRAPHIES

PORTRAITS, RÉCITS ET LÉGENDES

PAR

M. BATHILD BOUNIOL

———

TOME DEUXIÈME

———

PARIS

BRAY ET RETAUX, LIBRAIRES-ÉDITEURS

82, RUE BONAPARTE, 82

—

1872

LES
RUES DE PARIS

TOME DEUXIÈME

CAMBRAI. — IMP. DE RÉGNIER-FAREZ, PLACE-AU-BOIS, 28.

LES
RUES DE PARIS

BIOGRAPHIES,
PORTRAITS, RÉCITS ET LÉGENDES,

PAR

M. BATHILD BOUNIOL

TOME DEUXIÈME.

PARIS
BRAY ET RETAUX, LIBRAIRES-ÉDITEURS
82, RUE BONAPARTE, 82.

—

1872

LES
RUES DE PARIS

GERSON (JEAN CHARLIER)

« Il n'est guère d'époque dans l'histoire de France et
dans l'histoire de l'Église, dit un judicieux écrivain,
qui offre un spectacle plus désolant que celle où vécut
Gerson (le règne de Charles VI). Guerre étrangère et
discordes civiles, un roi en démence, des princes armés
les uns contre les autres, des populations décimées par
la famine, ruinées par le pillage, écrasées de taxes et
de contributions ; l'Église partagée entre deux et
quelque temps entre trois papes; l'Université mêlée
bruyamment aux troubles politiques et aux querelles
religieuses ; la foi ébranlée ; le sentiment de la justice
obscurci dans les âmes, partout les consciences trou-
blées, les passions déchaînées, nulle part l'ordre et la
paix. Toute la vie de Gerson, toute son œuvre est dans
ces deux mots : « Pacifier et unir. » C'était le grand
besoin du temps ; et s'il faut juger des hommes par
leurs efforts plus encore que par leurs succès, nul n'a
été plus grand, nul n'a mieux mérité de son siècle que
Gerson. Fut-il jamais en effet une vie plus remplie que

la sienne, jamais une âme plus droite et plus pure au milieu de la corruption générale, plus ferme et plus intrépide au milieu des périls et des défaillances ? »

Retracer longuement cette vie toutefois nous entraînerait trop loin et d'ailleurs le récit n'aurait qu'un médiocre intérêt pour un grand nombre de lecteurs, à la distance où nous sommes des évènements d'une part, et de l'autre parce que les faits et les questions qui passionnaient alors les esprits jusqu'à la fureur pour la plupart aujourd'hui ne pourraient que rencontrer l'indifférence. Disons donc seulement en peu de pages ce que fut Gerson dont le nom sans nul doute, malgré le rôle considérable qu'il a joué de son temps, ne conserverait pas une si grande popularité, si celui qui le porta n'était point l'auteur présumé de *l'Imitation de Jésus-Christ*, ce merveilleux volume dont Fontenelle a dit que : « C'est le plus beau livre qui soit sorti de la main des hommes puisque l'Évangile n'en vient pas. »

Gerson naquit en 1363 (14 décembre) à Gerson, petit village du diocèse de Rheims, près Réthel. Il était l'aîné de douze enfants que leur père, Arnulphe Charlier, et leur mère, Elisabeth Lachardenière, élevèrent avec une grande sollicitude et dans les sentiments de la plus vive piété. A l'âge de 14 ans, l'aîné des enfants, Jean Charlier, fut envoyé, en qualité de boursier, au collége de Navarre à Paris ; et, paraît-il, c'est alors que, d'après un usage fort répandu, il changea son nom de famille contre celui du hameau où il avait pris naissance. « Il semblait, dit M. Aubé, qu'en déposant le nom paternel on mourût à soi-même, et qu'avec les liens du sang on rompit ces chaînes qui attachent l'homme à des intérêts ou à des passions étroites pour revêtir une sorte d'impersonnalité. »

Quatre années après, reçu licencié ès-arts, il entra en théologie et, pendant sept ans, suivit les leçons de Pierre d'Ailly et de Gilles Deschamps qui l'initièrent à la connaissance des Pères et des Docteurs. En 1387, quoique simple bachelier en théologie, il fut choisi, par l'Université pour faire partie d'une députation envoyée au pape Clément VII. Ce fut huit années après, en 1395, qu'il remplaça, comme chancelier de l'Église et de l'Université de Paris, Pierre d'Ailly nommé à l'évêché du Puy. Ce n'était qu'à regret et comme forcé que Gerson avait accepté cette haute distinction dont les circonstances faisaient un fardeau si lourd, témoin ce fragment d'une lettre qu'il écrivait, vers 1400, à Pierre d'Ailly : « Le corps entier de la chrétienté est tellement » envahi par le poison débordant des péchés ; l'iniquité » s'est établie et a poussé de si profondes racines dans » le cœur des hommes, qu'il semble qu'on ne puisse » plus se fier aux secours et aux conseils de la prudence » humaine. »

L'étendue et la profondeur du mal cependant ne paraissent pas avoir découragé son zèle ; il travailla de tout son pouvoir à ramener la paix dans l'église comme dans le royaume, et à réformer les mœurs, dans les divers ordres de l'état. Si trop préoccupé de certaines idées ou doctrines, dans lesquelles le gallicanisme était en germe, il se trompa quelquefois sur le choix des moyens, si le résultat ne répondit pas toujours à ses efforts, il faut, en faisant la part des circonstances, lui savoir gré de ses intentions, de son désintéressement dont il donna mainte preuve, comme de sa piété sincère et de son patriotisme. Ferme et courageux vis-à-vis des princes dont les factions déchiraient le royaume, il ne se montrait pas moins intrépide en face des passions populaires déchaînées. Lorsque les Cabochiens, maîtres de Paris, dominaient par la terreur et que, tous, à commencer par les clercs de l'Université, se taisaient, Gerson ne craignit pas d'élever la voix et de protester contre les violences en disant, d'après ce que Juvenal des Ursins nous rapporte : « Que les manières qu'on tenait n'étaient pas bien honnêtes ni selon Dieu, et il le disait d'un bon amour et affection. »

Si le chancelier n'eut pas la consolation de voir la pacification du royaume, du moins il fut témoin de celle de l'Église et de la fin du grand schisme d'Occident, grâce au Concile de Constance auquel il avait pris une grande part. Mais en quittant Constance, Gerson ne put rentrer en France où les Bourguignons, de nouveau maîtres de Paris, se vengeaient par de furieuses représailles des Armagnacs, et pendant quelque temps, il dut se résigner à l'exil.

Dès l'année suivante (1419), la mort de Jean-sans-Peur, tué au pont de Montereau, rouvrit au chancelier les portes de la France ; il se rendit à Lyon où l'un de ses frères, prieur du couvent des Célestins, lui offrit, dans le monastère, une hospitalité qu'il accepta. C'est là que s'écoulèrent dans le silence et la paix les dernières années d'une vie qu'avaient troublée tant de contradictions et de luttes et qui maintenant aux approches de l'éternité ne songeait qu'à se recueillir. On raconte qu'à cette époque Gerson se plaisait surtout dans la société des petits enfants. Spectacle touchant et admirable ! Cet homme qui avait rempli le monde du bruit de son nom, dont la parole éloquente avait retenti dans les assemblées les plus solennelles, se trouvait heureux d'enseigner le catéchisme et les éléments de la langue latine à de jeunes écoliers et il souriait douce-ment en leur entendant réciter cette prière que lui-même il leur avait appris : « Mon Dieu, mon Créateur, » ayez pitié de votre serviteur, Jean Gerson. »

A l'âge de soixante-douze ans, après avoir écrit les dernières pages de son *Commentaire sur le Cantique des Cantiques*, il s'endormit dans le Seigneur et sur sa tombe on grava ces deux mots qui résument sa vie : *Sursùm Corda !*

Ces mots ne pourraient-ils pas servir d'épigraphe à cet incomparable livre de l'*Imitation*, que Gerson, s'il en est l'auteur, comme il semble probable, écrivit préci-sément dans cette longue et silencieuse retraite au cou-vent des Célestins. « La plupart des traditions primiti-ves, dit un biographe, parlent en faveur de Gerson. En outre, il est dans l'*Imitation* mille traits qui de près ou de loin rappellent les habitudes d'esprit, le caractère, la situation morale de Gerson au retour de Constance. Bien plus, il semble que l'âme de Gerson, désabusée du monde, après une douloureuse expérience de la vie extérieure, ait passé tout entière dans ce divin livre et s'y soit comme imprimée. »

M. Brunet, le savant auteur du *Manuel du Libraire*, est à la vérité moins affirmatif quand il dit : »

« Quel est le véritable auteur de l'*Imitation*? Trois siècles de dispute sur ce sujet n'ont pu nous l'apprendre ; et près de cent cinquante ouvrages, écrits pour éclairer la question, n'ont guère servi qu'à en rendre la solution plus difficile. *Les témoignages les plus nombreux semblent favorables à Gerson,* chancelier de l'église de Paris ; mais d'un autre côté, Thomas à Kempis compte encore beaucoup de partisans. Cependant, une troisième opinion, celle qui présente Jean Gersen, abbé de Verceil, dans le XIII siècle, comme l'auteur de l'*Imitation,* a été renouvelée et·soutenue dernièrement avec vigueur par le président de Grégory : toutefois cet ancien magistrat a rencontré un adversaire redoutable dans la personne de M. Gence, savant laborieux, qui a fait du livre de l'*Imitation* et de tout ce qui s'y rapporte une étude constante et en définitive peu de personnes admettent l'opinion du président Verceillois. »

L'opinion en réalité ne pourrait donc se partager qu'entre Gerson et Thomas à Kempis, chanoine du diocèse de Cologne, dont le nom se lit sur plusieurs manuscrits du 15ᵉ siècle et qui a pour lui le témoignage de quelques-uns de ses contemporains. A Kempis, cependant, d'après des autorités graves, à peine âgé de vingt-cinq à trente ans, lorsque parurent les premiers livres de l'*Imitation,* ne saurait être l'auteur d'un pareil ouvrage, fruit d'une longue et amère expérience de la vie : tout au plus en eut-il été le compilateur et le copiste. Maintenant ne pourrait-on pas admettre une troisième opinion formulée par des critiques qui ne manquent pas d'autorité, à savoir que l'*Imitation* n'est point à proprement parler l'œuvre d'un auteur unique, d'un individu isolé, mais celle du siècle tout entier pour lequel quelque génie anonyme, pénétré de ses idées, ayant souffert de toutes ses désolations, instruit par ses cruelles expériences, après s'être enseveli au fond d'un cloître, aurait tenu la plume? Mais cette opinion même nous ramènerait à Gerson.

Quoiqu'il en soit, le livre existe pour la consolation et l'édification des âmes pieuses, il s'en est fait d'innombrables éditions et traductions. L'une des meilleures en France est encore celle de Michel de Marillac, qui avait été garde des sceaux sous Louis XIII [1], et dont le style, dans sa langue colorée et naïve, a gardé toute l'onction et le parfum du livre original, plus peut-être que la traduction de Pierre Corneille, digne pourtant en beaucoup d'endroits de ce beau génie et qui eut, en son temps, un prodigieux succès [2]. De nos jours, la traduction de F. de Lamennais, faite longtemps avant sa chute, a eu surtout les honneurs de la réimpression.

[1] La première édition est de 1631, in-12.
[2] La première édition est de 1656, in-4°.

GRÉTRY

« La musique de Grétry brille surtout par le chant et par l'expression des paroles ; malheureusement toute qualité exagérée peut devenir un défaut : c'est ce qui a lieu dans les productions de ce musicien original. En s'occupant trop des détails, il négligeait l'effet des masses ; de là vient que sa musique, bonne pour les Français, n'a pas réussi chez les étrangers.... Ce qui a pu empêchar ce compositeur de suivre les progrès de l'art dans l'effet musical, c'est le dédain qu'il avait pour toute autre musique que la sienne ; dédain qu'il ne prenait même pas la peine de dissimuler. Un de ses amis entrait un jour chez lui en fredonnant un motif.

» Qu'est-ce que cela ? demanda-t-il.

» — C'est, lui répondit son ami, un rondo de cet opéra que nous avons vu l'autre jour dans votre loge.

» — Ah ! oui, je m'en souviens, ce jour où nous sommes arrivés trop tard à *Richard*[1]. »

D'après Fétis, « l'excès de son amour-propre et ses opinions sur les œuvres des autres musiciens prenaient leur source dans sa manière absolue de concevoir la musique dramatique. » Il attachait, fort à tort et faute

____

[1] *Richard Cœur de Lion,* opéra de Grétry.

d'une science musicale assez profonde, si peu de prix à l'instrumentation de ses ouvrages qu'il en chargeait d'habitude un confrère. Lorsqu'on lui parlait de ces effets d'harmonie et d'instrumentation qui en musique sont à la mélodie ce qu'en peinture la couleur est au dessin, il répondait :

« Je connais quelque chose qui fait plus d'effet que tout cela.

— Quoi donc ?

— La vérité !

« Ce mot peint Grétry d'un seul trait, dit le savant critique déjà cité ; il est rempli de justesse, mais celui qui le disait ne voyait pas que dans les arts la vérité est susceptible d'une multitude de nuances et que, pour être vrai, il faut être coloriste autant que dessinateur. »

Grétry était très heureusement doué d'ailleurs ; les lacunes de son talent provenaient, comme on l'a vu, de son éducation première incomplète, et de cette impatience de produire qui d'ordinaire tourmente les jeunes gens et ne leur laisse pas de temps pour l'étude. Luimême en fait l'aveu : « Je n'eus pas assez de patience » pour m'en tenir à mes leçons de composition ; j'avais » mille idées de musique dans la tête ; et le besoin d'en » faire usage était trop vif pour que j'y pusse résister.» « (*Essais sur la musique*.) « Telle est la cause, dit Fétis de l'ignorance où Grétry est resté toute sa vie des procédés de l'art d'écrire la musique. » De là aussi la réaction dont nous sommes aujourd'hui témoins, réaction qui va jusqu'à l'injustice et fait qu'on parle presque avec l'air du dédain « de l'homme de génie, » qui a écrit tant de chefs-d'œuvre au point de vue de l'expression, le *Tableau parlant, Zemire et Azor, La Caravane,* etc.

Cette inconstance du public Grétry l'avait expérimentée quelque temps lui-même pendant les premières années de la Révolution lorsqu'un nouveau genre de musique, créé par Chérubini et Méhul, se fut introduit sur la scène. Voyant ses premiers ouvrages délaissés, Grétry voulut donner à son style un caractère plus énergique en harmonie avec le goût actuel ; mais il échoua et les opéras de *Pierre-le-Grand, Lisbeth, Elisea,* n'eurent aucun succès.

Certes, il fut grandement puni par cet échec du travers que nous avons signalé plus haut, mais dont il ne sut pas entièrement se corriger, témoin ce qu'il dit à propos de l'auteur des *Noces de Figaro*, et de *Don Juan,* dont il ne comprenait pas la musique trop forte pour lui, comme pour le public du reste auquel elle s'adressait. Un jour Napoléon Ier demandant à Grétry quelle différence il trouvait entre Mozart et Cimarosa, l'artiste répondit :

« Cimarosa met la statue sur le théâtre et le piédestal dans l'orchestre ; au lieu que Mozart met la statue dans l'orchestre et le piédestal sur le théâtre. »

« On ne sait ce que cela veut dire, » reprend M. Fétis. Assurément, mais ce n'est point là bien sûr un compliment à l'adresse de Mozart. D'ailleurs à cette époque la confiance en lui-même était d'autant mieux revenue à l'auteur de *Richard,* qu'il jouissait de nouveau de toute la faveur du public, ses ouvrages ayant été remis à la mode par le chanteur Elleviou.

Grétry retrouva ainsi l'aisance que la Révolution lui

avait fait perdre ; car le produit de ses ouvrages venait s'ajouter à la pension que l'Empereur lui avait accordée sur sa cassette. Les dernières années de sa vie s'écoulèrent à Montmorency, dans l'Ermitage jadis habité par Rousseau et que le musicien avait acheté. Il y mourut le 24 septembre 1813, après avoir perdu sa femme et ses deux filles dont la cadette, Lucile, montrait pour la musique des dispositions extraordinaires ; car, dès l'âge de 13 ans, elle avait composé la musique d'un petit opéra : *le Mariage d'Antonio*, joué avec succès à la Comédie Italienne.

Mariée jeune et pas heureuse, elle mourut à la fleur de ses années. On ne peut que plaindre Grétry à qui les affections de la famille faisaient défaut dans l'âge où les infirmités et la souffrance les lui rendaient plus nécessaires. Mais en dépit des honneurs décernés à sa mémoire, et de la gloire qui fait auréole à son nom, l'on est fort tenté de voir dans les malheurs qui affligèrent la vieillesse de l'artiste, un châtiment et une expiation si ce que Fétis nous apprend est exact.

Grétry avait un neveu nommé André Joseph : « Aveugle presque de naissance et littérateur sans talent, il passa presque toute sa vie dans un état de malaise et de souffrance dont son oncle aurait pu le garantir si, *moins complètement égoïste*, celui-ci avait voulu faire usage de son crédit pour lui faire accorder par le gouvernement quelque portion des secours destinés aux gens de lettres malheureux. Tombé dans la plus affreuse misère, cet infortuné est mort d'hydropisie à Paris, en 1826. »

N'est-il pas à craindre que cette indifférence pour un

parent si proche ne vînt aussi de cet amour-propre qui, au point de vue du talent, fut trop préjudiciable à Grétry ? Ne rougissait-il pas, à l'exemple de certains parvenus, dans la prospérité, de sa modeste origine lui fils d'un obscur musicien de Liége[1] chez lequel la pauvreté semblait endémique ?

Particularité assez curieuse ! Grétry avait reçu au baptème, avec les prénoms d'André Ernest, celui de *Modeste*.

[1] Il était né dans cette ville le 11 février 1741.

GRIBEAUVAL

Quel Parisien, habitant de la rive gauche, ne connaît pas la petite et assez laide rue de *Gribeauval*, conduisant de la rue du Bac à la place Saint-Thomas-d'Aquin? Mais parmi ceux qui traversent, même quotidiennement, cette rue, en est-il beaucoup qui sachent l'origine de cette dénomination et s'inquiètent de ce que pouvait être ce Gribeauval, supposé qu'il fût un individu? Pourtant Gribeauval, aujourd'hui peu célèbre, fut le successeur le plus illustre de Vauban et « l'un des officiers généraux dont s'honore le plus le corps d'artillerie » a dit le lieutenant-colonel Carette.

Né à Amiens (15 septembre 1715), il entra à l'âge de dix-sept ans dans le régiment royal-artillerie. Après trois années de service comme volontaire, il fut nommé officier-pointeur. Ses utiles et importants services lui valurent de nouveaux grades : lieutenant-colonel en 1757, il passa, avec l'assentiment du roi de France, au service de l'Autriche et devint commandant général de l'artillerie. Cinq ans après, il fut chargé en cette qualité des travaux de défense de Schweidnitz, l'une des plus importantes places de la Silésie, enlevée par les Autrichiens aux Prussiens. L'année suivante, Frédéric II, voulant reprendre cette place, chargea le major Lefebvre, habile ingénieur, de la direction des travaux d'attaque. Le conquérant, comme il l'écrivait au marquis d'Argens, comptait qu'en moins de quinze jours la ville serait en son pouvoir, mais déjà vingt-trois s'étaient écoulés et la ville résistait encore vigoureusement.

« Un certain Gribeauval, qui ne se mouche pas du
» pied, et 11,000 Autrichiens nous ont arrêtés jusqu'à
» présent. Cependant, le commandant et la garnison
» sont à l'agonie ; on leur donnera incessamment le
» viatique. »

Ainsi s'exprimait le sceptique Frédéric, le 6 septembre, et vingt jours après, il disait à son correspondant : « Je vous avais annoncé avec trop de présomption la fin » du siége. Nous y sommes encore... Le génie de Gri- » beauval défend la place plus que la valeur des Autri- » chiens. » Ce ne fut que le 9 octobre que les assiégés se résignèrent à capituler après *soixante-trois* jours de tranchée ouverte.

Cette glorieuse résistance rendit alors célèbre le nom de Gribeauval, qui avait tenu en échec pendant plus de deux mois la fortune de Frédéric, dit le Grand, et qui ne fut, suivant de Maistre, qu'un *grand Prussien*. Rentré en France, Gribeauval fut fait lieutenant-général, puis inspecteur-général de l'artillerie. Il rendit, en cette qualité, de grands services, soit par l'organisation du corps des mineurs, soit par des perfectionnements et des réformes dans les manufactures. D'après le biographe cité plus haut : « les officiers de son arme l'avaient surnommé le *Vauban de l'artillerie.* »

Il mourut en 1789 (9 mai).

VALENTIN HAUY. — RÉNÉ-JUST HAUY

I

VALENTIN HAUY

Le boulevard des Invalides, il est à peine besoin de le dire, doit son nom au voisinage du magnifique hôtel, bâti par Libéral Bruant et Mansart.

Presque à l'entrée du boulevard, du côté de la rue de Sèvres, s'élève un autre édifice de proportions beaucoup plus modestes quoique élégantes encore. De l'avenue, à travers la grille, on aperçoit dans la cour qui précède la maison une statue en bronze. Cette statue est celle de Valentin Haüy qui rendit aux *jeunes aveugles*, par la découverte d'ingénieux procédés, les mêmes services que l'abbé de l'Epée aux sourds-muets ; aussi pensons-nous qu'on ne lira pas sans intérêt sur lui quelques détails puisés aux sources les plus authentiques.

Valentin Haüy naquit à Saint-Just (Oise), le 28 février 1743. Il était le second fils d'un pauvre fabricant de toile ou tisserand, et de même que son frère, le célèbre minéralogiste dont nous parlerons plus tard, il dut sans doute au prieur de l'abbaye voisine des Prémontrés le bienfait d'une éducation libérale, comme on dirait au-

jourd'hui. Sans autres ressources que son instruction in-
suffisante, mais qu'il s'efforçait de compléter, il vint
jeune encore à Paris et, pour subsister, ouvrit une *école
de calligraphie* en même temps qu'il donnait en ville des
leçons d'écriture. C'est au milieu de ces occupations peu
brillantes, mais assez lucratives, qu'il fut mis sur la
voie de la découverte qui devait donner à son nom l'immortalité. Voici dans quelles circonstances, d'après ce
que lui-même a raconté :

En 1783, Mlle Paradis, célèbre pianiste de Vienne et
aveugle de naissance, vint donner des concerts à Paris.
A l'aide d'épingles placées en forme de lettres sur de
grandes pelotes, elle lisait rapidement, de même qu'elle
expliquait la géographie au moyen de cartes en relief,
dont l'invention appartenait à un autre aveugle de
naissance, Weissembourg de Manheim. Valentin Haüy
eut l'occasion d'entendre et de voir plusieurs fois Mlle
Paradis : ce fut pour lui un trait de lumière. Il comprit
vite tout le parti qu'on pouvait tirer de ces procédés
ingénieux pour l'enseignement des infortunés privés de
la vue, et développa ses idées à ce sujet dans une intéressante brochure publiée en 1786, sous le titre de : *Sur
les moyens d'instruire les aveugles.*

Mais bientôt, grâce à un heureux hasard, il put joindre la pratique à la théorie et confirmer les conclusions
de sa thèse par l'évidence décisive des faits. Un jour, à
la porte de Saint-Germain-des-Prés, il remarqua un
enfant, un jeune aveugle demandant l'aumône et dont
la figure révélait l'intelligence, bien que les yeux fussent sans regard. Il s'approche et l'interroge avec cet
accent qui trahit la sympathie.

— Je m'appelle Lesueur, répond l'enfant, natif de
Lyon ; mon père est mort, ma mère me reste, mais infirme et pauvre. Ne pouvant travailler pour l'aider, je
demande la charité afin de lui donner au moins du pain.

— Très-bien, mon ami, le bon Dieu te récompensera
de ta piété filiale, et peut-être aurai-je le bonheur d'être
en cela l'instrument de la Providence. Conduis-moi chez
ta mère ; j'ai quelque chose à lui proposer qui, je crois,
ne lui déplaira pas.

Le résultat de l'entretien, en effet, fut heureux, pour
tous deux d'abord, et ensuite pour beaucoup d'autres.
Du consentement de la mère à laquelle il promit un secours quotidien suffisant pour la faire vivre, et qu'il lui
donna en effet, Valentin emmena chez lui le jeune Lesueur et l'instruisit d'après sa méthode. Les résultats furent tels qu'au bout de quelques semaines le maître radieux pouvait présenter son élève à la Société philanthropique qui, après avoir applaudi à ce premier et heureux essai, mit à sa disposition une maison située rue
Notre-Dame-des-Victoires et des fonds pour l'entretien
de *douze* élèves.

Le succès dépassa toutes les espérances et, vers la fin
de la même année, Valentin Haüy conduisait à Versailles, où il avait été mandé, ses *nouveaux écoliers* qui,
pendant toute une quinzaine, firent l'étonnement et
l'admiration de la cour par leurs exercices variés, lecture, calcul, musique, etc. Un résultat si merveilleux,
dans un laps de temps si court, prouvait, avec l'intelligence et la docilité des élèves, l'habileté du maître et
l'excellence de sa méthode. Louis XVI, après avoir félicité Valentin, promit que sa protection ne lui manque-

rait pas et ordonna de faire les fonds nécessaires pour l'éducation de 120 élèves. En même temps il accordait au professeur le titre d'interprète du roi et de l'amirauté pour les langues anglaise et allemande ; puis il le nomma membre du bureau académique d'écriture et enfin l'un de ses secrétaires.

L'institution des *Jeunes Aveugles* désormais était fondée. Mais vint la Révolution et, dans l'année 1790, sur la proposition de la Rochefoucault Liancourt, on eut l'idée malheureuse de réunir dans un même local (le couvent des Célestins) les *Jeunes Aveugles* et les *Sourds-muets.* La mesure eut les résultats les plus fâcheux par suite de la mésintelligence qui divisa bientôt les directeurs et les élèves eux-mêmes. Aussi peu d'années après, on reconnut la nécessité de séparer de nouveau les deux établissements, ce qui eut lieu par un décret de la Convention du 9 thermidor an II (27 juillet 1794). L'institution des *Jeunes Aveugles* fut transférée dans la maison de Sainte-Catherine, rue des Lombards, et Valentin Haüy resta seul directeur, malheureusement pour lui comme pour les élèves ; car professeur excellent, mais homme d'imagination, Valentin n'avait point du tout le talent d'administrateur et chez lui la rectitude du jugement n'égalait point la vivacité de l'esprit et l'on ne peut dissimuler qu'on eut alors des torts graves à lui reprocher.

Comblé, comme on l'a vu, des bienfaits de la cour, il ne sut pas se défendre de la contagion de certaines idées qui, à la vérité, lors de la Révolution, tournaient trop de têtes et de plus fortes que la sienne. Lui qui avait pour frère un prêtre des plus vénérables, il donna dans

toutes les rêveries et les imaginations niaises des théo-
philanthrophes. Adepte fervent et acolyte de la Réveillère-
Lépaux, il eut la coupable sottise de se faire l'apôtre de
la secte dans sa maison même et de conduire ses élèves
à ces cérémonies ridicules. Pour couronner toutes ces
énormités qui feraient douter qu'à cette époque de sa
vie il jouît de la plénitude de sa raison, « devenu veuf
» d'une femme respectable, dit M. Durozoir [1], il épousa
» une jeune fille du peuple, marchande des quatre sai-
» sons et qui n'avait pour elle qu'un minois assez ave-
» nant. La présence d'une telle femme à la tête de sa
» maison et son incapacité mirent le comble au désor-
» dre. » L'établissement mal administré avait perdu son
caractère définitif : « car par sa fondation, comme on
l'a dit, il ne devait être qu'un collége, » et Valentin
Haüy l'avait converti en hospice en autorisant ses pen-
sionnaires à se marier, ce qui avait introduit dans la
maison une foule d'abus et considérablement augmenté
la dépense.

Le gouvernement consulaire, jugeant alors que l'établissement n'atteignait point son but, le réunit à l'hospice de *Quinze-Vingts*. Valentin perdit sa place, et, il faut
bien l'avouer, surtout par sa faute. Doué d'un cœur
généreux, d'une belle intelligence et placé dans les circonstances les plus favorables pour tirer parti de ses
qualités, il ne sut pas assez se défier de lui-même, des
côtés faibles de son caractère, de la mobilité de son
humeur, de ses impressions trop vives, et il ne reconnut
pas autant qu'il eût dû les bienfaits de la Providence.

[1] *Biographie universelle.*

Par l'oubli si coupable des enseignements de la foi et de ces grands principes qui, seuls, peuvent faire contrepoids aux ardeurs de l'imagination et soutenir la raison dans ses défaillances, il fut entraîné, comme on l'a vu, à des écarts, source pour lui de chagrins, d'humiliations, de déceptions amères et, quand la lumière se fit par la réflexion et l'expérience, sujets de cruels repentirs.

Cependant le gouvernement français, malgré la mesure dont il a été parlé plus haut, ne fut point ingrat pour Valentin Haüy, et il lui accorda, à titre de dédommagement et comme récompense de ses services, une pension de 2,000 francs. Au lieu d'en jouir tranquillement, l'ex-directeur des Jeunes Aveugles fonda rue Saint-Avoye, sous le titre de *Musée des aveugles*, un pensionnat spécial qui, toujours par les mêmes causes, ne réussit point. Valentin, découragé, quitta la France et partit pour la Russie, où depuis longtemps il était invité à se rendre afin d'y créer un établissement, ce qu'il fit en effet, en chargeant son élève Fournier de l'enseignement, tout en gardant pour lui-même la direction. Quoique les résultats n'eussent pas été ce qu'on espérait, l'empereur Alexandre, appréciant les efforts et le zèle du fondateur, le décora de l'ordre de Saint-Valdmir. Lors de son passage à Berlin, sur le plan qu'avait donné Valentin, un établissement analogue aux précédents, avait été créé qui, bientôt, grâce sans doute au choix heureux du Directeur, fut des plus prospères, et longtemps même le seul tout à fait prospère.

Cependant Valentin à qui l'âge et des infirmités, suite de ses fatigues et de ses chagrins, rendaient néces-

saire un climat plus doux, dans le courant de l'année
1817 quitta Saint-Pétersbourg pour revenir en France,
seul, disent les biographes, sans autre explication, soit
qu'il eût perdu sa femme et son fils, soit qu'il eût été
forcé de s'en séparer. Mais il savait qu'en France, à
Paris, un asile lui était assuré et que la maison de son
excellent frère, l'abbé, serait la sienne. Réné-Just, en
effet, qui l'avait plaint plus encore que blâmé dans ses
erreurs, cruellement expiées, l'attendait impatient de
serrer dans ses bras un autre enfant prodigue. Dans
cette paisible demeure, au foyer fraternel ou plutôt
paternel, Valentin connut enfin la paix et le repos,
repos du corps et paix de l'âme. L'exemple plus encore
que les conseils du bon prêtre le ramenèrent complètement aux saintes croyances de ses jours les plus heureux, et lui rendirent légères les années pesantes de sa
vieillesse, comme plus douce la mort (19 mars 1822).
Une messe solennelle, composée par un de ses anciens
élèves, fut chantée à ses funérailles qui eurent lieu
dans l'église Saint-Médard, sa paroisse.

II

RÉNÉ-JUST HAUY

Réné-Just Haüy, plus âgé que Valentin de deux années, et né aussi à Saint-Just, après avoir terminé ses
études comme boursier au collége de Navarre, entra
dans les ordres et, porté par goût à l'enseignement, il
demanda et obtint une place de régent de quatrième,

puis de seconde au collége du cardinal Lemoine. Lhomond, son collégue et son ami, lui donna le goût de la botanique, à laquelle Haüy ne tarda pas à préférer la minéralogie lorsque, par les leçons de Daubanton, il eut connu cette science dont il devait être dans notre siècle le représentant le plus illustre, grâce à une découverte précieuse autant qu'inattendue qu'il dut à une heureuse maladresse ou mieux à la sagacité de son observation.

« Haüy, dit M. le Roy de Chantigny, ayant remarqué la constance des fleurs, des fruits, de toutes les parties des corps organisés, soupçonna que les formes des minéraux, bien plus simples et presque toutes géométriques, devaient être déterminées par des lois semblables. Le hasard confirma ses prévisions. Occupé à examiner la riche collection de minéralogie du maître des comptes de France, son ami, il laisse tomber un énorme groupe de spath calcaire cristallisé en prisme. En examinant les faces des fragments, leurs angles et leurs inclinaisons, Haüy s'aperçoit qu'il sont les mêmes que dans les spaths dont les cristaux présentent une autre forme... Il observe que les variétés qu'offre l'extérieur des cristaux sont le produit des diverses manières dont se groupent les molécules. »

De là, toute une série de conséquences qui rendirent rationnelle la classification des minéraux jusqu'alors difficile et arbitraire. Le modeste savant, présenté à l'Académie des sciences par Laplace et Daubanton, développa son système devant l'assemblée, qui, appréciant tout le mérite de sa découverte, l'admit d'emblée dans son sein. Haüy qui, après vingt années de profes-

sorat au collége Lemoine, avait droit à sa retraite, n'hésita pas à la prendre pour se consacrer exclusivement
aux sciences. Mais peu s'en fallut que la Révolution ne
vînt l'arrêter au milieu de ses graves études et qu'on ne
le comptât au nombre des victimes de la Terreur.
Arrêté pour avoir refusé le serment que condamnait sa
conscience, il fut enfermé dans la prison de Saint-Firmin d'où il sortit heureusement, après une assez courte
détention, grâce aux efforts courageux de son élève
Geoffroy Saint-Hilaire. Tout occupé de ses recherches
scientifiques, Haüy ne pouvait croire d'ailleurs au péril
dont on le menaçait : « Cellule pour cellule, a dit Cuvier [1],
il n'y trouvait pas trop de différence ; tranquillisé surtout en se voyant au milieu de beaucoup d'amis, il ne
prit d'autre soin que de se faire apporter ses tiroirs et
de tâcher de remettre ses cristaux en ordre. »

Aussi lorsque, le 13 août, Geoffroy Saint-Hilaire,
muni de l'ordre de mise en liberté, vint pour le faire
sortir, le savant répondit doucement :

— Il est trop tard pour aujourd'hui ; remettons, mon
cher ami, à demain matin ; au moins j'aurai la messe
avant de quitter la maison.

Et le lendemain, il fallut presque l'entraîner par
force, sans doute parce qu'on ne pouvait déménager
immédiatement tous ses tiroirs. Quinze jours après,
avaient lieu les massacres de septembre, et Haüy comprit enfin que le danger n'était que trop sérieux.

Grâce au certificat de civisme qui lui fut délivré, toujours par l'entremise de Geoffroy Saint-Hilaire, il put

[1] Eloge de Réné-Just Haüy.

échapper à de nouveaux périls. Membre de l'Institut sous le Directoire, et plus tard appelé à la chaire de minéralogie du Muséum d'histoire naturelle, en remplacement de Dolomieu, il fut, lors du rétablissement en France du culte catholique, nommé chanoine de Notre-Dame, puis chevalier de la Légion-d'Honneur par Napoléon, qui le tenait en grande estime comme homme et comme savant. En récompense d'un *Traité de physique pour les colléges,* que le premier consul lui avait demandé et qui fut rédigé et imprimé en quelques mois, il reçut une pension de 6,000 francs, en outre d'un emploi pour le mari de sa nièce.

En 1815, lors d'une visite que l'Empereur fit au Muséum d'histoire naturelle, il témoigna sa satisfaction de revoir notre savant, et lui dit : « Monsieur Haüy, j'ai emporté votre *Physique* à l'île d'Elbe, et je l'ai relue avec le plus grand intérêt. Je vous ai nommé officier de la Légion-d'Honneur. »

Un autre jour, remarquant l'absence du vénérable membre de l'Institut et apprenant que sa mauvaise santé en était cause, il dit avec vivacité à ses médecins: « Allons, messieurs, il faut guérir M. Haüy ; il est des hommes qu'on ne remplace pas. »

Sous la Restauration, Haüy se vit retirer sa pension de 6,000 fr., qui ne pouvait, d'après de nouveaux règlements, se cumuler avec le traitement d'activité. Dans le même temps, par suite des réformes résultant des économies imposées par les circonstances, son neveu perdit son emploi au ministère des finances et retomba nécessairement à sa charge avec sa famille. Son frère, àgé et infirme, lui arrivait en même temps de Saint-

Pétersbourg. Aussi, plus d'une fois il eut à souffrir de la gêne dans le temps même où les personnages les plus illustres de l'Europe : le roi de Prusse, l'empereur François-Joseph, les princes russes, s'empressaient pour lui faire visite et admirer sa magnifique collection de cristaux malheureusement depuis sa mort passée en Angleterre. Le prince royal de Danemark, assidu à ses leçons, avait conçu pour lui une telle vénération que, lorsque Haüy tomba malade, il ne laissait point passer un jour sans le visiter. L'illustre maître semblait convalescent lorsqu'une chute, faite dans la chambre même, détermina de nouveaux et graves accidents qui se terminèrent par la mort (3 juin 1822). « En proie à des douleurs atroces, dit M. de Chantigny, il n'interrompit ni ses exercices de piété, ni le travail nécessaire à une nouvelle édition de son *Traité de minéralogie ;* il ne se montra inquiet que de l'avenir de ses collaborateurs. »

C'était bien là l'homme dont un autre biographe a dit : « Ses devoirs religieux, des recherches profondes suivies sans relâche et des actes continuels de bienveillance occupaient toutes ses journées. Aussi tolérant que pieux, jamais l'opinion des autres n'influa sur sa conduite envers eux, et d'un autre côté, jamais les hautes spéculations auxquelles il se livrait, ne le détournèrent d'aucune pratique prescrite par le rituel. Par la nature de ses recherches, les pierreries les plus précieuses de l'Europe ont passé entre ses mains, et, dans son profond désintéressement, il n'y a jamais vu que des cristaux. »

En tant que savant, Cuvier si compétent, l'apprécie en ces termes : « Comme on a dit avec raison qu'il n'y aura plus un autre Newton, parce qu'il n'y a pas un second système du monde ; on peut aussi, dans une sphère plus restreinte, dire qu'il n'y aura point un autre Haüy, parce qu'il n'y aura pas une deuxième structure des cristaux. »

Avant de déposer la plume, quelques mots encore sur l'institution des *Jeunes Aveugles*. La réunion de l'établissement et de celui des *Quinze-Vingts*, jugée par les résultats, cessa par une ordonnance du mois de février 1815. Transférés peu après rue Saint-Victor, dans l'ancien collége Saint-Firmin, les *Jeunes Aveugles* y restèrent jusqu'à l'année 1843, où l'établissement fut installé d'une manière définitive, rue Masseran et boulevard des Invalides, dans les bâtiments construits exprès pour lui et dans lesquels sont logés le directeur, les professeurs et les élèves, au nombre de 170, payants ou boursiers. L'éducation doit se terminer en huit années.

L'édifice, avec ses dépendances, formant la maison dite des *Jeunes Aveugles*, a été construit par l'architecte Philippon. Le fronton, qui fait honneur au talent du sculpteur Jouffroy, représente, d'un côté, Valentin Haüy instruisant ses élèves ; de l'autre, une jeune femme qui donne des leçons aux petites filles aveugles. Au milieu, apparait la Religion qui les encourage et les protége.

JACQUARD

Dans l'église d'Oullins, joli village à une lieue de Lyon,
on lit, sur une des parois de la muraille, cette inscription :

A LA MÉMOIRE

DE JOSEPH-MARIE JACQUARD

MÉCANICIEN CÉLÈBRE,

HOMME DE BIEN ET DE GÉNIE,

MORT A OULLINS, DANS SA MAISON,

LE VII AOUT MDCCCXXXIV,

AU SEIN DES CONSOLATIONS RELIGIEUSES.

AU NOM DES HABITANTS DE LA COMMUNE,

HOMMAGE

DU CONSEIL MUNICIPAL

DONT IL AVAIT FAIT PARTIE.

Sur la place Sathonay, à Lyon, on voit également
une statue en bronze de Jacquard, ouvrage de Foyatier,
l'auteur de *Spartacus*, et inaugurée le dimanche 16
août 1840[1]. Dans le musée de Lyon, enfin, on admire
un portrait en pied des plus remarquables du même
Jacquard, portrait qui fut exécuté, par suite d'un vote
du conseil municipal et du vivant même de Jacquard.

Quel était donc cet homme auquel furent décernés
tant d'honneurs singuliers attestant une reconnaissance

---

[1] Cette statue était due à une souscription publique.

si vive, glorieuse pour celui qui en était l'objet comme pour ceux que l'on voyait empressés à multiplier les preuves de leur vénération et de leur gratitude ? Cet homme, il nous plaît d'avoir à le dire, ce n'était ni un grand roi, ni un célèbre homme d'Etat, ce n'était pas davantage un illustre capitaine ou quelque poète fameux, non, mais tout simplement le fils d'un pauvre et obscur ouvrier, ouvrier lui-même avant qu'il fût parvenu au premier rang par sa persévérance héroïque. Sa vie est de celles qu'on est heureux d'avoir à raconter ; car comme le dit si bien son épitaphe, il fut tout à la fois : *Homme de bien et de génie.*

Né à Lyon, le 7 juillet 1752, Jacquard (Joseph-Marie), était fils d'un simple ouvrier à la grand'tire, c'est-à-dire en étoffes brochées ; sa mère, Antoinette Rives, était *liseuse de dessin.* « Lire un dessin, dit M. Durozoir [1], c'est disposer les fils de chaîne d'une étoffe dans l'ordre indiqué par le dessinateur sur une carte divisée par petites cases, de manière à élever tour à tour un certain nombre de ces fils au moyen de ficelles, pour composer et reproduire sur une étoffe un dessin semblable à celui qui est tracé sur la carte. »

Le père du jeune Jacquard, qui n'avait pour lui d'autre ambition que de le voir suivre un jour sa propre carrière, s'inquiéta peu de sa première instruction, et loin d'en faire un lettré, à peine l'envoya-t-il à l'école ; ce fut, paraît-il, sans maître et de lui-même que l'enfant apprit à lire et à écrire. En même temps, comme Vaucanson, dès le plus jeune âge, son génie se révélait par

---

[1] *Biographie universelle.*

un goût prononcé pour la mécanique. Pendant que ses camarades couraient à leurs jeux, ne pensaient qu'à la balle, à la toupie, aux billes, Marie-Joseph, enfermé dans la partie la plus retirée du logis, s'occupait à fabriquer de petites maisons de bois, des tours, des églises, des meubles et d'autres objets remarquables surtout par l'exactitude des proportions.

Son père, dit-on, voulait qu'il apprît son propre métier, et cependant, par une circonstance qu'on n'explique pas, l'enfant entra d'abord dans un atelier de relieur, qu'il quitta, au bout de quelques années, pour l'atelier d'un des plus habiles fondeurs de Lyon (de Saulnier). Employé à la fonderie des caractères d'imprimerie, Jacquard se fit remarquer par la prompte intelligence de tout ce qui avait trait à la mécanique, et il inventa, pour l'usage des imprimeurs, divers outils qui furent immédiatement adoptés comme un progrès. Néanmoins on ne voit pas que ce résultat lui ait été fort utile à lui-même, car pendant ces belles années de la jeunesse, qui pour tant d'autres sont enchantement et bonheur, non-seulement sa vie s'écoula obscure, laborieuse, mais pénible, et même il eut à lutter contre des gênes cruelles. A la vérité, toutes les industries, et celles de luxe surtout, se trouvaient en souffrance par suite de l'explosion révolutionnaire, et Jacquard, qui, revenu auprès de son père, avait adopté la profession de celui-ci, voyait incessamment le travail décroître. Néanmoins, son père étant mort en lui laissant un modique héritage, il en employa la plus grande partie à monter un atelier d'étoffes façonnées ; mais soit le malheur du temps, soit que son génie fût peu propre à la direction d'un établissement semblable, Jacquard dut renoncer à son entreprise, et la vente des métiers suffit à peine pour couvrir les dettes.

Cependant il restait quelques ressources encore à Marie-Joseph, une assez jolie maison faisant partie de l'héritage. Sur ces entrefaites, la fille d'un armurier du nom de Brochon, quelque voisin sans doute, plut à l'honnête artisan, moins peut-être par ses agréments extérieurs que par son caractère : « C'était, dit M. Durozoir, un modèle de patience, de douceur et d'activité. » La famille, flattée de la recherche, acheva, par la promesse d'une dot, de décider Jacquard, qui n'hésitait qu'à cause de la difficulté des temps. Le mariage eut lieu, mais presque au lendemain de la cérémonie, les embarras commencèrent. Jacquard, déçu dans ses espoirs, quant à la dot, dut vendre la maison paternelle pour suffire aux nécessités du ménage. Du reste, l'affection des deux époux ne fit que s'augmenter de ces difficultés, Jacquard ayant eu le bon esprit de ne pas rendre sa jeune femme responsable des mauvais procédés de ses parents, dont elle était réellement innocente et souffrait la première.

Laborieuse et adroite, elle ouvrit une petite fabrique de chapeaux de paille, dont le produit l'aida à élever un fils qui leur était né ; mais Jacquard, de son côté, ne gagnait rien ; trop distrait peut-être par ses préoccupations d'inventeur. Après avoir cherché vainement à s'occuper dans la ville, il en fut réduit à se mettre au service d'un chaufournier de la Bresse. Il était là depuis une année ou deux, mais « en 1793, dit M. de Fortis, lorsque les tyrans populaires de la malheureuse France

comprimaient tous les esprits et glaçaient tous les
cœurs par l'audace de leurs crimes et par la terreur des
supplices, on vit la population tout entière de Lyon se
soulever et donner aux Français le signal de cette courageuse résistance à l'oppression, qui forme une des
plus belles pages de l'histoire de cette cité. Tous les
citoyens prennent les armes. Jacquard, qui était alors
dans le Bugey, occupé à l'exploitation d'une carrière de
plâtre, accourt à Lyon afin de se mettre au nombre des
défenseurs de sa patrie ; nommé sous-officier, il com-
battit presque toujours dans les postes avancés, ayant
à ses côtés son fils, âgé de quinze ans[1]. »

Mais hélas ! l'héroïque dévouement de ces braves ne
put que retarder la catastrophe. La généreuse cité
lyonnaise, abandonnée à ses propres forces, épuisée par
les sacrifices en tous genres, après cinquante-cinq jours
de siége, dut succomber sous les attaques réitérées
d'une armée de cent mille hommes. Bientôt parut le
trop fameux décret de la Convention ordonnant la destruction de Lyon, et que sur ses ruines s'élèverait une
colonne portant cette inscription : LYON FIT LA GUERRE A
LA LIBERTÉ, LYON FUT DÉTRUIT.

Ils appelaient *liberté*, ces impudents menteurs, le
triomphe de la plus détestable tyrannie. Car, pendant
que la pioche des démolisseurs continuait l'œuvre de la
bombe et du canon, au milieu de la cité morne, tout
était désolation et épouvante.

Un tribunal révolutionnaire, composé de scélérats et
appuyé de satellites venus de Paris, fonctionne publi-

---

[1] De Fortis, *Eloge historique de Jacquard*, in-8°.

quement et juge ou plutôt condamne, condamne, aux applaudissements de la plus vile populace, tous ceux que lui désignent d'infâmes délateurs. Sur la place des Terreaux, la guillotine est en permanence, chaque jour voit tomber de nouvelles têtes, et le sang le plus généreux et le plus pur coule à flots.

Jacquard, qui s'était montré si brave soldat et vrai patriote, en cette double qualité, se trouvait au nombre des proscrits ; mais par bonheur, après la prise de la ville, il avait réussi à se dérober aux premières poursuites et se tenait caché dans un des faubourgs au fond d'une cave. Son asile n'était connu que de son fils qui, ayant l'air d'un enfant encore, pouvait, sans être observé, circuler librement dans la ville. Il en profitait, toujours aux aguets, pour écouter... aux portes, comme on dit. Le brave enfant apprend ainsi certain soir que l'asile de son père est découvert et que le lendemain on doit venir l'arrêter. Aussitôt, avec une admirable présence d'esprit, il se rend au bureau des enrôlements militaires et demande deux feuilles de route, l'une pour lui-même et l'autre pour un de ses camarades, afin de rejoindre un régiment en marche sur Lyon.

On félicite le très-jeune volontaire sur son dévouement et les deux feuilles de route sont à l'instant délivrées. Aussitôt la nuit venue, muni des deux précieux papiers, l'enfant se glisse dans l'asile de son père : « Partons sans retard, père, dit-il au proscrit, on a » découvert ta retraite. Je viens de m'enrôler et de » t'enrôler avec moi : voici nos deux feuilles de route, » allons rejoindre un régiment en marche sur Lyon. » Protégés par l'uniforme, nous braverons les assassins

» et nous attendrons, en servant notre pays, des jours
» meilleurs. »

— Bravo ! merci, merci, cher brave enfant, dit le
père en embrassant son fils les larmes aux yeux.

Bientôt tous deux cheminaient d'un pas rapide sur la
grande route en laissant derrière eux la flamme des
bivouacs. Quelques heures après, les sbires du tribunal
faisaient invasion dans la cachette, désappointés et
furieux de la trouver vide.

Après quelques journées de marche, les deux voya-
geurs avaient rejoint le premier bataillon des volontaires de Rhône-et-Loire, qui fut dirigé vers l'armée du
Rhin. Jacquard père, bientôt remarqué pour sa bra-
voure comme pour son exactitude dans le service et sa
conduite exemplaire, fut nommé membre du conseil de
discipline. Il avait, en cette qualité, la surveillance
d'un certain nombre de disciplinaires prisonniers dans
un petit village près Hagueneau ; tout à coup le canon
tonne :

— Camarades, s'écrie Jacquard, qui m'aime me
suive ! je promets rémission à ceux qui iront demander
des fusils pour se battre.

— Allons ! allons ! en avant ! répondent les prisonniers qui, prompts à s'armer, ont bientôt rejoint leur
chef improvisé et se battent en intrépides. Le général
ne songea point à désavouer Jacquard, et tous, après la
victoire, furent grâciés. C'était justice.

Hélas ! ce jour glorieux devait avoir, pour notre
héros, un bien triste lendemain. A quelque temps de là,
un [nouveau combat eut lieu. Le fils de Jacquard se
trouvait avec son père aux premiers rangs. Une balle

vient frapper en pleine poitrine le brave jeune homme, qui tombe, mortellement atteint, dans les bras de son père.

— Père, père, dit-il, fermant les yeux à demi, je crois que c'est fini ! adieu ! embrasse-moi, et embrasse la mère... pour moi !

A peine il peut achever et il expire dans les bras de son père. Qu'on juge de la douleur de celui-ci ! Elle fut telle que ses chefs lui délivrèrent son congé, afin qu'il pût retourner dans ses foyers et trouver quelque consolation auprès des siens. Mais restait-il à Jacquard quelques parents après l'effroyable désastre dont Lyon avait été victime? Il ignorait même ce qu'était devenue sa femme n'ayant pu la faire prévenir de sa fuite, et l'informer du lieu de sa retraite. Néanmoins, soutenu par une secrète espérance, il revint à Lyon, qui ne commençait qu'à sortir de ses ruines, et enfin, après bien des recherches, dans un misérable grenier, il retrouva sa pauvre femme occupée à tresser la paille de ses chapeaux. Avec quel transport ils tombèrent dans les bras l'un de l'autre ! mais malgré la joie qu'il éprouvait à retrouver sa chère épouse, dans les yeux de Jacquard il y avait des larmes et, tout en l'embrassant, il ne pouvait comprimer ses sanglots. Après la première émotion, la mère, comme éclairée par un soudain et douloureux pressentiment, demanda :

— Pourquoi seul, et le fils, il est donc resté là-bas ? Mon pauvre enfant, quand le reverrai-je ?

Le silence seul lui répondit.

— Ah ! jamais, jamais ! murmura l'infortunée avec un cri de désespoir, et s'affaissant sur les genoux, n'est-ce pas, il ne reviendra pas !... Il... il... est mort ?

— Mort au champ d'honneur ! dit Jacquard, en serrant de nouveau dans ses bras sa femme presque évanouie.

Pendant de longs jours, le silence du deuil régna dans la pauvre mansarde où le travail seul faisait diversion à la douleur ; car, il fallait vivre, et Jacquard, faute d'une meilleure ressource, aidait sa femme dans la confection des chapeaux.

Cependant l'industrie lyonnaise, qu'on aurait cru ruinée à jamais, commençait à renaître grâce au patriotisme de plusieurs fabricants réfugiés en Suisse, en Allemagne, en Angleterre et qui laissaient à l'envi des positions avantageuses ou même des établissements prospères pour revenir dans la cité qui leur était chère. Les fabriques se rouvraient et Jacquard trouva sans peine à s'occuper ; mais, tout en travaillant de ses mains pour gagner le salaire quotidien, il revenait à ses anciens projets et rêvait pour l'industrie quelque découverte utile. Il s'inquiétait surtout de simplifier le métier adopté jusqu'alors pour la fabrication des étoffes de soie ; si l'on arrivait à supprimer ou remplacer la *tireuse de lacs*, à son avis on diminuerait de beaucoup la main d'œuvre et rendrait le travail beaucoup plus rapide et en même temps plus parfait. Il y réussit, et un premier modèle, qu'il devait perfectionner par la suite, lui valut, à l'Exposition universelle de 1801, une médaille de bronze et la même année il obtint, pour cette machine à laquelle il donnait le nom de *tireuse de lacs*, un brevet d'invention pour dix ans. Il fit un métier sur ce modèle et en 1802, à l'époque où la *Consulta* se réunit à Lyon pour l'élection du président de la république cisalpine, la machine de Jacquard fixa l'attention de cette assemblée, dont les membres allèrent en compagnie du ministre de l'intérieur, Carnot, la visiter dans l'humble domicile de l'inventeur, rue de la Pécherie.

Vers la même époque, les Sociétés des arts de Paris et de Londres proposaient un prix considérable pour l'invention d'une machine propre à fabriquer des filets pour la pêche maritime. Jacquard, avec son merveilleux instinct, se mit à réfléchir à ce difficile problème et ne tarda pas à le résoudre ; mais satisfait de l'approbation de quelques amis, après une première et favorable expérience, il laissa de côté sa machine. Il fallut que le préfet de Lyon, averti, prît l'initiative d'une démarche pour envoyer l'inventeur et sa machine à Paris où la Société d'encouragement décerna la grande médaille d'or à Jacquard.

Le ministre Carnot, qui cependant connaissait Jacquard, ne se rendant pas compte du mécanisme, avant que la machine fonctionnât, dit assez brusquement à l'inventeur dont le costume et l'air étaient ceux de l'ouvrier :

— C'est donc toi qui prétends réussir à une chose qu'il n'appartient pas aux hommes de faire, c'est-à-dire un nœud avec un fil tendu ?

— Monsieur le ministre, répondit modestement Jacquard, j'espère cependant avoir assez bien réussi.

Et tout en expliquant le mécanisme, il fit fonctionner la machine, si bien que le ministre se retira convaincu. Il ne paraît pas cependant que Jacquard ait touché la prime dont il a été parlé ; mais, par l'ordre de Carnot

sans doute, il eut une place au Conservatoire des arts
et métiers, et s'occupa à restaurer et mettre en état les
machines et les modèles.

Il travaillait toujours cependant à perfectionner son
métier pour la fabrication de la soie, quand il fut rappelé, en 1804, à Lyon, pour établir, dans l'ancien hospice de l'Antiquaille, un atelier d'étoffes façonnées et
de tapis des Gobelins. Dès lors, il s'occupa de faire
adopter son invention dans les manufactures de Lyon,
ce à quoi il fut fort aidé par deux riches fabricants de la
ville, MM. Grand et Pernon, qui mirent l'inventeur en
rapport avec le conseil municipal. Une commission,
composée des plus habiles fabricants, chargée d'examiner le nouveau système de Jacquard, fut unanime dans
son approbation, et par un décret daté de Berlin (27 octobre 1806), l'administration municipale fut autorisée à
acheter de Jacquard le privilége de son procédé, moyennant une rente de 3,000 fr., reversible par moitié sur la
tête de sa femme. L'inventeur avait demandé, en outre,
qu'il lui fût accordé une prime de 50 francs pour chaque
métier de son invention.

— En voilà un qui se contente de peu, dit l'Empereur
avec un sourire, en signant le décret.

Malgré tant de hautes approbations, cependant, ce
ne fut pas chose facile que de faire adopter le nouveau
métier dans les ateliers, car il avait contre lui la prévention populaire, les ouvriers étant convaincus que
cette invention leur était défavorable. Ils la jugeaient
sur les apparences, et non d'après l'expérience et les
résultats constatés dans les termes suivants par MM.
Ozanam et Durozoir :

« Heureux continuateur des efforts de Vaucanson, qui comme lui a perfectionné les machines à tisser, Jacquard a inventé une machine bien simple et peu coûteuse, à la portée de la classe pauvre des tisseurs, qui a formé une époque mémorable et une nouvelle ère dans l'art des tissus. Cet art a éprouvé une révolution complète ; l'ouvrier n'est plus qu'une machine à mouvement qui produit sans peine promptement et à bon marché des étoffes ornées des dessins les plus riches et les plus compliqués, que leur prix modéré met à la portée de toutes les classes de la société. Cette machine, loin de *diminuer* le nombre des ouvriers employés au tissage des étoffes, l'a au contraire *décuplé ;* elle a fait élever d'innombrables manufactures de tissus dans toute l'Europe et donné au commerce de ce genre une activité et une extension inouïes. »

Bien éloignés de prévoir ces merveilleux résultats, les ouvriers tisseurs, craignant de manquer de travail, se liguèrent pour empêcher l'introduction du nouveau métier dans les ateliers ; on raconte que plusieurs d'entre eux, afin de prouver qu'il fonctionnait mal, gâtèrent les étoffes ; d'autres brisèrent ou brûlèrent les machines. Bien plus, certain jour, Jacquard étant tombé au milieu d'un groupe qui le guettait sans doute, fut traîné vers le Rhône, et il allait être précipité du haut d'un pont dans le fleuve, lorsqu'il fut arraché des mains de ces furieux.

A force de persévérance, néanmoins, l'inventeur, soutenu et encouragé par les fabricants les plus intelligents, finit par triompher ; et, vers 1812, on comptait dix-huit mille métiers battant à la Jacquard ; maintenant leur nombre s'élève peut-être à trente cinq ou quarante mille. La nouvelle machine a, dit-on, pénétré jusque dans la Chine, le pays par excellence de la routine.

Les offres les plus brillantes avaient été faites, de divers côtés, à Jacquard, pour qu'il vînt organiser des ateliers. La ville de Manchester (Angleterre) en particulier, lui promit toute une fortune s'il voulait s'y rendre dans ce but; mais quoiqu'il eût encore à lutter à Lyon contre l'opposition dont nous avons parlé, dans son patriotique désintéressement, il préféra une position modeste et incertaine dans sa ville natale à l'opulence en pays étranger. Son généreux sacrifice ne fut point sans récompense. Décoré de la Légion d'Honneur, il se vit entouré de l'estime et de la considération de tous ses concitoyens, et ces témoignages de la plus affectueuse sympathie le suivirent à Oullins, où il se retira après la mort de sa femme. « C'est là, dit M. Durozoir, qu'il passa ses dernières années, partageant son temps entre la culture d'un petit jardin et les exercices de la religion catholique. Il termina sa carrière paisiblement, le 7 août 1834, à l'âge de quatre-vingt-deux ans, et sa cendre repose dans le cimetière d'Oullins, à côté de la tombe de l'académicien Thomas, » tant regretté par Ducis.

On a vu par quels honneurs les généreux Lyonnais se sont plu à témoigner de leur reconnaissance pour l'illustre ouvrier, leur compatriote.

JOINVILLE

« Jean, sire de Joinville, était grand et robuste ; il avait la tête extraordinairement grosse. La vie réglée qu'il mena, soutenue d'un exercice continuel, le fit arriver à un âge où aucun de ses ancêtres n'était parvenu. Il avait l'esprit vif et l'humeur enjouée, mais impatiente et colère ; beaucoup de fermeté, de noblesse et d'élévation dans les sentiments. Il fut tel enfin, qu'à quelques défauts près, inséparables de l'humanité, on doit le regarder comme un des plus grands hommes de son siècle. »

Sauf peut-être dans cette dernière phrase empreinte de quelque exagération, ce portrait nous paraît fidèle ; et la lecture du livre de Joinville ne peut que confirmer ce jugement des savants auteurs de la *Bibliothèque historique de France*. (In-f° T. III.)

En dehors du voyage à la Terre-Sainte, et de cette glorieuse et désastreuse expédition, si admirablement racontée qu'elle identifie en quelque sorte Joinville avec le saint roi dont il fut l'ami comme l'historien, la vie du sénéchal offre peu d'évènements intéressants.

Fils de Siméon, sire de Joinville, sénéchal de Champagne, et de Béatrice de Bourgogne, sa seconde femme, Jean, sire de Joinville, naquit, suivant les uns, en 1220, suivant d'autres, en 1228 ou 1229. Une troisième opinion, qui compte des partisans, adopte un terme moyen et place la naissance de Joinville en 1224. D'après son livre on peut croire que son éducation ne fut pas exclusivement militaire, et que le corps ne s'exerça pas seul aux dépens de l'esprit. A la cour du comte Thibaut, dont jeune enfant il était l'un des pages, la poésie et la musique, grâce à la protection du maître, avaient leurs grandes et petites entrées, et Joinville, à l'exemple de son seigneur, prit goût à l'une et à l'autre. Il aimait, comme lui-même nous l'apprend, à chanter après le repas les chansons en vogue.

Suivant le désir de ses parents, ou plutôt de sa mère, car il avait perdu son père en 1233, Joinville, marié de bonne heure, épousa Alix ou Alaïs de Grand-Pré, avec laquelle on l'avait fiancé dès l'âge de sept ans. La date du contrat qui paraît sûre (juin 1239) force de rejeter celle de la naissance de Joinville à la date sinon la plus éloignée, tout au moins moyenne; encore celle-ci admise, Joinville aurait été bien jeune pour contracter mariage puisqu'il touchait à peine à l'adolescence. Ce fut sans doute cette grande jeunesse qui ne lui permit pas de prendre une part active à la campagne de France terminée glorieusement par la victoire de Taillebourg.

Le sénéchal ne fit réellement connaissance avec le roi de France que lors de la première croisade. Parti de Joinville avec Jean d'Aspremont, son parent, et neuf autres chevaliers, Joinville fut forcé par les vents contraires de relàcher dans l'île de Chypre et il n'eut pas à le regretter; car saint Louis, qui déjà s'y trouvait, lui fit le meilleur accueil et le retint, lui et tous ses chevaliers à son service. Bientôt même, charmé de son caractère enjoué et ouvert, il voulut l'avoir habituellement près de lui, et, dans les circonstances importantes, volontiers il le consultait, sûr que ce serait l'ami et non pas le courtisan qui lui donnerait conseil. Plus d'une fois Joinville, dans sa franchise, fit preuve d'un vrai courage, par exemple lorsque, par un traité avec les Sarrasins, le roi ayant recouvré sa liberté, l'on mit en délibération la question du départ immédiat pour la France selon le vœu du plus grand nombre des seigneurs et même des proches parents du prince. Citons au moins par quelques extraits, ce récit admirable et qui fait bien connaître Joinville comme homme et comme écrivain :

« En ce point que nous étions en Acre, envoya le roi quérir ses frères et le comte de Flandre et les autres riches hommes à un dimanche et leur dit :

« Seigneurs, Madame la reine ma mère m'a mandé et
» prié tant comme elle peut, que je m'en voise (vienne)
» en France, car mon royaume est en grand péril, car
» je n'ai ni paix ni trèves au roi d'Angleterre. Cil (ceux)
» de cette terre à qui j'ai parlé m'ont dit que, si je m'en
» vais, cette terre est perdue ; .... si, vous prie, fit-il,
» que vous y pensiez ; et pour ce que la besogne est
» grosse, je vous donne répit de moi répondre ce que bon
» vous semblera, jusques à d'ici (aujourd'hui) en huit
» jours. »

Le dimanche suivant en effet, les frères du roi et les autres barons, étant revenus, saint Louis leur demanda « quel conseil ils lui donneraient ou de s'allée (départ) ou de *sa demeurée.* » Tous alors répondirent que Guion Malvoisin était chargé d'exprimer « le conseil qu'ils vou-

laient donner au roi et qui fut tel: « Sire, vos frères et les
» riches hommes qui ici sont, ont regardé à votre état,
» et ont vu que vous n'avez pouvoir de demeurer en ce
» pays à l'honneur de vous ni de votre royaume .... si
» vous louent-ils, sire, que vous en alliez en France et
» pourchassiez gens et deniers, par quoi vous puissiez
» hâtivement revenir en ce pays vous venger des enne-
» mis de Dieu qui vous ont tenu en leur prison. »

Saint Louis ne se tint pas pour satisfait de cette ré-
réponse et successivement il interrogea le comte d'Anjou, le comte de Flandre, le comte de Poitiers et plusieurs autres « qui tous s'accordèrent à monseigneur
Guy Malvoisin », et conseillèrent le départ immédiat. Le
légat lui-même fut de cet avis et il reprit avec quelque
vivacité Joinville qui paraissait incliner à l'opinion contraire : « Sire, répondit le sénéchal, puisque vous demandez comment ce pourrait être que le roi put tenir
héberges (camps) avec si peu de gens comme il a; je
vous le dirai, sire, puisqu'il lui plaît. L'on dit, je ne sais
s'il est vrai, que le roi n'a encore dépendu nul de ses
deniers (argent). Que le roi mette ses deniers en dépense
et envoie quérir chevaliers en la Morée et outre-mer ; et
quand l'on orra nouvelles que le roi donne bien largement, chevaliers lui viendront de toutes parts par quoi il
pourra tenir héberges dedans un an, si Dieu plaît; et
par sa demeurée seront délivrés les pauvres prisonniers
qui ont été pris au service de Dieu et au sien, qui jamais
n'en sortirent si le roi s'en va. »

Le roi ajourna de nouveau les barons à huitaine pour
sa réponse. Mais à peine il fut sorti » l'assaut, dit le
sénéchal, me commence de toutes parts : « Or est fol,

» sire de Joinville, le roi, lui disait-on ironiquement,
» s'il ne vous croit pas contre tout le conseil. »

Un peu déconcerté de ce blâme presque unanime,
Joinville le fut bien davantage, quand, l'heure du dîner
venue, le roi, près duquel il était assis comme à l'ordinaire, pendant tout le repas ne lui adressa pas une seule
fois la parole : « Je cuidai vraiment que il fut courroucé à
moi... Tandis que le roi disait ses grâces, je m'en allai
à une fenêtre ferrée qui était en une reculée (embrasure)
devers le chevet du lit du roi ; et tenais les bras parmi
les fers de la fenêtre... et pensais que si le roi s'en venait en France, je m'en irais vers le prince d'Antioche
qui me tenait pour parent.... En ce point que j'étais
illec (là), le roi se vint appuyer à mes épaules et me tint
ses deux mains sur la tête. Et je cuidai que ce fût monseigneur Philippe d'Anemos, qui trop d'ennui m'avait fait
ce jour pour le conseil que j'avais donné ; et dis ainsi :

« Laissez-moi en paix, monseigneur Philippe. »

« Par mal aventure, au tourner que je fis ma tête, la
main du roi me toucha le visage ; et je connus que
c'était le roi à une émeraude qu'il avait en son doigt.
Et il me dit :

« Tenez-vous tout coi ; car je vous veux demander
» comment vous fûtes si hardi que vous, qui êtes un
» jeune homme, m'osâtes louer ma demeurée, encontre
» tous les grands hommes et les sages de France qui me
» louaient l'allée ?

« — Sire, fis-je, dans mon cœur je jugeais mauvais-
» tié ce conseil des barons, comment vous l'aurais-je pu
» donner ?

« — Dites-vous donc que je ferais mal si je m'en allais ?

« — Que Dieu m'aide, sire, je dois répondre : Oui !

« Et il me dit : « Si je demeure, resterez-vous ?

« Et je lui dis que oui, si je puis ne de mien, ne de l'autrui (soit à mes dépens soit à ceux d'autrui).

« — Or, soyez tout aise, dit-il, car je vous sais moult
» bon gré de ce que vous m'avez loué (conseillé); mais
» ne le dites à nullui (personne) toute cette semaine. »
Je fus plus aise de cette parole et me défendais plus hardiment contre ceux qui m'assaillaient. »

Voici, lors du retour en France, quelques années
après, un autre épisode qui ne fait pas moins d'honneur
à la franchise du sénéchal : « Tandis que le roi séjournait à Yères pour acheter chevaux afin de venir en
France, l'abbé de Cluny, qui fut évêque de l'Olive, lui
présenta deux palefrois qui vaudraient bien aujourd'hui
cinq cent livres, un pour lui, l'autre pour la reine.
Quand il les eut présentés, il dit au roi :

« Sire, je viendrai demain parler à vous de mes be-
» sognes (affaires). »

« Quand ce vint le lendemain, le roi l'ouït moult diligemment et longuement. Quand l'abbé s'en fut parti, je
vins au roi et lui dis :

« Je vous veux demander, s'il vous plaît, sire, si vous
» avez ouï plus débonnairement l'abbé de Cluny pour
» ce que il vous donna hier ces deux palefrois ?

« Le roi pensa longuement et me dit : » Vraiment,
oui !

« — Sire, fis-je, savez-vous pourquoi je vous ai fait
» cette demande ?

« — Pourquoi ? fit-il.

« — Pour ce, sire, fis-je, que je vous loue et conseille

» que vous défendiez à tout votre conseil juré, quand
» vous viendrez en France, que ils ne prennent rien de
» ceux qui auront à besogner devant vous ; car soyez
» certain, si ils prennent, ils en écouteront plus volon-
» tiers et plus diligemment ceux qui leur donneront,
» ainsi comme vous avez fait l'abbé de Cluny. »

Arrivé en Champagne, Joinville fut heureux d'y retrouver sa mère et ses trois frères, mais sa joie se tem-
péra par la pensée que personne ne l'attendait à Joinville, sa femme étant morte quelque temps auparavant,
d'après la *Bibliothèque historique ;* mais dans la *Notice*
de son édition de Joinville, M. Francisque Michel est
d'une opinion contraire : « En 1254, après une absence de
six ans, Joinville revit enfin son château bien aimé, sa
femme Alaïs et son fils âgé alors de six ans. » Le silence
de Joinville vient-il à l'appui de cette opinion ? peut-être.
Quoiqu'il en soit, au contraire de ce qui se ferait aujourd'hui, il est bref sur son retour : « Quand je vis le
roi en sa terre et en son pouvoir, je pris congé de lui et
m'en vins.... quand j'eus une pièce (quelque temps)
demeuré à Joinville et que j'eus fait mes besognes, je
me mus vers le roi, lequel je trouvai à Soissons ; et me
fit si grande joie (fête), que tous ceux qui là étaient s'en
émerveillèrent. » Joinville en profita pour préparer le
mariage du roi de Navarre, comte de Champagne, son
seigneur, avec Isabelle, fille de saint Louis. Ce mariage
fut célébré en 1258, et deux années après, Joinville lui-
même, devenu veuf, se choisit une nouvelle compagne
et épousa, en secondes noces, la fille et l'unique héritière
du comte Gautier de Resnel, laquelle s'appelait Alix
comme sa première femme.

On sait que Joinville, malgré son affection pour saint Louis, ne put se décider à le suivre dans sa seconde croisade : « Je fus, dit-il, moult pressé du roi de France et du roi de Navarre de me croiser. A ce je répondis que, tandis que j'avais été au service de Dieu et du roi outremer, les sergents au roi de France et au roi de Navarre m'avaient détruit et appauvri ma gent, tellement qu'il ne serait jamais heure (temps) qu'eux et moi nous n'en valions pis. Et leur disait ainsi, que si je voulais ouvrer au gré de Dieu, que je demeurerais ici pour mon peuple aider et défendre ; car si je mettais mon corps en aventure au pélérinage de la croix, là où je verrais tout clair que ce serait au mal et dommage de ma gent, j'en courroucerais Dieu qui mit son corps pour son peuple sauver. »

Joinville eut la douleur de voir confirmées toutes ses prévisions, puisque cette expédition, échouant comme la première, eut pour résultat de nouvelles catastrophes, entre lesquelles fut la mort du roi : « Et ouïs conter à monseigneur d'Alençon son fils que, quand il approchait de la mort, il appela les saints pour l'aider et secourir, monseigneur Saint Jacques, monseigneur Saint Denis, madame Sainte Geneviève. Après se fit le saint roi coucher en un lit couvert de cendres, et mit ses mains sur sa poitrine et en regardant vers le ciel rendit à notre Créateur son esprit, en cette heure même que le fils de Dieu mourut en la croix.

« Précieuse chose et digne est de plorer le trépassement de ce saint prince, qui si saintement et loyalement garda son royaume, et qui tant de belles aumônes y fit et qui tant de beaux établissements y mit. » Pas n'est besoin de dire si Joinville applaudit à la canonisation de saint Louis : « dont grande joie fut et doit être à tout le royaume de France et grand honneur à tous ceux de son lignage qui par bonnes œuvres le voudront ensuivre. »

Une anecdote, qui se trouve à la dernière page du livre, prouve l'impression profonde que cet évènement avait faite sur Joinville : « Encore veux-je dire du saint roi aucunes choses qui sont à l'honneur de li : c'est à savoir qu'il me semblait en mon songe que je le voyais devant ma chapelle de Joinville et était, comme il me semblait, merveilleusement lié (joyeux) et aise de cœur, et moi-même j'étais moult aise de ce que je le voyais en mon chatel et lui disais : «Sire, quand vous partirez » d'ici, je vous hébergerai dans une mienne maison qui » sied en une mienne ville qui a nom Chevillon. » « Et » il me répondit en riant, et me dit : « Sire de Joinville, » je ne bée (désire) pas sitôt partir d'ici. »

« Quand je m'éveillai, si m'apensai et me semblait que il plaisait à Dieu et à li que je le hébergeasse en ma chapelle, et j'ai fait ainsi, car j'y ai établi un autel en l'honneur de Dieu et de luy. »

Le sénéchal survécut de longues années à saint Louis, car nous lisons qu'en 1315, âgé de plus de quatre-vingt onze ans, il se trouvait assez alerte encore pour monter à cheval et entrer en campagne, d'après le mandement de Louis X dit le Hutin qui avait déclaré la guerre aux Flamands. On a vu que sa tempérance et sa sobriété, jointes à un exercice habituel, contribuèrent à lui ménager cette verte vieillesse qui se prolongea jusqu'en 1319 (11 juillet), comme il résulte de l'épitaphe latine qui se lisait sur son tombeau. Il ne mourut donc pas en 1317, comme l'affirment, avec d'autres, les auteurs de la *Bibliothèque historique*. Si, même, avant cette époque, le nom de son fils Anceau ou Anselme se trouve dans divers actes avec le titre de sénéchal, c'est que le vénérable vieillard, sentant le poids des années, avait cru devoir résigner les fonctions comme le titre de cette haute magistrature.

Ce fut à la demande de la reine Jeanne de Navarre, femme de Philippe le Bel, que Joinville entreprit d'écrire l'*Histoire de saint Louis*. Mais la reine étant morte avant que l'ouvrage fût terminé, Joinville put du moins l'offrir à Louis X, son fils aîné, arrière petit-fils de saint Louis. Ce livre, dont il s'est fait tant d'éditions et plusieurs magnifiques, est, au point de vue du style comme de l'histoire, un trésor inestimable qu'on apprécie d'autant plus qu'on aurait pu le perdre ; « car dit M. Paulin Paris, dans sa *Dissertation sur les manuscrits de Joinville*, il nous reste du monument le plus précieux de notre histoire un seul manuscrit ancien : encore ce manuscrit est-il postérieur à Joinville de plus d'un demi-siècle. » Que d'accidents auraient pu le détruire ou le détériorer ! Joinville commence plus particulièrement la longue série de nos grands historiens français ; car Vilhardouin, le premier en date, qui écrivait 60 ou 80 ans auparavant, très intéressant quant aux évènements qu'il raconte, nous parle une langue difficile aujourd'hui même pour des lettrés, et à côté du texte, il leur faut une traduction beaucoup moins nécessaire dans le livre de Joinville.

JOUBERT (JOSEPH)

SA VIE ET SES ŒUVRES [1].

I

Dans le *Journal des Débats* du 8 mai 1824, on lisait
ces lignes que recommandait la signature de leur auteur :

« M. Joubert aîné, conseiller honoraire de l'Univer-
» sité, et le plus ancien ami de Fontanes, vient de
» mourir. Né avec des talents qui l'auraient pu rendre
» célèbre comme son illustre ami, il a préféré passer
» une vie inconnue au milieu d'une société choisie ; elle
» a pu seule l'apprécier. C'était un de ces hommes qui
» attachent par la délicatesse de leurs sentiments, la
» bienveillance de leur âme, l'égalité de leur humeur,
» l'originalité de leur caractère, par un esprit vif et
» éclairé, s'intéressant à tout et comprenant tout. Per-
» sonne ne s'est plus oublié et ne s'est plus occupé des
» autres. Celui qui déplore aujourd'hui sa perte ne peut
» s'empêcher de remarquer la rapidité avec laquelle

[1] *Correspondance et Pensées de Joubert.* 2 vol. in-18. Nouvelle
édition.

» disparaît le peu d'hommes qui, formés sous les an-
» ciennes mœurs françaises, tiennent encore le fil des
» traditions d'une société que la révolution a brisée.
» M. Joubert avait de vastes connaissances. Il a laissé
» un manuscrit à la manière de Platon et des travaux
» historiques. On ne vit dans la mémoire du monde que
» par des travaux pour le monde ; mais il y a d'autres
» souvenirs que l'amitié conserve, et elle ne fait ici men-
» tion des talents littéraires de M. Joubert qu'afin
» d'avoir le droit d'exprimer publiquement ses regrets.»

« CHATEAUBRIAND. »

Bien des années après, l'illustre écrivain, dans les
Mémoires d'Outre-tombe[1], traçait de son ami un portrait
plus accentué, singulièrement curieux et original, mais
d'ailleurs non moins sympathique :

« Plein de manies et d'originalité, M. Joubert manquera éternellement à ceux qui l'ont connu. Il avait
une prise extraordinaire sur l'esprit et sur le cœur, et
quand une fois il s'était emparé de vous, son image
était là comme un fait, comme une pensée fixe, comme
une obsession qu'on ne pouvait plus chasser. Sa grande
prétention était au calme, et personne n'était plus
troublé que lui ; il se surveillait pour arrêter ces émotions de l'âme qu'il croyait nuisibles à sa santé, et toujours ses amis venaient déranger les précautions qu'il
avait prises pour se bien porter, car il ne pouvait s'empêcher d'être ému de leur tristesse et de leur joie :
c'était un égoïste qui ne s'occupait que des autres. Afin

[1] T. IV.

de retrouver des forces, il se croyait souvent obligé de fermer les yeux et de ne point parler pendant des heures entières. Dieu sait quel bruit et quel mouvement se passaient intérieurement pendant ce silence et ce repos qu'il s'ordonnait ! M. Joubert changeait à chaque moment de diète et de régime ; vivant un jour de lait, un autre jour de viande hachée, se faisant cahoter au grand trot sur les chemins les plus rudes, ou traîner au petit pas dans les allées les plus unies. Quand il lisait, il déchirait de ses livres les feuilles qui lui déplaisaient, ayant de la sorte une bibliothèque à son usage, composée d'ouvrages évidés renfermés dans des couvertures trop larges.

« Profond métaphysicien, sa philosophie, par une élaboration qui lui était propre, devenait peinture ou poésie ; Platon à cœur de la Fontaine, il s'était fait l'idée d'une perfection qui l'empêchait de rien achever. Dans des manuscrits trouvés après sa mort, il dit : « Je » suis comme une harpe éolienne qui rend quelques » beaux sons et qui n'exécute aucun air. » Madame Victorine de Châtenay prétendait *qu'il avait l'air d'une âme qui avait rencontré par hasard un corps et qui s'en tirait comme elle pouvait:* définition charmante *et vraie.* »

Enfin du vivant même de Joubert, l'auteur du *Génie du Christianisme* lui écrivait entre autres choses : « Qui » m'aurait dit que, dans cette petite ville, demeurerait » un homme que j'aimerais tendrement, un homme » rare dont le cœur est de l'or, qui a autant d'esprit que » les plus spirituels, et qui a par ci par là du génie ? » Mon cher ami, je vous le dis les larmes aux yeux, » parce que je suis loin de vous: il n'y a point d'homme

» d'un commerce plus sûr, plus doux et plus piquant
» que le vôtre, d'homme avec lequel j'aimasse mieux
» passer ma vie. Après cela, rengorgez-vous et conve-
» nez que je suis un grand homme. »

Assurément celui dont Chateaubriand parlait ainsi
ne pouvait être un homme ordinaire, et, après lecture
de ces remarquables pages, comment n'aurait-on pas le
très vif désir de faire plus ample connaissance avec Joubert, désir heureusement facile à satisfaire ; car, en
outre des Notices trop brèves qui se trouvent dans les
Biographies Universelles, une *Vie* de Joubert, écrite et
très bien écrite par M. Paul de Raynal, qui avait épousé
l'une de ses nièces, se lit en tête de la nouvelle édition,
en deux volumes, des Œuvres posthumes de Joubert
(Correspondance et *Pensées)*. Par la Notice, on apprend
à connaître, et de la façon la plus intime, cet homme
excellent; par la *Correspondance* et les *Pensées*, à l'admirer, à l'aimer ; et l'on ratifie de tout cœur, avec
empressement, les éloges rappelés plus haut et dans
lesquels on était peut-être tenté de voir une exagération de l'amitié. Venons aux détails biographiques.

Joseph Joubert naquit, le 6 mai 1754, à Montignac,
petite ville du Périgord, où son père exerçait la profession de médecin. Il était l'aîné de sept frères, et cette
famille nombreuse ne laissait pas d'apporter quelque
gène dans une maison dont la fortune était médiocre.
Mais l'affection des parents trouvait le fardeau léger et
savait suppléer à tout ! Joubert dans une de ses lettres,
écrites longtemps après, nous parle de sa mère avec un
accent ému qui va droit au cœur et fait aimer également
le fils et la mère :

« Je ne vous ai pas encore parlé de ma bonne et pauvre mère. Il faudrait de trop longues lettres pour vous dire tout ce que notre réunion me fait éprouver de triste et de doux. Elle a eu bien des chagrins, et moi-même je lui en ai donné de grands par ma vie éloignée et philosophique. Que ne puis-je les réparer tous, en lui rendant un fils à qui aucun de ses souvenirs ne peut reprocher du moins de l'avoir trop peu aimée.

» Elle m'a nourri de son lait, et jamais », me dit-elle souvent, « jamais je ne persistai à pleurer, sitôt que » j'entendis sa voix. Un seul mot d'elle, une chanson » arrêtaient sur le champ mes cris et tarissaient toutes » mes larmes, même la nuit et endormi. » Je rends grâce à la nature qui m'avait fait un enfant doux; mais jugez combien est tendre une mère qui, lorsque son fils est devenu homme, aime à entretenir sa pensée de ces minuties du berceau.

« Mon enfance a pour elle d'autres sources de souvenirs maternels qui semblent lui devenir plus délicieux tous les jours.... Ma jeunesse fut plus pénible pour elle... Elle me vit partir... et depuis que je l'eus quittée, je ne me livrai qu'à des occupations qui ressemblent à l'oisiveté, et dont elle ne connaissait ni le but ni la nature. Elles m'ont procuré quelquefois des témoignages d'estime, des possibilités d'élévation, des hommages même dont j'ai pu être flatté. Mais rien ne vaut, je l'éprouve, ces suffrages de ma mère. Je vous parlerai d'elle pendant tout le temps que nous nous reverrons, car j'en serai occupé tant que pourra durer ma vie [1] ».

[1] *Lettre à Madame de Beaumont.* — 1800.

A l'âge de quatorze ans, Joubert avait appris tout ce qu'on pouvait apprendre alors dans une petite ville du Périgord. Envoyé à Toulouse pour y étudier les lois, il se dégoûta vite des livres de jurisprudence, et la carrière des lettres lui souriait davantage. C'est alors qu'il entra dans la congrégation des pères de la Doctrine chrétienne chargés de la direction du collége de Toulouse, mais d'ailleurs sans prononcer de vœux et aliéner par conséquent sa liberté, comme s'exprime la *Biographie Universelle*. Il professa dans cette maison, non moins chéri des maîtres que des élèves, jusqu'à l'âge de vingt-deux ans, où sa santé, trop délicate pour supporter les fatigues de l'enseignement, lui rendit nécessaire un repos prolongé. Il revint donc dans sa famille à Montignac et y resta pendant deux années (1776-1777), qui ne furent pas d'ailleurs perdues pour l'étude. Mais, dans sa petite ville, les ressources pour le travail intellectuel faisaient souvent défaut ; les livres étaient rares, plus rares les hommes dont la conversation pouvait servir d'aiguillon à un esprit jeune et ardent, et Joubert obtint enfin de ses parents de venir habiter Paris au commencement de l'année 1778.

II

« Son premier soin fut d'y rechercher la société des gens de lettres ; *tentative heureuse*, dit son biographe, un peu à la légère peut-être, en ajoutant : « Car, au bout de peu de mois, il connaissait Marmontel, Laharpe, d'Alembert. Bientôt même il était admis dans la familiarité de Diderot, qui tenait encore à Paris le sceptre de la conversation. C'était débuter par les grandes entrées. »

Je trouve cette dernière phrase au moins singulière dans la bouche d'un éditeur de Joubert, et, par les aveux même de celui-ci, nous savons où il faillit être conduit par ces *grandes entrées*. Jeté, lui le jeune homme pieux et candide, par une curiosité téméraire ou par l'imprudence d'un ami, dans ce milieu fatal à tant d'autres, il fallait une sorte de miracle pour qu'il ouvrît les yeux et pût sortir sain et sauf de ce Capharnaüm. « Car peu à peu, dit M. Paul de Raynal, il se laissait aller, du moins il s'en accuse, à l'entraînement du flot philosophique. Il était difficile, on le comprend, qu'un jeune homme récemment arrivé de la province et tombé, par une bonne fortune inattendue (*sic*) dans cette énivrante atmosphère, se garantît complètement des séductions qui subjugeaient une société déjà blasée. N'était-il pas à cet âge où, pour peu qu'on relâche les rênes, l'esprit s'échappe en courses folles sans se détourner des obstacles, sans respecter les barrières [1] ? »

Quoiqu'il en soit, Joubert eut le bonheur d'être à temps éclairé sur le péril et de s'en éloigner, et peut-être, grâce à la trempe vigoureuse de son esprit, « qu'en passant au milieu des erreurs du temps, il apprit à mieux aimer les vérités éternelles. » Rentré dans le calme et la pleine possession de lui-même, il se remit aux études littéraires, charme de sa jeunesse, et c'est alors que, par la communauté de goûts et d'humeurs,

---

[1] *Vie et Travaux de Joubert.*

il se lia avec Fontanes qui devint bientôt son ami le plus intime. Ce fut à lui que ce dernier dut, par un mariage inespéré, « l'heureuse indépendance qui, en assurant le repos et la dignité de sa vie, devait permettre à son talent de se développer sans s'aigrir et préserver sa grandeur à venir des éblouissements que la fortune apporte trop souvent avec elle. »

Mais, à ce moment là même, éclataient des évènements, dont le contre-coup se fait sentir aujourd'hui encore, qui bouleversèrent alors tant d'existences et précipitèrent la France dans un abîme de malheurs. A 89 avait succédé 90, et déjà, pour les esprits clairvoyants, il n'y avait plus guère place à l'illusion. Joubert était de ceux-là ; néanmoins, nommé à l'élection, par ses concitoyens, juge de paix de Montignac, il crut de son devoir d'accepter ces fonctions qu'il remplit avec scrupule et à la satisfaction de tous pendant deux années. Mais il déclina l'honneur d'un nouveau mandat, voyant l'horizon politique s'assombrir tous les jours davantage et comprenant que « les fonctions publiques, même les plus modestes et les plus calmes, ne tarderaient guère à devenir actives jusqu'à la violence. »

D'ailleurs il était rappelé non plus à Paris, mais à Villeneuve-sur-Yonne, (en Bourgogne) à la fois par l'entraînement d'une sérieuse affection et par la pensée d'un devoir à remplir. Là vivait une famille qui lui avait offert, à plusieurs reprises, une cordiale hospitalité, et dont le chef était son ami dès longtemps. La sœur de celui-ci « par une abnégation d'autant plus méritoire qu'elle est moins admirée, son frère devenu veuf, s'était dévouée à l'éducation d'une nièce privée de mère dès le berceau, et au soin d'une maison considérable…. Il s'était formé entre elle et Joubert une de ces liaisons pleines de charme qu'épure déjà la maturité de l'âge, et que colorent pourtant les derniers reflets de la jeunesse. »

Or, pendant le séjour de Joubert à Montignac, presque coup sur coup, de cruels malheurs vinrent mettre à l'épreuve le courage de cette personne. Après deux pertes déjà bien douloureuses, elle vit mourir le chef de la maison, ce frère aîné « l'objet le plus cher de son dévouement et le soutien sur lequel s'appuyait sa vie. » Cette âme, quoique fortement trempée et solidement chrétienne, faillit succomber à la douleur, et Joubert de loin s'efforçait en vain de relever son courage et de lui apporter quelques consolations par des lettres qui ne sont pas les moins belles du recueil. De cette correspondance cependant résulta pour tous deux, avec la pleine et mutuelle confiance, une sympathie de plus en plus vive : « La tendresse se glisse aisément sous les larmes, et ils ne tardèrent pas à s'apercevoir que, sans y songer, ils étaient devenus nécessaires l'un à l'autre. » C'est alors que Joubert, après avoir essayé vainement des sages conseils et des consolations ordinaires, écrit :

« …. Je vois combien votre plaie est profonde et en quelque sorte irremédiable. Votre esprit s'est mis du parti de votre désolation, et raisonne comme il plaît à celle-ci. Tout se change en douleur pour vous, et vos réflexions n'aboutissent qu'à tirer de toutes choses quelque sujet d'accablement…. Je suis, hélas ! et j'en gémis, votre ami le plus ancien lorsque tant d'autres ne sont plus ; c'est du fond du cœur que ce titre vient se placer sous ma plume... J'aime en vous, et vous, et votre frère, et votre amie, et ce pays qui m'a tant plu et des souvenirs que mon âme gardera précieusement.

« Vous êtes un dépôt que vos malheurs m'ont confié ; un dépôt que je dois garder et conserver à tous les prix; un dépôt que je veux mettre à ma portée pour veiller sans cesse sur lui. Oui, je vous veux auprès de moi, et je me veux auprès de vous. A quoi sert tout ce que je vous dis et tout ce que je pourrais vous dire ? Je répands de bonnes liqueurs dans un vase rempli de larmes ; il faudrait d'abord les détourner et les tarir et nulle main ne peut le faire, si ce n'est peut-être la mienne. Je la consacre à cet emploi [1] ».

La main que Joubert offrait si noblement fut acceptée, le mariage se fit à Paris et sans bruit, à cause de la gravité des circonstances (on était au mois de juin 1793). Puis les deux nouveaux époux allèrent habiter Villeneuve qui, par une exception rare, hélas ! en ces temps désastreux, avait échappé aux passions qui remplissaient nos villes de troubles et de dangers. Mais Joubert, dans le calme et la sécurité de sa retraite, ne pouvait être indifférent aux malheurs publics, et nous en voyons la preuve dans cette phrase de son journal : « La » Révolution a chassé mon esprit du monde réel en me » le rendant trop horrible. »

Un jour, il apprend que, dans un château situé à quelque distance de Villeneuve, une famille tout entière, celle de M. de Montmorin [2] ancien ministre des

---

[1] *Correspondance de Joubert.*

[2] M. de Montmorin fut une des victimes des massacres de septembre.

affaires étrangères, vient d'être enlevée par ordre du Comité de sûreté générale, et conduite à Paris. Les commissaires n'ont laissé au château que des enfants et une jeune femme malade dont la pâleur et la maigreur semblaient présager une mort prochaine. Quoiqu'il ne connût point cette dame, Joubert se rendit au château pour lui offrir ses conseils et ses consolations, bravant le danger auquel sa généreuse compassion pouvait s'exposer. Mme de Beaumont en fut profondément touchée et remercia avec effusion Joubert et sa femme non moins charitable et empressée. De là entre eux cette amitié vive et profonde dont témoignent les lettres de notre écrivain et qui trop tôt, hélas ! devait être brisée par la mort.

III

Cependant, malgré sa santé si languissante, Mme de Beaumont devait vivre, si c'était là vivre, quelques années encore. Les temps étant devenus meilleurs, elle revint habiter Paris et ouvrit un des rares salons de l'époque. Joubert se plut à y conduire Fontanes et aussi Châteaubriand qu'il avait connu par le premier, « Châteaubriand devenu bientôt le Dieu du Temple », pour peu de temps puisque nous voyons Mme de Beaumont mourir, en 1803, à Rome, vaincue par la souffrance physique moins encore peut-être que par la douleur morale et le poignant regret de chères victimes tuées par la Révolution et qu'elle pleurait toujours : *Quia non sunt !* comme dit son épitaphe.

Cette mort fut ressentie cruellement par Joubert et le souvenir de cette précieuse amitié lui sera présent jusqu'à la fin encore qu'il ait écrit quelque part : « J'ai passé le fleuve d'oubli.» D'ailleurs, pour faire diversion à son chagrin, il avait, en outre de ses études habituelles, les affections comme les devoirs de la famille. Un fils lui était né de son mariage, un fils dont il veillait l'enfance avec une tendre sollicitude, et sur lequel reposaient ses plus chères espérances. Ainsi s'écoulèrent pour Joubert plusieurs années dans lesquelles il partageait son temps « entre Paris et la province, entre les méditations de la solitude et les délices de l'amitié » lorsque, en 1809, la création de l'Université lui vint imposer des devoirs inattendus. Fontanes, nommé grand maître, tenait à choisir ses futurs collaborateurs entre les hommes les plus éminents comme les plus honorables, et sur la liste de présentation des inspecteurs généraux et membres du Conseil, à côté des noms significatifs de MM. de Bonald et de Beausset, il écrivit celui de Joubert en ajoutant sous forme de note : « Ce » nom est moins connu que les deux premiers, et c'est » cependant le choix auquel j'attache le plus d'impor- » tance.... M. Joubert est le compagnon de ma vie, le » confident de toutes mes pensées. Son âme et scr » esprit sont de la plus haute élévation. Je m'estimerai » heureux si Votre Majesté veut m'accepter pour cau- » tion. »

Joubert nommé, tel fut le zèle, telle fut la conscience qu'il apporta dans ses nouvelles fonctions dont il comprenait si bien l'importance qu'il parut s'y absorber presque tout entier. On raconte à ce sujet que Mme

de Châteaubriand « une femme dont l'esprit va de pair
avec le nom, un soir, fatiguée d'enseignement, de professeurs de lycées, » ne put s'empêcher de murmurer :

L'ennui naquit un jour de l'*Université !*

Les causeurs sourirent, mais l'entretien continua toujours sur le même sujet. Cependant, aussitôt que les
circonstances le lui permirent, Joubert reprit ses études et ses lectures, j'allais ajouter, son journal ; mais
je ne crois pas qu'il l'ait jamais sérieusement inter-
rompu et il ne se passait pas de jour où il n'écrivît, le
plus souvent au crayon, ses réflexions ou ses impressions. Je me trompe en disant que le journal ne fut pas
suspendu, même avant le jour où pour jamais le crayon
devait échapper à sa main défaillante ; car sur un
feuillet on lit : « Du jeudi 7 juin au jeudi 12 juillet : ma
» grande maladie ! *Deo gratias !* »

Deo gratias ! Joubert, ce philosophe chrétien, est tout
entier dans ces deux mots ! Et quand, bien des années
après, viendra l'instant solennel, où il lui faudra se
séparer de tous ceux qui lui sont chers, de sa femme,
de son fils, d'un frère plus jeune dont la famille est
devenue la sienne, il ne se montrera pas moins admirable de calme et de résignation sereine :

« Dans les premiers mois de l'année 1824, les indis-
positions de M. Joubert se montrèrent plus graves et
plus longues ; l'équilibre longtemps maintenu entre
toutes ses faiblesses se rompit ; sa poitrine s'engagea,
et bientôt le docteur Beauchêne, son vieil ami, présagea
avec douleur une fin que son art ne pouvait conjurer.

Lui-même sentit sans doute que le moment suprème approchait, car, saisissant encore une fois son crayon, il inscrivit sur son journal ces derniers mots, rapide analyse de sa vie, de ses travaux et de ses espérances; 23 « 22 mars 1824. — *Le vrai, le beau, le juste, le Saint !* »

« A partir de ce jour, tous les symptômes se précipitèrent, et le 4 mai suivant, muni de la nourriture sacrée, au milieu de sa famille en larmes, il remonta vers les célestes demeures d'où il semblait n'être que pour un moment descendu [1] ».

Mais cet homme éminent, cet homme rare pour ceux qui l'avaient connu ne laissait-il rien après lui que l'exemple de sa noble vie, et l'exemple plus admirable de sa mort chrétienne? Heureusement si et, quelque temps après que Joubert eut cessé d'exister, parut un petit volume de *Pensées* dont Châteaubriand, à la prière de la veuve, s'était fait l'éditeur. Une éloquente préface de l'illustre écrivain servit de passe-port au livre qui d'ailleurs pouvait se passer de cette recommandation pour ceux qui l'avaient ouvert une première fois. Quoique le volume, tiré à un petit nombre d'exemplaires destinés aux seuls amis, n'eût eu qu'une publicité restreinte, il fit sensation parmi les lecteurs d'élite; ils regrettaient seulement que le volume ne renfermât qu'une si faible partie des œuvres posthumes de Joubert, qu'ils avaient lieu de croire beaucoup plus considérables. Ils ne se trompaient pas. Joubert avait laissé un grand nombre de manuscrits, si l'on peut appeler de ce nom : « d'un côté, des feuilles détachées, couver-

____
[1] *Vie et travaux de Joubert.*

tes d'ébauches et jetées sans ordre dans quelques cartons ; de l'autre une suite de petits livrets, au nombre de plus de *deux cents*, où il avait inscrit, jour par jour, et seulement au crayon, ses réflexions, ses maximes, l'analyse de ses lectures et les évènements de sa vie. »

Or, quel travail à décourager le plus intrépide que celui de déchiffrer tous ces brouillons, de collationner ces feuillets minuscules, de réunir, coordonner, en les distribuant par chapitres, toutes les pensées relatives aux mêmes sujets et dispersées sur vingt feuillets, *disjecti membra poetæ !*

Devant une pareille tâche le fils de M. Joubert avait hésité, sinon tout à fait reculé, et une mort prématurée ne lui permit pas de l'entreprendre. Tous ces trésors devaient-ils rester à jamais enfouis, perdus ? Non, le zèle de la famille, du frère de Joubert en particulier, ne pouvait le permettre, et d'après le désir de celui-ci, M. Paul de Raynal, son gendre, se chargea : « d'accomplir cette tâche de minutieuses recherches, d'attentive restauration, ce travail de mosaïque littéraire qu'une longue patience et un dévouement pieux pouvaient seuls accepter. »

Il n'y employa pas moins de trois années, et trois années d'un labeur assidu ; mais il n'eut pas à le regretter, car lorsque parut la nouvelle édition : *Pensées et Correspondance de Joubert*, en deux volumes, le succès, dans le public d'élite, fut complet. Les critiques les plus éminents s'empressèrent de signaler l'ouvrage, heureux d'applaudir à cette résurrection ou exhumation glorieuse, comme elle avait fait pour André Chenier. M. Sainte Beuve, qui naguère et le premier, avait souhaité

la bienvenue au volume édité par Châteaubriand, fit
de nouveau et avec plus d'effusion dans les *Causeries de
lundi* l'éloge de l'auteur dont il avait dit déjà : « Il suffi-
sait, nous disent ceux qui ont eu le bonheur de le connaître, d'avoir rencontré et entendu une fois M. Joubert,
pour qu'il demeurât à jamais gravé dans l'esprit : il
suffit maintenant pour cela, en ouvrant son volume au
hasard, d'avoir lu. Sur quantité de points qui revien-
nent sans cesse, sur bien des thèmes éternels, (dont M.
Sainte-Beuve s'inquiétait alors), on ne saurait dire
mieux ni plus singulièrement que lui. »

MM. de Sacy, Saint-Marc Girardin, Gerusez, etc, ne
parlent pas autrement et ne témoignent pas, dans leurs
articles développés, d'une moins chaleureuse sympathie ! Et comment n'admirer pas, comme dit si bien
M. E. Poitou, « tant d'originalité alliée à tant de grâce,
tant de délicatesse d'esprit et de tendresse d'âme dont
malgré soi on subit le charme.... Comme ces pensées
sont limpides et colorées ! quel mélange pénétrant de
douceur et d'austérité ! C'est la raison à la fois grave
et souriante, c'est la vertu indulgente et sereine. Ecou-
tez-le maintenant parler de Dieu, de l'âme, de la Religion ; il a sur ce sujet des pages qui, pour la profondeur, la portée et l'éclat, font souvenir de Pascal et de
saint Augustin. »

Détachons de ce précieux volume des *Pensées* quelques passages seulement, car cette Notice est déjà
longue, et cependant que de choses il nous resterait à
dire !

*
* *

« Le ciel est pour ceux qui y pensent.

*
* *

» La religion est la poésie du cœur ; elle a des en-
chantements utiles à nos mœurs ; elle nous donne et le
bonheur et la vertu.

*
* *

» Nous ne voyons bien nos devoirs qu'en Dieu. C'est
le seul fond sur lequel ils soient toujours lisibles à
l'esprit.

*
* *

» La piété est le seul moyen d'échapper à la sécheresse que le travail de la réflexion porte inévitablement
dans nos sensibilités.

*
* *

» On ne comprend la terre que lorsque on a connu le
ciel. Sans le monde religieux, le monde sensible offre
une énigme désolante.

*
* *

» Dieu aime autant chaque homme que tout le genre
humain. Le poids et le nombre ne sont rien à ses yeux.
Eternel, infini, il n'a que des amours immenses.

*
* *

» Les enfants tourmentent et persécutent tout ce
qu'ils aiment.

*
* *

» Le soir de la vie apporte avec soi sa lampe.

*
* *

» Le résidu de la sagesse humaine, épuré par la
vieillesse, est peut-être ce que nous avons de meilleur.

*
* *

» Chose effrayante, et qui peut être vrai : les vieillards
aiment à survivre.

* *

» Le meilleur des expédients, pour s'épargner beaucoup de peine dans la vie c'est de penser très peu à son intérêt propre.

* *

» Les repas du soir sont la joie de la journée ; les festins du matin sont une débauche. Je hais les chants du déjeuner.

* *

» La médisance est le soulagement de la malignité.

* *

» Il est des âmes limpides et pures où la vie est comme un rayon qui se joue dans une goutte d'eau.

* *

» Chacun est sa Parque à lui-même, et se file son avenir [1] »,

Voilà, pris au hasard, quelques épis dérobés à cette si riche moisson et qui peuvent faire juger du reste. Aussi Joubert toujours si modeste, et poussant à l'excès la défiance de lui-même, a-t-il pu écrire sans présomption : « J'ai donné mes fleurs et mon fruit : je ne suis plus qu'un tronc retentissant ; mais quiconque s'assied à mon ombre et m'entend devient plus sage. »

Rien de plus vrai, nous l'affirmons d'après notre propre et heureuse expérience.

Maintenant, car si sympathique que soit la critique, elle ne saurait abdiquer ses droits non plus que ses devoirs : ne se trouve-t-il point quelques plants d'ivraie, quelques herbes parasites, mêlés à tout ce bon grain ?

______

[1] *Pensées* de Joubert (*Passion*).

Peut-être : On reproche à certaines pensées une recherche qui ressemble à la subtilité. D'autres fois, telle
pensée, que l'auteur n'a pu suffisamment expliquer ou
développer sans doute, semble presque une dissonnance
dans la bouche du philosophe chrétien, celui-ci par
exemple : « Les jansénistes disent qu'il faut aimer Dieu,
» et les jésuites le font aimer. La doctrine de celle-ci est
» remplie d'inexactitude et d'erreurs peut-être (*sic*);
» mais, chose singulière, et cependant incontestable, ils
» dirigent mieux. »

Mais ces taches sont rares et le livre, excellent dans
l'ensemble, parce que sa lecture rend meilleur, profitant surtout aux esprits cultivés, doit prendre place au
premier rang des écrivains, qu'on aime à lire et relire,
dans la bibliothèque de l'honnête homme et de l'homme
de goût.

La rue *Joubert* s'appela ainsi (dès l'an VIII) en souvenir du général Joubert (Barthélemy-Catherine) tué à
Novi, en 1799.

JOUFFROY-D'ABBANS.

Cette rue, qui conduit du boulevard de l'Etoile à la rue Cardinet, a pris ce nom en vertu d'un arrêté du 2 mars 1867. On ne saurait trop appaudir à cette décision, qui est un grand acte de justice et qui a pour but d'honorer la mémoire d'un homme éminent, mal apprécié de son vivant, et aujourd'hui encore trop peu populaire, Jouffroy-d'Abbans, un Français et l'inventeur véritable, quoique aient prétendu Anglais et Américains, de la navigation à la vapeur. Ce fait est établi de la manière la plus incontestable, avec toutes les preuves à l'appui, dans une intéressante brochure publiée en 1864 par M. le marquis de Beausset-Roquefort, et qui a pour titre : *Notice historique sur l'invention de la navigation à la vapeur* [1]. Ce savant et consciencieux travail nous fournira sur Jouffroy-d'Abbans de curieux détails puisés aux meilleures sources.

Mais d'abord constatons, en dépit des prétentions rivales, que : « Salomon de Caus, natif de Normandie, songea le premier, en 1615, à se servir de la force motrice de la vapeur d'eau dans la construction d'une ma-

[1] Lue en séance publique à la *Société littéraire* de Lyon, le 27 janvier 1864.

chine propre à opérer les épuisements ; Papin, en 1690, conçut le premier la possibilité de construire une machine à vapeur acqueuse et à piston ; le marquis Claude de Jouffroy, gentilhomme de la Franche-Comté, fut l'*inventeur du pyroscaphe* et le *premier qui réalisa pratiquement* la navigation à vapeur par des expériences faites sur la Saône, à Lyon, an 1783, avec un plein succès constaté par un acte authentique, par des documents officiels, par le témoignage de milliers de spectateurs. La gloire de l'invention de la vapeur et celle de son application à la navigation *appartiennent donc à la France ;* les annales de la ville de Lyon doivent conserver la mémoire des premiers essais heureux de la navigation à la vapeur. » Ceci bien établi, venons aux détails biographiques.

Claude-Dorothée, marquis de Jouffroy-d'Abbans, naquit à Roche-sur-Rognon (Haute-Saône), le 30 septembre 1751, de messire Jean-Eugène, marquis de Jouffroy-d'Abbans, et de dame Jeanne-Henriette de Pons de Rennepont, dame de la Croix-Étoilée de l'Empire. A l'âge de 13 ans, Claude fut reçu page de Mme la Dauphine ; à vingt ans, il entra comme sous-lieutenant au régiment de Bourbon. Une malheureuse affaire, de celles que le préjugé qualifie *affaire d'honneur,* le fit justement, il faut le reconnaître, envoyer aux îles Sainte-Marguerite où il se vit retenu pendant deux années qui ne furent pas heureusement perdues pour le jeune officier. Pendant ses loisirs forcés, en observant la manœuvre des galères à rames, il fut frappé des inconvénients inhérents à ce mode de navigation et se demanda s'il n'y aurait pas quelque chose de mieux ; si,

par exemple, l'emploi de la vapeur comme force motrice
ne serait pas de beaucoup préférable. Dès lors il ne
s'occupa plus que de trouver les combinaisons méca-
niques propres à transmettre le mouvement de propul-
sion. Redevenu libre en 1775, il se rendit à Paris où les
frères Perrier venaient de fonder un grand établissement
industriel, en important de Birmingham une machine
de Wast, connue en France sous le nom de pompe à feu
de Chaillot.

Jouffroy rencontra à Paris deux compatriotes, officiers comme lui, et pareillement adonnés à l'étude des
sciences, le comte d'Auxiron, capitaine d'artillerie, et le
marquis Du Crest, colonel en second du régiment d'Auvergne, membre de l'Académie des Sciences et auteur
d'un *Traité sur la mécanique*. Après s'être rendu compte,
par une étude approfondie, du mécanisme de la pompe
à feu de Chaillot, Jouffroy n'hésita point à penser qu'on
pouvait utiliser le même moteur pour la navigation. Il
développa ses idées à ce sujet devant un petit comité
composé du maréchal de camp Follenay, du marquis Du
Crest, du comte d'Auxiron et de Perrier. Ce dernier se
fit son contradicteur, en présentant un contre-projet
qui différait par le mécanisme et surtout par le calcul
des résistances à vaincre : « Il évaluait la force néces-
» saire d'après le nombre de chevaux employés pour
» remorquer les bateaux, tandis que Jouffroy soutenait,
» avec raison, qu'il fallait une force plus que triple en
» prenant le point d'appui dans l'eau. » Cette opinion qui, maintenant, est devenue un fait, était chaude-
ment appuyée par d'Auxiron et Follenay. Mais Du Crest
se rangeait à l'avis contraire et sa position comme l'au-

torité de son nom lui permettaient d'obtenir le concours de l'Académie des sciences pour Perrier qui possédait dans ses vastes ateliers tous les moyens de préparer des essais en grand ; le résultat cependant fut un insuccès complet et donna pleinement raison à d'Auxiron qui ne cessait d'encourager son ami et, en mourant, lui écrivait d'une main défaillante :

« Courage, mon ami, vous êtes seul dans le vrai. » Jouffroy n'en doutait pas, mais convaincu qu'à Paris pour l'instant l'influence rivale l'emportait absolument, il se retira dans sa province. « Là, plein de foi dans l'avenir, livré à ses seules ressources, n'ayant d'autre guide que ses études persévérantes et d'autres ouvriers qu'un chaudronnier de village, il parvint en 1776, à construire une machine qu'il adapta à un bateau. Ce premier pyroscaphe avait 13 mètres de longueur sur 1 mètre 95 centimètres de largeur. L'appareil nageur consistait en tiges de 2 mètres 60 centimètres de longueur suspendues de chaque côté vers l'avant et portant à leur extrémité des chaînes armées de volets mobiles plongeant de 40 centimètres. Les chaînes pouvaient décrire un arc de 2 mètres 60 centimètres (8 pieds) de rayon et de 95 centimètres de corde (3 pieds) ; un levier muni d'un contre-poids les maintenait au bout de leur course. Une machine de Wast à simple effet, installée au milieu du bateau, mettait en action ces rames articulées. La construction de cet appareil, dans une localité où il était impossible de se procurer des cylindres fondus et alésés, était une œuvre de génie, de courage et de patience ; malgré ses imperfections, il était supérieur à tout ce qui avait été proposé jusqu'alors pour la navi-

gation. Le bateau fonctionna sur le Doubs, à Baume-
les-Dames, entre Montbeliard et Besançon, pendant les
mois de juin et de juillet 1776 [1]. »

Cependant l'inventeur avait reconnu dans la pratique
certains côtés défectueux de son système et résolut d'y
remédier en construisant une machine nouvelle et d'un
plus grand modèle. Dans ce but il vint s'établir à Lyon,
où il ne tarda pas à se fixer définitivement en s'alliant
à une famille des plus honorables de la ville. Le 10 mai
1783, il épousa Mlle Françoise-Madeleine de Pingers de
Vallier, jeune et aimable personne qui devait être pour
lui l'ange consolateur au milieu des longues, des conti-
nuelles tribulations de sa vie laborieuse et tourmentée.

Les préoccupations de son mariage cependant n'a-
vaient point empêché Jouffroy de poursuivre ses études
et ses travaux; et la même année s'achevait la construction de son nouveau bateau qui, lui aussi, fut « une
œuvre d'art et de génie; » car à Lyon les ressources
faisaient défaut presqu'autant qu'à Baume-les-Dames.
L'inexpérience des ouvriers était telle que l'inventeur
devait façonner lui-même les pièces délicates et qui
exigeaient, pour arriver à la précision nécessaire, une
main d'œuvre particulièrement habile.

Le nouveau pyroscaphe mesurait une longueur de 46
mètres sur 4 mètres 50 de largeur ; les roues avaient 4
mètres 50 centimètres de diamètre ; les aubes 1 mètre
95 centimètres, plongeant à 0 m. 65 centimètres, le tirant du bateau était de 0 m. 95 centimètres, son poids
total de 327 milliers, dont 27 pour le bateau et 300 pour
la charge.

[1] Notice historique.

L'annonce de cette grande et solennelle expérience avait attiré sur les quais, sur les ponts, des milliers de spectateurs et de curieux, parmi lesquels ne manquaient point ou même dominaient les incrédules, et à chaque pas s'entendaient des conversations comme celle-ci :

— Croyez-vous qu'il réussisse ? Pour ma part j'ai peine à croire que nous ne nous soyons pas dérangés pour rien.

— Je m'étonnerais qu'il en fût autrement.

— Voyez donc l'énorme marchine que ce bateau ! C'est une vraie baleine, un monstre marin ! Se peut-il qu'on mette en mouvement pareille masse sans le secours des rames ou de la voile ? C'est bien comme on dit vouloir prendre la lune avec... vous savez le proverbe.

— Oui ! oui ! Pourtant on dit que l'inventeur n'est ni un sot, ni un écervelé, et pour risquer dans une telle entreprise la meilleure part peut-être de sa fortune, il faut qu'il soit presque sûr par ses calculs, ou même par l'expérience...

— Bah ! bah ! Un homme à projets ! ces gens-là ne doutent de rien ! Des fous le plus souvent ! Il viendrait à quelqu'un d'eux l'idée de grimper dans la lune qu'ils dépenseraient sans sourciller tout leur avoir pour la construction des échelles ou tout au moins d'une machine *ad hoc*. Il paraît même, d'après les papiers publiés, qu'à Paris sérieusement on y pense et que Phaéton ne doit pas tarder à avoir des successeurs !

— Eh ! mais, eh ! mais !... voyez donc le dernier coup de cloche à peine a retenti comme signal du départ, et voici la lourde machine qui s'ébranle, qui se 'remue et s'éloigne plus rapide que si elle était emportée par un triple rang de rames !

En effet, sur les eaux paisibles de la Saône, le *pyroscaphe*, comme on l'appelait alors, s'avançait remontant sans effort le courant, et salué par les acclamations, les hourras, les battements de mains des spectateurs entassés sur les deux rives, il franchit promptement la distance entre Lyon et l'île Barbe, ainsi qu'il est constaté d'une manière irréfragable, dans une pièce dont la minute se trouve encore chez un notaire de la ville et que signèrent les *huit* membres de la commission scientifique, choisis pour assister à l'expérience quoique d'ailleurs sans titre officiel : MM. Laurent, Basset, chevalier, lieutenant général de police de la ville ; l'abbé Monges, chevalier, historiographe de la ville ; de Landine, avocat au parlement ; Mathon, chevalier, seigneur de la cour et autres lieux ; Roux, professeur d'éloquence au collége Royal-Dauphin de Grenoble ; Le Camus, avocat au parlement ; Salicis, curé de la paroisse de Vaize et Jean-Baptiste Salicis, neveu du précédent et vicaire de la paroisse.

Se pouvait-il des témoins plus respectables et dont la signature au bas d'un certificat semblait ne pas permettre l'ombre du doute ? Aussi, les fonds bientôt étaient faits chez le notaire pour l'exploitation du privilége, dont l'obtention paraissait certaine, et dans un bref délai, à tous les intéressés. Car l'Académie de Paris, consultée par le ministre, en présence de pièces attestant des faits qui avaient eu, en outre des signataires, pour témoins des milliers et des milliers de spectateurs de tout rang, l'Académie ne pouvait que faire un rapport

tout favorable. Il en fut autrement, cependant, grâce à
de misérables intrigues et à l'influence de Perrier, qui
ne pouvait consentir au triomphe de son rival. L'Académie ajourna sa décision, en demandant de nouveaux
essais, de nouvelles expériences, trop onéreuses en ce
moment pour l'inventeur. Il devait craindre, d'ailleurs,
que la mauvaise volonté qui se trahissait dans cette réponse ne persévérât quand même, et que de nouveaux
sacrifices fussent en pure perte. En définitive, pour l'instant du moins, la *découverte fut enterrée*, et qui sait combien d'années encore devaient s'écouler avant qu'on vît
de rechef un bateau à vapeur sillonner la rivière de la
Saône ?

Cependant, au milieu de ces déboires, Jouffroy fut
consolé par quelques nobles témoignages de sympathie.
Des personnages considérables par le rang ou par le
mérite lui écrivirent pour l'encourager. Plusieurs même
lui firent offrir des lettres de recommandation pour
l'Angleterre. Il remercia mais sans pouvoir se résigner
à accepter. « A Dieu ne plaise, répondait-il par une
» généreuse inspiration de patriotisme, que je porte en
» pays étranger une découverte de cette importance !
» J'ai dans l'avenir de cette idée une foi inébranlable.
» Tôt ou tard, le Ciel aidant, elle doit triompher, et je
» veux que la France, que ma chère patrie, en recueille
» tout l'honneur comme les avantages. »

Jouffroy, quand il parlait ainsi, cependant ne recueillait, pour prix de ses travaux et de ses sacrifices que
l'indifférence, que le dédain, que l'ingratitude. Il n'ignorait pas qu'à la cour de Versailles même, on le sur-
nommait : *Jouffroy la Pompe* et que la foule toujours

trop nombreuse des sots railleurs, allait partout répétant : « Connaissez-vous ce gentilhomme de la Franche-
» Comté qui embarque des pompes à feu sur les ri-
» vières ? Ce fou qui prétend accorder le feu et l'eau ? »

Mais bientôt arriva la Révolutiou qui fit justice des moqueurs et des courtisans, par malheur sans épargner les personnages les plus augustes comme les plus honnêtes gens. Jouffroy, dont la vie semblait menacée, à cause de sa qualité de gentilhomme, dut émigrer et ne rentra en France qu'après la paix de Lunéville. Pendant qu'il servait dans l'armée de Condé, et que plus tard en France il s'efforçait de recueillir les débris de sa fortune pour assurer l'avenir de sa famille, un jeune Américain, Fulton, né à Little-Britain (Pensylvanie) en 1765, vint à l'âge de vingt ans en Angleterre où il s'adonna entièrement à l'étude de la mécanique. Passé en France pendant l'année 1796, sans nul doute il eut connaissance des expériences de Jouffroy. Il en profita et s'en aida pour la construction de la machine à vapeur exécutée en 1804 sur ses dessins, dans l'usine de Bolton-Wat, et qui, terminée deux ans après, et expédiée à New-York, sillonna la première les grands fleuves d'Amérique où les navires de ce genre ne tardèrent pas à se multiplier.

On les ignorait encore en Europe, cependant, quand, après le retour des Bourbons en France, Jouffroy, muni d'un brevet d'invention et de perfectionnement, fit construire un bateau auquel le comte d'Artois permit qu'on donnât son nom, et qui fut lancé sur la Seine, au Petit-Bercy, le 20 avril 1817, en présence du comte d'Artois, des princes ses fils, des autorités de Paris, d'un grand nombre de savants et d'un concours immense de spectateurs. Tout semblait promettre à l'entreprise le plus heureux avenir, lorsqu'une compagnie rivale obtint un brevet, et, contestant le privilége de Jouffroy, lança à son tour sur le fleuve un bateau muni de sa machine, et qu'elle avait fait venir d'Angleterre. La spéculation ne lui réussit pas, encore que la concurrence devînt fatale à Jouffroy ; car les deux compagnies ayant à lutter l'une contre l'autre, comme à combattre les préventions que soulevait le nouveau mode de navigation, furent également ment ruinées.

N'était-ce pas, pour Jouffroy, jouer de malheur ? Et grâce aux obstacles que suscitait la coalition des intérêts et des préjugés inquiétés également par la nouvelle invention, bien des années encore devaient s'écouler avant que la navigation à vapeur déjà si prospère en Amérique pût s'acclimater en France. Pourtant la priorité de la découverte appartient à celle-ci, grâce à Jouffroy-d'Abbans, ainsi que se plaisait à le proclamer, en 1827, du haut de sa chaire, Arago, ce grand vulgarisateur qui, l'année suivante, insistant sur son affirmation, disait dans une des *Notices publiées par l'Annuaire du bureau des longitudes :* « L'idée de l'emploi de la vapeur » pour faire marcher les bateaux fut mise en pratique, » pour la première fois, par le marquis de Jouffroy, qui » construisit, en 1782, *un bateau à vapeur, qui pendant* » *seize mois,* navigua sur la Saône. »

Ce témoignage de loyale sympathie, de la part d'un juge si compétent, dut être une précieuse consolation pour Jouffroy au milieu de ses déboires et aussi de ses douleurs, car, dans l'année 1829, il perdit sa chère et fidèle compagne, et la séparation lui fut bien douloureuse après quarante-six années d'une union dont il n'avait eu jamais qu'à s'applaudir et qui lui avait rendu la vie douce même dans ses cruelles épreuves. La solitude lui devint trop pénible ; il fit liquider sa pension de retraite comme ancien militaire et obtint son admission à l'Hôtel des Invalides, où il mourut du choléra en 1832. Il était plus qu'octogénaire.

« Jouffroy, dit M. le marquis de Beausset-Roquefort, créateur des éléments d'une science encore inconnue, n'avait à sa disposition ni atelier de construction, ni ouvriers mécaniciens ; forcé d'employer la machine de Wat, à simple effet, qui ne se prêtait pas au mouvement de rotation, il trouva dans son génie les combinaisons qui assurèrent son succès.

« Les expériences de Jouffroy sont antérieures d'un quart de siècle à l'application faite par Fulton ; leur succès a été constaté par un acte authentique, par des documents officiels, et par le témoignage de milliers de spectateurs. Le bateau de Jouffroy navigua sur la Saône pendant seize mois. »

« L'application de la vapeur à la navigation, ajoute excellemment le judicieux auteur, ne laisse plus aucune contrée en dehors des progrès, quelque reculée qu'elle soit par les distances, par les institutions, par les mœurs de ses habitants. Les relations fréquentes des peuples entre eux dissipent les préjugés, créent des intérêts nouveaux, manifestent avec plus d'évidence la solidarité universelle.

« Louis XIV, après avoir placé son petit fils, le duc d'Anjou, sur le trône d'Espagne, s'écriait : « Il n'y a plus de Pyrénées ! » L'œuvre du grand roi n'a pas résisté au souffle des agitations politiques ; les descendants mâles de Philippe V ont cessé de régner... Les voies ferrées perçant les montagnes, la navigation à vapeur défiant les vents contraires, la télégraphie électrique transmettant la pensée avec la rapidité de l'éclair ont abaissé toutes les barrières, effacé les distances, préparé l'union des nations qui doit amener les temps annoncés par le prisonnier de Sainte-Hélène, où toute guerre ne sera plus qu'une guerre civile. »

Qui pourrait maintenant entendre prononcer avec indifférence le nom de Jouffroy-d'Abbans ?

LACÉPÈDE

I

Bernard Germain Etienne de la Ville sur Illon, était né à Agen, le 26 décembre 1756. Son père, le comte de la Ville, lieutenant général de la sénéchaussée, lui donna le nom de Lacépède. Ainsi s'appelait un grand oncle maternel, qui avait fait l'enfant son héritier à la condition qu'il porterait son nom. Dans l'*Eloge historique* lu par lui à l'Institut, Cuvier reconnaît que cette famille était l'une des plus anciennes de la province.

« Veuf de bonne heure, le père du jeune Lacépède, dit M. de Valenciennes dans sa consciencieuse Notice, concentra sur lui toute son affection, et voulut partager avec un précepteur éclairé, le chanoine Carrier, le soin de l'élever et de l'instruire. M. de Chabannes, évèque d'Agen, vint aussi le seconder merveilleusement dans le système d'éducation qu'il adopta pour son fils chéri. Sachant combien les premières impressions laissent des traces profondes, tous deux veillaient avec une scrupuleuse attention sur la société et les lectures de leur jeune élève (que ceci vous serve d'exemple, ô maîtres et parents !). Aussi dit-il de lui-même dans les Mémoires manuscrits qu'il a laissés sur sa vie ; « J'ignorai long-

» temps ce que c'est qu'un méchant homme et un mau-
» vais livre. A treize ans, je croyais encore que tous
» les poètes ressemblaient à Corneille ou à Racine, tous
» les historiens à Bossuet, tous les moralistes à Féne-
» lon. »

Quelques volumes de Buffon, qu'on mit entre les
mains de l'adolescent, éveillèrent en lui le goût de la
science et lui révélèrent sa vocation. L'histoire naturelle, science surtout d'observation, devint son étude
favorite, étude à laquelle ne pouvait être que favorable
l'isolement dans lequel il vivait au château de Lacépède. Sans compagnon, il n'avait point l'occasion d'être
distrait par les jeux de son âge :

« L'habitude de penser longtemps, dit-il dans les Mé-
» moires déjà cités, me conduisit à celle d'examiner avec
» attention tous les objets dont je m'occupais. J'y acquis
» de la facilité, j'y trouvai du plaisir.... J'allais souvent
» m'asseoir à l'ombre des grands arbres, au sommet
» des roches escarpées du haut desquelles je dominais
» sur cette vaste et admirable plaine de la Garonne... Ma
» vocation devenait plus forte au milieu de ces grandes
» images, et du haut des rochers il me semblait en-
» tendre la voix de la nature qui m'appelait à elle, me
» montrait les immenses monuments de sa puissance
» et les magnifiques tableaux qui retracent à tous de
» tant de manières les traits de son immortelle beauté. »

Mais ce qui est le signe d'une nature privilégiée, son
ardeur pour la science ne le rendait point indifférent
aux délicates jouissances que l'art peut donner. Son père,
comme son précepteur, et plusieurs membres de sa famille étaient musiciens ; il apprit d'eux cette belle

langue de l'harmonie qui lui devint en quelque sorte
une autre langue maternelle à ce point qu'adolescent
encore on le vit à Agen diriger des concerts où furent
exécutés plusieurs morceaux de sa composition applau-
dis avec enthousiasme. A cette époque, il eut la pensée,
lui qui n'avait pas seize ans, de remettre en musique
l'Armide de Quinault et ne renonça à ce projet un peu
téméraire qu'en apprenant que Gluck l'avait devancé.
Son travail toutefois ne fut pas absolument perdu ; car
son ébauche envoyée à Gluck lui valut de la part de ce
maître des encouragements et des félicitations.

Cependant la musique ne lui faisait en aucune façon
abandonner ou même négliger la science. Car, quelque
temps après, un Mémoire, relatif aux phénomènes de
l'aimant et aussi touchant d'autres questions contro-
versées par les physiciens, attira l'attention de Buffon
qui lui écrivit dans des termes témoignant de l'estime
la plus flatteuse. Il y a plus : Lacépède, à l'âge de vingt
ans, ayant obtenu de son père la permission de faire un
voyage à Paris, s'empressa, le lendemain de son arrivée,
de se présenter chez l'illustre naturaliste qui, « frappé
de sa jeunesse, le prend d'abord pour le fils de celui
avec qui il s'est mis en correspondance et le comble d'é-
loges dès qu'il est détrompé. »

Gluck ne lui fit pas un accueil moins paternel. Cependant la famille de Lacépède aurait désiré lui voir embrasser ce que dans le monde on appelle une carrière,
conforme à son rang et à sa naissance, soit les armes,
soit la diplomatie. Lacépède, lui, craignait d'enchaîner
son indépendance et d'accepter une position qui gênerait
son goût pour l'étude. « Une circonstance fortuite, dit

Villenave, vint le tirer d'embarras. Un prince allemand, qu'il avait connu à Paris, lui offrit un brevet de colonel dans les troupes des cercles de l'Empire. Il accepta avec beaucoup d'empressement ce service qui n'en était pas un, mais qui donnait un uniforme et des épaulettes et la famille s'en contenta. »

En 1785, Lacépède publia, sous le titre de : *Poétique de la Musique*, un ouvrage qui fut accueilli avec faveur. Le style, dans sa vivacité, se sent de l'ardeur de la jeunesse en même temps que l'élévation des idées et certaines illusions mêmes attestent une grande noblesse de cœur, témoin ce passage :

« O artistes, ô vous tous qui vous consacrez à l'art
» enchanteur de la musique, rendez-lui toute sa dignité,
» tout son véritable éclat ; rapprochez-le de sa vraie
» destination, de celle de soulager les misères hu-
» maines, de répandre mille charmes autour de nous,
» de faire oublier les malheurs privés et les calamités
» publiques par des jouissances pures rendues plus vives
» par le partage ou senties plus profondément dans la
» solitude..... Méritez de nouveaux hommages en ne
» faisant jamais naître dans nos âmes que les passions
» utiles, la vertu, le courage généreux, le dévouement
» héroïque, la vive sensibilité, l'amitié constante, la
» tendresse pure et fidèle, la douce pitié et l'humanité
» bienfaisante. »

« Les deux ouvrages, *Essai sur l'Électricité*, *Physique générale et particulière*, furent moins goûtés que la *Poétique sur la Musique* et même valurent à l'auteur quelques critiques assez sévères. On lui reprochait d'adopter trop légèrement et peut-être d'exagérer certaines théo-

ries de Buffon qui n'étaient que de brillantes hypo-
thèses. Mais ces publications eurent pour conséquence
néanmoins de le mettre en rapport immédiat et habituel
avec l'illustre naturaliste qui songea dès lors à l'associer à ses travaux et, dans cette pensée, offrit à Lacépède la place de garde démonstrateur du cabinet du roi,
vacante par la retraite de Daubenton. « Lacépède, dit
M. de Valenciennes, accepta ces modestes fonctions avec
joie, et il les remplit avec zèle et ponctualité, se tenant,
les jours publics, dans les galeries, répondant avec son
affabilité accoutumée à toutes les questions, et ne montrant pas moins d'égards aux gens du peuple qu'aux
hommes les plus considérables et les plus distingués. »

En 1788, Lacépède publia, comme continuation de
Buffon, un premier volume contenant l'*Histoire naturelle,
générale et particulière des quadrupèdes ovipares*, et, l'année suivante, parut le second volume, contenant l'*Histoire naturelle des Serpents*. De cet ouvrage, qui valut à
l'auteur les éloges de l'Académie des Sciences, Cuvier
n'hésitait pas à dire, vingt ans plus tard, que : « par
l'élégance du style, l'intérêt des faits qui y sont recueillis,
et au point de vue purement scientifique, il présente des
avantages incontestables sur le livre immortel auquel il
fait suite. »

Détachons de ce beau livre une page seulement qui
suffit pour faire connaître la manière de l'auteur : « A
la suite des nombreuses espèces des quadrupèdes et des
oiseaux se présente l'ordre des serpents ; ordre remarquable en ce qu'au premier coup d'œil, les animaux qui
le composent paraissent privés de tout moyen de se mouvoir et uniquement destinés à vivre sur la place où le

hasard les fait naître. Peu d'animaux cependant ont les mouvements aussi prompts et se transportent avec autant de vitesse que le serpent ; il égale presque par sa rapidité une flèche tirée par un bras vigoureux lorsqu'il s'élance sur sa proie ou qu'il fuit devant l'ennemi : chacune de ses parties devient alors comme un ressort qui se débande avec violence ; il semble ne toucher à la terre que pour en rejaillir ; et, pour ainsi dire, sans cesse repoussé par les corps sur lesquels il s'appuie, on dirait qu'il nage au milieu de l'air en rasant la surface du terrain qu'il parcourt. S'il veut s'élever encore davantage, il le dispute à plusieurs espèces d'oiseaux par la facilité avec laquelle il parvient jusqu'au plus haut des arbres, autour desquels il roule et déroule son corps avec tant de promptitude que l'œil a de la peine à le suivre. Souvent même, lorsqu'il ne change pas encore de place, mais qu'il est prêt à s'élancer et qu'il est agité par quelque affection vive, comme l'amour, la colère, ou la crainte, il n'appuie contre terre que sa queue qu'il replie en détours sinueux, il redresse avec fierté sa tête, il relève avec vitesse le devant de son corps et le retenant dans une attitude droite, et perpendiculaire bien loin de paraître uniquement destiné à ramper, il offre l'image de la force, du courage, et d'une sorte d'empire. »

II

Mais le moment approchait où, presque malgré lui, notre savant allait être arraché à ses paisibles et chères occupations. Sa réputation littéraire et plus encore la popularité que lui avaient mérité sa bienfaisance et l'aménité de son caractère « le désignèrent à toutes sortes de suffrages. On le vit successivement, dit M. de Valenciennes, député de sa section, commandant de la garde nationale, député extraordinaire de la ville d'Agen près l'Assemblée constituante, (etc). Plus d'une fois placé dans les positions les plus délicates, il y porta ces sentiments bienveillants qui faisaient le fond de son caractère et ces formes agréables qui en embellissaient l'expression. »

Ces qualités ne sont pas de celles qu'on apprécie dans les temps de révolution où la violence et la passion seules peuvent se faire écouter des multitudes trop faciles à entraîner, hélas ! Un jour, Lacépède lut avec stupeur, dans un journal, son nom en tête d'un article intitulé : *Liste des scélérats qui votent contre le peuple.* Par un singulier hasard, ce même jour ou le lendemain, il rencontre dans le jardin des Tuileries l'auteur de l'article qu'il connaissait pour l'avoir rencontré parfois chez un ami commun :

— Vous m'avez traité bien durement ? lui dit-il avec douceur.

— Comment cela ? répond l'autre avec l'air de l'étonnement feint ou réel.

— Vous m'appelez scélérat !

— C'est une manière de parler ! scélérat veut dire simplement qu'on ne pense pas comme nous.

A la bonne heure ! Mais la foule prend à la lettre ces expressions qui, pour les journalistes et les tribuns, ne sont qu'un langage de circonstance, et de là des engouements irréfléchis comme aussi des haines implacables autant que peu motivées.

Lacépède qui, comme tant d'autres bercés des mêmes et généreuses illusions, n'avait vu dans l'avènement des idées nouvelles que la réforme des abus, consterné, dégoûté par le triomphe de la démagogie et jugeant impossible (pas à tort peut-être) d'en arrêter les excès, résolut de renoncer à la vie publique et se démit de toutes ses fonctions, même de celles de garde du cabinet du roi. Après le décret de la convention du 10 juin 1793, qui obligeait tous les nobles à s'éloigner tout au moins à sept lieues de Paris, il se retira au village de Leuville, près Monthléry, où ses excellents amis, M. et Mme Gauthier, avaient une propriété.

L'illustre savant put ainsi se dérober à la persécution qui menaçait sa vie et ne sortit de sa retraite que deux années après (1795) quand, par le vote unanime de ses anciens collègues du Jardin des Plantes, il fut appelé à professer la zoologie dans cet établissement. L'année suivante (1796), il fut élu membre de l'Institut. Il s'occupait dès lors de la rédaction du plus important de ses ouvrages, l'*Histoire des Poissons* dont le premier volume parut en 1798 et le cinquième et dernier en 1803. « En réunissant tout ce qu'il avait appris sur les systèmes organiques des poissons, sur leurs habitudes, sur leur économie, dit M. de Valenciennes, cet éloquent zoologiste avait conçu le plan de son œuvre d'une manière large et élevée. Le talent de l'écrivain a su faire trouver du charme à l'histoire de ces êtres qui semblent nous toucher si peu, n'éveiller par aucun côté notre imagination. Il eut laissé un monument scientifique exempt de reproches s'il se fût trouvé dans des conditions moins défavorables ; mais il a écrit et composé la plus grande partie de son livre pendant les années orageuses de la Révolution sans pouvoir profiter des recherches des étrangers pas plus que ceux-ci ne pouvaient profiter des nôtres. » De là des lacunes regrettables quoique forcées que devaient plus tard combler Cuvier et Valenciennes.

La haute estime dans laquelle les gens de bien comme les savants tenaient Lacépède, les talents dont il avait fait preuve comme administrateur, le firent appeler, après le 18 brumaire, aux postes les plus éminents et dont il se montra digne. Sénateur en 1799, président du sénat en 1801, grand chancelier de la Légion-d'Honneur en 1803, ministre d'état en 1804, il avait le secret, au milieu de ses occupations si multiples, de n'être jamais ni pressé ni accablé et de conserver toujours sa pleine liberté d'esprit. Un jour l'Empereur lui demandant son secret, il répondit : « C'est que j'emploie la méthode des naturalistes. »

« Ce mot, dit Cuvier, sous l'apparence d'une plaisanterie, a plus de vérité qu'on ne croirait. La méthode des naturalistes n'est autre chose que l'habitude de distribuer, dès le premier examen, toutes les parties d'un sujet jusqu'aux plus petits détails selon leurs rapports naturels. »

« Une chose, ajoute l'éminent biographe, qui devait encore plus frapper un maître que l'on n'y avait pas accoutumé, c'était l'extrême désintéressement de M. de Lacépède. Il n'avait voulu d'abord accepter aucun salaire ; mais comme sa bienfaisance allait de pair avec son désintéressement, il vit bientôt son patrimoine se fondre, et une masse de dettes se former qui aurait pu excéder ses facultés ; ce fut alors que le chef du gouvernement le contraignit de recevoir un traitement et même l'arriéré. Le seul avantage qui en résulta pour lui fut de pouvoir étendre ses libéralités. » Aussi ne faut-il pas s'étonner qu'à sa mort, « après avoir occupé des places si éminentes, après avoir joui pendant dix ans de la faveur de l'arbitre de l'Europe, il n'ait pas laissé à beaucoup près une fortune aussi considérable que celle qu'il avait héritée de ses pères. »

Quelques anecdotes encore sur ce sujet : Lors d'une mission importante que l'Empereur avait confiée à Lacépède, le prince de la Paix, dans une intention facile à comprendre, lui fit présent de toute une collection de richesses minérales entre lesquelles se trouvait une pépite d'or d'une grande valeur ; Lacépède le remercia.... au nom du Muséum d'histoire naturelle où furent envoyés tous ces objets. La pépite s'y voit encore.

Au commencement de l'année 1813, lorsque commencèrent les revers de nos armées, un officier général, attaché à l'une des cours germaniques, engagea Lacépède à faire transporter en France les fonds de la dotation que l'Empereur lui avait donnée. Lacépède s'y refusa en disant à ses amis :

« Je perdrai, s'il faut, cette fortune, mais je ne puis consentir à me donner ne fut-ce que l'apparence de l'ingratitude vis-à-vis du prince qui m'a comblé de ses bienfaits. A Dieu ne plaise surtout que j'agisse ainsi quand la fortune paraît vouloir le trahir ! Mieux vaut mille fois perdre cet argent ! (Une somme de 400,000 francs !) »

A propos des discours prononcés par Lacépède comme président du sénat et qui lui furent plus tard reprochés, Cuvier dit non sans raison : « Toutefois encore, dans ces discours obligés, avec quelle énergie l'amour de la paix, le besoin de la paix se montre à chaque phrase ! Et combien, au milieu de ce qui peut paraître flatterie, on essaie de donner des leçons ! C'est qu'en effet c'était la seule forme sous laquelle les leçons pussent être écoutées ; mais elles furent inutiles ; elles ne pouvaient arrêter le cours des destinées. »

Il est certain d'ailleurs que l'admiration de Lacépède comme son affection pour Napoléon ne l'aveuglaient point, et la fermeté au besoin ne lui manquait pas, en voici la preuve :

Pendant une campagne meurtrière, quelques croix d'honneur avaient été accordées par le major général de la grande armée à de très jeunes officiers. On crut que cette faveur était prématurée. L'Empereur ordonne au grand chancelier de les leur retirer. Vainement celui-ci représente la douleur qu'éprouveront des braves salués déjà comme légionnaires. Rien ne calmait l'Empereur qui se croyait trompé.

— Eh bien, répondit Lacépède, je vous demande pour eux ce que je voudrais obtenir moi-même si j'étais à leur place : c'est d'envoyer aussi l'ordre de les fusiller.

Les croix furent maintenues.

« Il se croyait comptable envers le public, disent à l'envi Cuvier, Valenciennes et Villenave, de tout ce qu'il recevait comme traitement et dans ce compte

c'était toujours à ses dépens que se soldaient les erreurs
de calcul. Chaque jour il avait occasion de voir des
légionnaires pauvres, des veuves laissées sans moyens
d'existence. Son ingénieuse, générosité les devinait
avant toute demande. Souvent il leur laissait croire
que ses bienfaits venaient de fonds publics qui avaient
cette destination.

» Lorsque l'erreur n'eut pas été possible, il cachait
discrètement la main qui donnait. »

Un fonctionnaire d'un ordre supérieur, placé à sa
recommandation, et ruiné par de fausses spéculations,
fut obligé de quitter sa famille. Lacépède fit tenir régu-
lièrement à sa femme 500 fr. par mois jusqu'à ce que
le fils fût en âge d'obtenir un emploi, et cette dame a
toujours cru qu'elle recevait cet argent de son mari. Ce
ne fut que plus tard et par la personne de confiance
chargée de cette bonne œuvre qu'on connut la vérité.

Un employé dans les bureaux de la grande chancellerie fit des pertes relativement considérables. Pour
sortir d'embarras, une somme de 10,000 fr. lui devenait
nécessaire. Cette somme une personne s'engage à la
lui remettre à la condition qu'il lui cèderait sa place.
L'employé, sûr de la bienveillance de Lacépède, lui
confie sa situation et la promesse qui lui est faite.

— Je prends grandement part à votre malheur,
répond le chancelier, et de tout mon cœur je vous plains,
mais je ne puis me prêter à ce que vous désirez. Si
votre place devenait vacante, elle appartiendrait de
droit à M. X... dont l'administration ne peut oublier les
anciens et loyaux services. Lui préférer un étranger
serait une injustice que je ne commettrai jamais.

Le solliciteur sortit désespéré ; mais quelques heures après, on lui remettait, de la part du grand chancelier, cette même somme de 10,000 ; et quand, les larmes aux yeux, sous le coup de son émotion, il accourt pour le remercier et prendre en même temps des engagements pour l'avenir :

— Vous me rendrez cet argent quand vous pourrez, répond Lacépède, vous savez, mon ami, que je ne prête jamais.

Sa bonté devenue proverbiale parmi les élèves de la Légion d'Honneur à Saint-Denis, le faisait considérer dans cette institution comme un tendre père sans cesse occupé du bonheur de ses enfants. En toute occasion d'ailleurs, il donnait à cette maison, qu'il avait contribué à fonder, les marques du plus vif intérêt, du plus sérieux attachement.

On rapporte qu'un jour, bien qu'excédé par ses travaux scientifiques et administratifs, il quitta tout pour se rendre en hâte à Saint-Denis auprès d'une élève, pauvre enfant de onze ans, qui, se mourant de la poitrine, avait demandé comme une grâce de voir une dernière fois le bon monseigneur le chancelier.

Celui-ci arrive, s'approche doucement du lit de la petite malade presque à l'agonie et qui, depuis plusieurs heures, semblait avoir perdu connaissance. Cependant, en entendant la voix du grand chancelier, elle ouvre les yeux et avec un doux sourire, elle murmure :

— Je vous vois, Monseigneur, que je suis heureuse ! je vais dans le ciel prier le bon Dieu pour vous.

III

La passion de la science n'avait en rien nui chez notre savant à la tendresse de cœur. Seize ans après la mort de sa femme, le cœur encore tout plein de son souvenir, il disait : « Je ne sais pas comment ma vie ne s'éteignit pas au moment où je perdis l'ange qui faisait mon bonheur. »

Cette dame qu'il avait épousée veuve avait un fils de son premier mari, M. Gauthier. Lacépède, après la mort de la mère, adopta cet enfant qui fut sa consolation dans son immense douleur. Dans un papier qu'il portait habituellement sur lui, et qui fut trouvé après sa mort, on lisait : « En quelque endroit que je meure, je sup-
» plie tous ceux qui pourront concourir à faire exécuter
» ma dernière volonté de faire transporter mon corps
» dans le cimetière de la commune de Leuville (Seine-et-
» Oise.) C'est dans ce cimetière que mon amie, mon
» amante, ma femme, si vertueuse, si spirituelle, si
» aimable, si recommandable par son extrême bonté,
» son humanité éclairée, sa bienfaisance active, ses
» grâces, sa modestie, ses talents, ses connaissances et
» ses charmes ; si adorable par la douceur inaltérable, la
» résignation édifiante et la patience héroïque avec les-
» quelles elle a supporté pendant un an les souffrances
» les plus cruelles ; c'est dans ce cimetière, dis-je, qu'elle
» a voulu être enterrée auprès de son père, de son
» grand'père, de son premier mari, des respectables cul-
» tivateurs qui l'avaient vue naître. Là repose cette

» femme si vénérée, si aimée du pauvre, si chérie de
» tous, si adorée par son malheureux époux.... Je de-
» mande comme la plus grande des grâces que mon
» corps soit placé absolument et précisément dans la
» même tombe, dans la même bière que celle que la
» mort m'a enlevée si jeune, qui daigna tant m'aimer,
» m'a rendu si heureux et ne faisait qu'un avec moi. »

En lisant cette page douloureuse, on ne peut s'empêcher de penser à la vanité de tous les bonheurs de la
terre, même les plus purs et les meilleurs et qui, vous
manquant au milieu de leurs plus douces ivresses, lais-
seraient le cœur en proie à de tels déchirements, à de si
effroyables désolations si l'on n'était soutenu par l'espérance chrétienne. « S'il est peu de vies remplies de plus
de travaux, dit M. Villenave en parlant de Lacépède, il
n'en est aucune peut-être qui ait été semée à la fois de
tant de vertus et de tant de dignités, de tant d'afflic-
tions connues et de bienfaits ignorés. »

Lors des évènements de 1814, Lacépède fut privé par
le gouvernement provisoire de sa place de chancelier de
la Légion d'Honneur. Il en profita pour se retirer en
quelque sorte de la vie publique, encore qu'il ait fait
partie de la Chambre des pairs où il fut appelé à siéger
dans l'année 1819. Mais un nouveau malheur, qui le
frappa peu après, le plongea dans une tristesse profonde
et vint augmenter son goût pour la solitude.

La femme de son fils adoptif, qu'il aimait comme une
fille, lui fut enlevée par une mort foudroyante et jamais
il ne put se consoler d'une telle perte. A la suite de cette
catastrophe, il modifia, par un post-scriptum, l'espèce
de testament qu'on a lu plus haut : Il demandait à

être enterré près de sa belle-fille à Epinay, mais en ajoutant : « Je désire vivement et je prescris de même » autant qu'il est en moi que la bière dans laquelle ont » été renfermées les cendres de mon épouse si bonne, si » bienfaisante, si admirable, de mon amante adorée, » que cette bière sacrée soit portée, après ma mort, dans » le cimetière d'Epinay, à côté de celle de mon enfant si » chérie, si regrettée et si digne de l'être, l'amie si cons- » tante des pauvres et des malheureux. »

La santé de Lacépède se ressentit de ses chagrins plus sensibles par l'âge. Déjà langissant, il fut atteint d'une variole à laquelle il succomba et qu'il avait contractée, d'après ses biographes, dans des circonstances assez singulières. Un jour qu'il se rendait à l'Institut, il rencontra, près du Val-de-Grâce, un médecin de ses amis M. Dumeril qui sortait de l'hôpital et de la salle où se trouvaient plusieurs malades atteints de la petite vérole. Le médecin, par distraction ou imprudence, prit la main que lui tendait Lacépède, la serra à plusieurs reprises, et ainsi, paraît-il, lui inocula le fatal virus.

Dès le lendemain en effet, la maladie se déclara avec une extrême violence et telle que notre savant jugea tout d'abord son état désespéré.

— Je vais aller retrouver Buffon, dit-il à son médecin.

Il ne s'effraya point cependant, pas assez même peut-être puisque, au dire de son biographe : «il ne changea rien à ses habitudes, il se leva et se coucha aux heures ordinaires » alors que sans doute de plus grandes précautions étaient nécessaires. A un certain moment, montrant à son fils ses mains gonflées, il lui dit :

« Mon cher Charles, moi qui ai tant aimé la nature, qui ai peut-être contribué à la faire aimer, tu vois comme elle me traite. »

La veille de sa mort, il se fit montrer les dernières pages d'un grand ouvrage auquel il travaillait depuis longues années.

— Mon ami, dit-il à son fils, écris en gros caractère, *fin* au bas de ces manuscrits.

Ce passage du discours préliminaire témoigne des sentiments qui l'animaient à cette heure suprême et prouvent que toujours il s'était souvenu de sa première et chrétienne éducation : « Vers ce temps où le fils de Drusus faisait triompher au-delà du Rhin les armes de Rome, une petite contrée de l'Orient voyait naître Celui dont la parole devait renouveler la face de la terre. Ceux mêmes à qui la lumière de la foi ne révèlerait pas la nature divine de Jésus, verraient en lui l'admirable auteur du plus grand et du plus heureux changement que puissent raconter les annales du monde. L'esprit de l'Évangile a pénétré jusqu'au plus profond des cœurs ; il y a gravé les principes d'une morale aussi douce que sublime, et rendant à la nature humaine toute sa dignité, quels progrès n'a-t-il pas imprimés à la civilisation? Nous observerons plus d'une fois dans cette histoire les mémorables effets de cette puissance invincible contre laquelle tous les efforts des passions humaines ont été et seront toujours vains. »

On raconte qu'un des aïeux de Lacépède, Joseph de la Ville, qui avait eu part aux bontés du plus aimé de nos rois, devint plus tard l'ami de François de Sales qui lui donna son portrait ; et cette image d'un saint vénéré

pour ses vertus austères sans rudesse fut toujours conservé, dans le cabinet du fils adoptif de Buffon.

Il est difficile au reste de ne pas donner un mobile supérieur et non simplement naturel aux vertus qu'on admirait chez cet homme rare, qui fut véritablement un
homme de bien : « Ceux qui ne l'ont pas connu, dit Villenave, s'étonneront et pourront seuls douter : mais s'ils
savent que, par ses talents et par ses vertus, M. de Lacépède honora son siècle, ils ignorent peut-être qu'il semblait ne pas appartenir à son siècle par l'humble sentiment d'un mérite élevé, par la candeur native de son
âme, par l'exercice habituel et sans faste de toutes les
vertus. Ils ignorent que toutes les vertus, en restant
pour lui des devoirs, devenaient des sentiments et que
ces sentiments composaient ses habitudes et sa vie. »

Lacépède pouvait donc en toute simplicité se rendre
à lui-même ce témoignage : « Voilà vingt-six ans écoulés depuis le commencement de la Révolution, écrivait-
il, pendant ce temps si orageux, Dieu m'a fait la grâce de
ne jamais manquer à la loyauté, à l'honneur, à l'obéissance due aux lois et au gouvernement établi ; et je n'ai
rien négligé pour bien connaître la route que le devoir
me prescrivait, et pour ne m'en écarter dans aucune
circonstance quels que fussent les intérêts ou les sentiments qui tendissent à m'en détourner. »

Le deuil causé par cette mort ne se renferma pas dans
la famille ou les amis. L'enceinte de l'église d'Epinay
disposée pour les obsèques ne pouvait guère contenir
que les parents, les amis, les députations de la Chambre
des Pairs, de l'Institut, etc. ; cependant les habitants du
village arrivaient en foule, demandant que l'église auss

leur fût ouverte. Et comme on leur répondait que les places étaient réservées pour la famille, ils s'écriaient en pleurant :

— Eh! ne sommes-nous pas de la famille ?

D'autres allaient répétant : « Ah! ce n'est pas tant l'argent que nous perdons ; mais qui maintenant *nous arrangera* ? » Allusion touchante à la sollicitude avec laquelle le comte de Lacépède s'entremettait comme arbitre dans leurs différends.

Le curé d'Epinay, vieillard octogénaire, dont les philosophes du XVIIIe siècle eux-mêmes avaient admiré les vertus, et « qui, dit Villenave, fut un des secrets ministres des bienfaits de M. de Lacépède, sentit sa voix s'éteindre dans le chant des funérailles, et ses larmes furent ses plus nobles prières. »

LAMARTINE [1]

« Il est des erreurs tellement évidentes, des jugements si manifestement empreints de passion, qu'ils ne trompent que ceux qui veulent être trompés. Le danger n'est point là ; craignez beaucoup plus ces sophismes déguisés avec tant d'art et parés de tant de séductions qu'il devient presque impossible de s'en défendre. Par malheur, ce danger se cache souvent dans la parole et les écrits des hommes supérieurs comme sous les fleurs parfumées le poison qui donne la mort.

« Comme ces hommes sont doués d'une sensibilité exquise, les impressions qu'ils reçoivent, vives, profondes, passionnées, décident d'une manière souveraine de la direction de leurs idées et de leurs opinions ; leur intelligence pénétrante trouve facilement des raisons à l'appui de la cause qu'ils ont adoptée ; ils fascinent le vulgaire et le mènent à leur gré.

« Peut-être ne faut-il point chercher ailleurs la cause de l'inconsistance que l'on a si souvent remarquée chez des hommes d'un esprit supérieur. Ils adorent aujourd'hui ce qu'ils brûleront demain ; l'erreur qu'ils condamnent maintenant, ils la défendaient hier comme un

[1] Alphonse de Lamartine, né à Milly, en 1790, mort à Paris le 28 février 1869.

dogme sacré. Dans le même ouvrage, ils associent les propositions les plus heurtées ou posent des conclusions inconciliables avec les principes établis. N'imputez point à leur intention ces étranges anomalies. Ils ont soutenu le pour et le contre avec la même conviction ; et cette conviction ils la puisaient dans l'exaltation d'un sentiment. Lorsque leur génie se déployait en images, en pensées pleines de grandeur et d'éclat, il était, à son insu, l'esclave du cœur ; esclave habile, ingénieux et produisant, au caprice du maître, des œuvres exquises, des merveilles de l'art.

« Les poètes, les vrais poètes, c'est-à-dire ces hommes doués par le Créateur d'une intelligence élevée, d'une imagination puissante, d'une âme de feu, sont surtout exposés à se laisser emporter ainsi aux impressions du moment. Ils planent quelquefois dans les plus sublimes régions de la pensée, disons même qu'il ne leur est pas impossible de modérer leur vol et de juger avec prudence et discernement ; mais on ne saurait le nier, la réflexion, une grande force de volonté leur sont plus nécessaires qu'au reste des hommes. »

La première fois que je lus, il y a quelques années déjà, dans l'excellent ouvrage de Balmès, *El Criterio*, très-bien traduit par M. E. Manec [1], ce remarquable passage, il me frappa comme une révélation. Je m'expliquai mieux alors, chez des écrivains illustres, des contradictions qui, plus d'une fois, m'avaient étonné, indigné, et me les avait fait juger avec une sévérité, non pas sans doute injuste, mais qui, quant aux intentions du

---

[1] Publié sous le titre de : *l'Art d'arriver au vrai.*

moins, ne faisait pas assez la part du tempérament et des circonstances. Ainsi m'était-il arrivé avec Lamartine dans une *étude*, publiée de son vivant, et qui, sans nier le génie, ne mettait point peut-être assez de mesure dans le blâme, pénétré que j'étais de cette autre et si juste pensée de Balmès, exprimée dans le chapitre XI du livre XIX :

« Il est pour la peinture, la sculpture, la musique, la poésie, pour toutes les branches de la littérature et de l'art en un mot, des devoirs sacrés, trop souvent méconnus : *La Vérité et le Bien :* la vérité pour l'esprit, le bien pour le cœur; voilà les deux objets essentiels de l'art; voilà l'idéal que les arts doivent offrir à l'homme au moyen des impressions qu'ils éveillent. S'ils oublient leur mission, s'ils ne proposent que le plaisir, ils deviennent pour l'esprit du mal une œuvre dangereuse.

« .... Les artistes, les poètes, les orateurs, les écrivains, qui détournent de leurs fins les dons qu'ils ont reçus, sont de véritables pestes publiques. Phares trompeurs allumés sur l'écueil, ils égarent ceux qu'ils avaient mission d'éclairer, ils devaient montrer le port, ils mènent à l'abîme. »

A ces éloquentes paroles d'une vérité incontestable, on ne peut qu'applaudir certes, et il est regrettable que le grand poète ne les ait pas eues présentes à l'esprit plus d'une fois quand il prenait la plume. Son œuvre assurément n'offrait pas un si incroyable mélange de bien et de mal; on ne le verrait point si souvent « flottant à tout vent de doctrine », tour à tour et dans le même volume, peut-être dans la même pièce, ou le même chapitre, croyant et sceptique, royaliste et républicain, glorifiant la chasteté et la volupté, tantôt dans le ciel, tantôt au plus profond des abîmes. Maintenant fut-il toujours aussi coupable qu'il semble au premier coup d'œil ? De ses égarements avait-il pleine conscience et n'était-il pas le plus souvent le jouet de ses impressions et hallucinations du moment ? j'incline à le croire surtout depuis que j'ai lu et médité l'admirable page de Balmès, plus haut citée, et qui me fit penser à l'auteur des *Méditations* et des *Harmonies* tout d'abord. Aussi j'aurais maintenant à écrire mon *étude* sur Lamartine, je modifierais sans nul doute plusieurs de mes jugements un peu pour le fond et beaucoup pour la forme, alors surtout que la tombe s'est fermée sur le poète, après une mort qui, comme celle de sa sainte mère et de sa pieuse femme, fut chrétienne. Si l'on ne doit aux défunts que la vérité, quand cette vérité s'adresse à un mort de la veille, et qui a laissé des œuvres regrettables sans doute mais aussi tant de pages irréprochables et qui seront éternellement belles, il faut la dire (cette vérité) avec tous les égards dus à une illustre mémoire, et dans un langage d'où l'impartiale sincérité n'exclue pas la sympathie.

Ce respect qu'inspire une tombe glorieuse, ouverte récemment, ne peut d'ailleurs nous condamner au mutisme, et, par la nécessité de ne pas dissimuler les écarts d'un grand et rare génie, nous empêcher de lui faire honneur alors surtout que son nom vient tout naturellement se placer sous la plume. Lamartine, pour qui maintenant a commencé la postérité, en tant que poète lyrique, est l'un des premiers, le premier peut-être, et près de lui Jean-Baptiste Rousseau, trop vanté, paraît à peine un écolier. Quel souffle puissant, quelle inspiration sublime dans certaines pièces des *Méditations*, des *Harmonies* et même des *Recueillements !* Il suffit de citer l'*Homme* où se lit ce magnifique vers dont Lamartine n'a pas assez gardé souvenir :

C'est pour la vérité que Dieu fit le génie !

et les superbes pièces, l'*Immortalité*, *Dieu*, *la Prière*, *les Etoiles*, *Bénédiction de Dieu dans la solitude*, *l'Infini dans les Cieux*, *Bonaparte*, etc, autant de chefs-d'œuvre qui, par la splendeur de la forme, la sublimité des idées, ce flot de poésie nouvelle, jaillissant comme d'une source intarissable, seront à toujours des modèles faits pour provoquer l'admiration et l'enthousiasme. Pourquoi faut-il qu'à côté de ces merveilleux poèmes, à quelques pages de distance, parfois au verso même, on en lise d'autres d'un accent si différent, par exemple cette inconcevable, cette inexcusable pièce du *Désespoir* éclatant comme l'hymne du doute, et avec de si horribles blasphèmes assez froidement réfutés dans la pièce qui suit : La *Providence à l'homme*, écrite, si l'on en croit certains commentaires, moins par conviction que par condescendance pour la mère du poète. On a peine à comprendre cette frénésie de scepticisme, ce cri ou plutôt ce hurlement de colère impie, de la part du poète, comblé de toute manière par la Providence, et qui a écrit les autres pièces, la plupart si vraiment belles et pieuses, surtout ce poème de la *Mort de Socrate*, irréprochable pour le fond comme pour la forme. Jamais la haute spiritualité n'a parlé une langue plus harmonieuse et

plus pure. Malheureusement le doute, tantôt dissimulé
et discret, tantôt hautain et violent, reparaîtra dans
plusieurs pièces, et en particulier dans le volume des
Recueillements où le poète affecte des allures philosophiques qui ne sont point au profit de son inspiration,
témoin la pièce à M. de Genoude sur son ordination,
pièce d'ailleurs presque médiocre et où manque le
souffle. Dans l'ode à M. Bouchard intitulée *Utopie*, plus
accentuée encore comme pensée, on lit entre autres
choses :

> L'homme adore et croit en esprit.
> Minarets, pagodes et dômes
> *Sont écroulés sur leurs fantômes,*
> Et l'homme, de ces dieux vainqueur,
> Sur tous ces temples en poussière
> N'a ramassé que la prière
> Pour la transvaser dans son cœur.
> Un seul culte enchaîne le monde
> Que vivifie un seul amour;
> Son dogme, où la lumière abonde,
> N'est qu'un Évangile au grand jour.
> Sa foi, sans ombre et sans emblème,
>
> . . . .
>
> C'est le Verbe pur du Calvaire,
> Non tel qu'en terrestres accens,
> L'écho lointain du sanctuaire
> En laissa fuir le divin sens,
> Mais tel qu'en ses veilles divines
> Le front du Couronné d'épines
> S'illuminait en le parlant !

Il y a là, ce semble, quelque peu de galimatias et pas
très-orthodoxe.

Une pièce magnifique dans ce volume, trop mélangé à tous égards, est la *Réponse aux Adieux de sir Walter Scott*, parce qu'ici le poète est surtout poète.

Un reproche encore que l'on peut et doit adresser trop souvent à Lamartine, c'est la vivacité de certaines images, la fougue de passion qui, dans tels ou tels morceaux, fait explosion avec des accents fiévreux, témoin les pièces à *Elvire* ou ce fragment des *Novissima Verba* commençant par les vers :

Amour, être de l'être, amour, âme de l'âme,
Nul homme plus que moi ne vécut de ta flamme!
. . . .

Pourtant ces vers se lisent dans le recueil des *Harmonies* qui, sauf quelques pièces, pour la pureté de l'inspiration, l'élévation des pensées, l'accent religieux, est assurément le meilleur du poète, quoique, pour la perfection de la forme, le tome 1er des *Méditations*, où se trouve la *Mort de Socrate*, semble supérieur. Ce souffle profane, passionné, cette adoration de la créature s'exprimant dans une langue caressante comme les chants de la Syrène antique, rendent la lecture du grand poète dangereux parfois pour les jeunes gens et même pour d'autres, parce que cette ivresse, devenant contagieuse, tend à énerver les âmes. Aussi serait-il désirable que de tous les recueils on en fît un seul, composé de pièces de choix, des seuls chefs-d'œuvre dont la plus sévère morale n'aurait pas à s'effaroucher. Je chargerais du triage un père de famille chrétien, ou mieux encore une mère de famille intelligente autant que pieuse comme j'en connais plusieurs. Et quel volume on aurait alors, véritablement admirable, incomparable ! Inutile d'ajouter qu'il n'emprunterait rien au poème fantastique de la *Chute d'un Ange,* pas plus qu'à *Jocelyn,* une œuvre remarquable souvent sans doute au point de vue de l'art, mais où se trouvent de regrettables inexactitudes et des témérités hétérodoxes qui ont fait mettre l'ouvrage à l'index.

Comme prosateur, par la fécondité des pensées, l'éclat des images, l'ampleur de la période, Lamartine est aussi au premier rang ; mais dans ses meilleurs écrits, qui ne sont pas ceux de sa vieillesse, dans les *Girondins*, les *Confidences,* etc., il faut deplorer toujours ce mélange du bien et du mal, de l'ivraie et du bon grain que nous avons eu le regret de signaler dans les œuvres poétiques. N'est-ce point dans le 1er volume des *Confidences* que se trouvent certaines tirades philosophiques et politiques assez mal sonnantes aussi bien que le portrait de cet étrange curé de village, tout occupé de chasse, de chiens, de livres profanes, et que l'auteur nous présente avec un air de complaisance, peu s'en faut, comme un modèle ?

En tant qu'homme politique, on sait assez les erreurs et les fautes de Lamartine ; mais ces fautes et ces erreurs furent celles de son imagination, peut-être un peu de sa vanité, plus que celles de son cœur ; on doit lui tenir compte grandement de son énergie le jour où il nous sauvait, au péril de sa vie, l'affront du drapeau rouge, dont l'apparition triomphante devenait pour la société le signal des suprêmes catastrophes. Ce dont la postérité doit encore se souvenir, plus que ne l'ont fait les contemporains, c'est de son héroïque abnégation quand, dans une heure solennelle, en refusant de se séparer brusquement de son collègue au gouvernement provisoire, Ledru-Rollin, il empêchait le triomphe (autrement probable) de la faction des violents privée de son chef et à laquelle on ôtait en même temps tout prétexte à l'insurrection. Lamartine ne pouvait se dissimuler que cette démarche, mal interprétée, lui coûterait sa popularité, et il n'hésita point, à son éternel honneur, devant ce grand sacrifice, dicté par la conscience et qu'il jugeait nécessaire au salut de la patrie. Méconnu en effet à cette époque, délaissé, outragé pour cet acte de magnanime dévouement, jamais il ne fut plus digne d'estime et d'admiration. Ce souvenir doit suffire pour lui faire pardonner ses erreurs précédentes, aussi bien que ses malheureuses spéculations littéraires, et ces éternelles tentatives de souscription, qui déconsidéraient sa vieillesse, et que la presse, indignée, qualifia parfois dans des termes plus que sévères, vrais sans doute, mais que je me blâmerais de rappeler ici.

> La gloire efface tout [1] !

dirons-nous plutôt avec le poète. On peut regretter d'ailleurs qu'il n'ait pas suivi le conseil que lui donnait,

---

[1] Bonaparte. — *Nouvelles méditations.*

comme par un secret pressentiment, et bien des années auparavant, l'illustre Cuvier lors de la réception de Lamartine à l'Académie française :

« Ce que des éditeurs empressés de satisfaire l'avidité du public nous ont dit sur les lacunes de vos derniers écrits, aurait-il quelque fondement, et serait-ce pour des occupations d'un intérêt plus immédiat que vous négligeriez ces nobles productions de l'esprit ?

« J'espère, pour l'honneur des lettres, qu'il n'en est rien. Chacun de nous a sans doute à remplir des devoirs respectables envers son prince et son pays ; mais ceux à qui le ciel a accordé l'heureux don du génie, le talent de dévoiler la nature, ou celui de parler au cœur, ont des devoirs qui, sans contrarier en rien les premiers, sont, j'ose le dire, d'un ordre tout autrement relevé. C'est à l'humanité entière, c'est aux siècles à venir qu'ils en doivent compte.

« Combien, parmi ces personnages qui passent successivement au pouvoir, n'en est-il pas qui ont vu le bien qu'ils avaient fait ou projeté, dissipé comme un songe devant les projets non moins rapidement évanouis de leurs successeurs ! Une vérité, au contraire, une seule vérité découverte, un seul sentiment généreux gravé par l'éloquence dans le cœur des hommes contribuera pendant des siècles, et sans que rien puisse l'empêcher, au bien-être de générations innombrables, et portera le nom de son auteur jusqu'à la dernière postérité[1]. »

---

[1] *Réponse de M. le baron Cuvier* au discours de Lamartine, lors de sa réception à l'Académie française.

Tout cela nous semble admirablement vrai. Ces paroles étaient prophétiques non pas seulement pour l'auteur des *Méditations*, mais pour d'autres illustres, que la politique en ce temps a fourvoyés, Chateaubriand, Victor Hugo, etc.

On sait qu'au lendemain de la mort de Lamartine, une souscription fut ouverte pour lui ériger une statue sur la place de l'Hôtel-de-Ville de Paris. Mais depuis, paraît-il, par suite des évènements sans doute, cette partie du programme a été modifiée ; et la ville de Mâcon, bénéficiant de la souscription, verra, dans ses murs, s'élever le glorieux piédestal, non loin de l'humble village, *terre natale* du poëte, et qu'il a rendu à jamais célèbre. C'est là, c'est à l'ombre du vieux sanctuaire, où une sainte mère conduisait Lamartine tout enfant, que sa cendre repose d'après le vœu le plus cher de son cœur, formulé, bien des années auparavant, dans cet admirable vers :

O Dieu de mon berceau, sois le Dieu de ma tombe !

LARREY

I

« Les hommes, animaux raisonnables, dit M. Loménie, après avoir cité la fameuse page de La Bruyère sur la guerre [1], pour se distinguer de ceux qui ne se servent que de leurs dents et leurs ongles, ont imaginé d'abord les piques, les dards, les sabres, puis les fusils, les canons, les bombes, les obus, tous moyens de s'exterminer plus sûrement, plus promptement et avec plus de fracas. Il ne s'agit pas pour eux, quand ils se battent, de s'arracher les yeux ou de s'égratigner le visage, mais bien de se perforer réciproquement d'outre en outre, de se couper par morceaux, de se briser les membres, de se broyer la poitrine ou la tête ; et tandis qu'ils se massacrent ainsi par milliers dans une plaine au son des trompettes, au roulement des tambours, au rugissement des canons, sous une pluie de fer et de feu, il y en a parmi eux qui courent dans les rangs au plus fort du carnage, sans autre arme que des bistouris, des médicaments et de la charpie, ramassant ceux qui tombent, les soulageant, les pansant, les opérant sur le lieu même, au milieu des balles et des boulets ; puis les

[1] *Biographies des Contemporains,* par un homme de Rien.

conduisant, couchés dans des voitures bien suspendues, derrière la ligne de bataille, pour les transférer ensuite dans l'hôpital le plus voisin où ils continuent leurs soins jusqu'à la guérison. »

Ces hommes, ce sont les chirurgiens, héros modestes, d'autant plus dignes d'admiration et d'estime, que trop souvent, après la victoire, on oublie leur dévouement et on se montre avare pour eux des récompenses (compris la gloire), prodiguées si largement aux *tueurs*, comme les qualifie un peu brutalement M. Loménie. Pourtant, parmi les premiers, les *sauveurs du soldat*, il s'en trouve parfois qui ont fait preuve d'un dévouement si héroïque, au milieu des circonstances les plus terribles, qui ont rendu à l'humanité de tels services que la gloire, et la plus pure, la plus enviable, fait rayonner leur nom de son auréole. Ce nom se trouve un jour sur toutes les lèvres, parce qu'il s'est gravé par la reconnaissance, en lettres de feu, dans des milliers de cœurs. Au premier rang de ces bienfaiteurs de l'humanité, si justement illustres, il faut placer Larrey, dont l'Empereur, en lui léguant par son testament une somme considérable (100,000 francs), disait : « Larrey, » l'homme le plus activement vertueux que j'aie ren- » contré ; il a laissé dans mon esprit l'idée du véritable » homme de bien. »

Dans les *Mémoires dictés à Sainte-Hélène,* on lit également : « Si jamais l'armée élève un monument à la » reconnaissance, c'est à Larrey qu'elle doit le consa- » crer. »

Cette statue, conformément au vœu de l'Empereur, s'élève maintenant dans la cour du Val-de-Grâce ; une autre orne la salle des séances de l'Académie de médecine, dont Larrey fut membre en remplacement de Pelletan. Venons aux détails biographiques.

Larrey (Dominique-Jean), était né à Baudéan, près Bagnères-de-Bigorre, en juillet 1766. La *Biographie universelle* et la *Biographie nouvelle* ont répété, après beaucoup d'autres, que Larrey se trouva orphelin dès le plus bas âge, ce qui n'est point tout à fait exact, car, dit M. Loménie, démentant ces affirmations erronées, « il perdit son père seulement et fut élevé avec une grande tendresse par sa mère qui lui fut conservée jusqu'à la Restauration. Un digne prêtre, l'abbé de Grasset, curé de Baudéan, charmé de la gentillesse et de la vivacité de l'enfant, se chargea de sa première instruction... Elevé comme le petit Joas à l'ombre du sanctuaire, le jeune Larrey présentait au curé de Baudéan *l'encens* ou *le sel*, parait de fleurs le modeste autel du village et mêlait sa voix pure aux chants religieux des paysans béarnais ; il était enfant de chœur. »

A l'âge de treize ans, l'enfant dit adieu non sans larmes à sa mère et au bon curé pour aller continuer ses études littéraires, puis commencer ses études médicales sous les yeux et sous la direction de son oncle, M. Alexis Larrey, chirurgien-major et professeur à l'Ecole de chirurgie de Toulouse. Après huit années de séjour dans cette ville, Larrey, muni de son diplôme, vint à Paris (1787), et de là fut envoyé à Brest où il s'embarqua en qualité de chirurgien-major sur la frégate *la Vigilante*, qui allait à Terre-Neuve protéger la pêche de la morue. A son retour, Dominique obtint une place de chirurgien interne aux Invalides.

Mais la guerre ayant éclaté (1792), il demanda à servir activement. « Bientôt major des hôpitaux du Rhin, dit Pariset[1], dès les premiers pas, c'est-à-dire dès les premières victoires de ces valeureuses armées, Larrey fut frappé de l'imperfection du service médical; c'était à une lieue du champ de bataille que se tenaient les ambulances; la bataille terminée, ces ambulances rencontraient dans leurs mouvements des milliers d'obstacles, et vingt-quatre heures, trente, trente-six heures s'écoulaient avant que le blessé reçût aucun secours. Saisi de pitié, Larrey conçut le dessein d'une ambulance aussi légère, aussi mobile que l'artillerie volante. Quelques essais portèrent cette ambulance à la perfection. Elle fit sur l'âme du soldat la même impression que fit autrefois sur toute une armée la seule présence d'Ambroise Paré. Sûr d'être promptement secouru, le soldat se crut invincible, et plus d'une fois Larrey a recueilli les heureux fruits de sa belle invention, » dont Napoléon disait plus tard : « C'est en grande partie à Larrey que l'humanité est redevable de ce bienfait : aujourd'hui les chirurgiens partagent le péril du soldat, c'est au milieu du feu qu'ils viennent prodiguer leurs soins. Larrey a toute mon estime et ma reconnaissance. »

En 1794, Larrey fut appelé à diriger le service médical à l'armée des Pyrénées-Orientales. La paix signée avec l'Espagne, il revint à Paris, d'où il repartit bientôt pour une inspection dans le midi. Dans la campagne d'Egypte, il fit admirer en toute occasion son infatigable

[1] Éloge de Larrey.

dévouement et rendit d'immenses services. « Larrey, dit l'auteur déjà cité, semblait créer d'une parole des ambulances, des hôpitaux, des appareils, des écoles ; s'arrêtant sur les champs de bataille tout fumants de carnage, ou se jetant sous le coup même qui venait de frapper Caffarelli, Lannes, Arrighi, Beauharnais et tant d'autres ; s'identifiant avec toutes les douleurs pour en adoucir la violence par de doux pansements, pour en abréger la durée par ces grandes opérations dont la seule image effraie et que la gravité du mal ne permet pas de différer ; enfin, pour en adoucir l'amertume aux braves soldats, aux braves généraux dont il recevait les derniers soupirs ; tellement menacé lui-même qu'il voyait tomber autour de lui ses collaborateurs, ayant à lutter d'ailleurs contre les privations, contre un ciel de feu, contre la plus insidieuse et la plus cruelle des maladies, la peste. » Rappelons un intéressant épisode de cette campagne.

A la première bataille d'Aboukir, Larrey opérait, sous les yeux de Bonaparte, le général Fugières qui, ne croyant pas survivre à sa blessure, offrit à son chef, comme souvenir, un magnifique damas dont la lame était de la plus fine trempe et la poignée toute garnie en or.

— Je l'accepte, dit Bonaparte, mais c'est pour le donner à l'homme qui va vous sauver la vie.

Fugières en effet guérit, et Bonaparte, à quelque temps de là, remit à Larrey le précieux damas sur la lame duquel il avait fait graver : *Aboukir*, Larrey.

Revenu en France, Larrey fut nommé chirurgien en chef de la garde consulaire. En 1804, il reçut la croix d'officier de la Légion d'Honneur, et l'Empereur en la lui remettant lui dit :

— C'est une récompense bien méritée !

Larrey, bientôt après, fut nommé inspecteur du service de santé des armées. Il joignit à ces fonctions celles de chirurgien en chef de la garde impériale, d'abord, et de la grande armée, ensuite, et fit, en cette qualité, toutes les campagnes d'Allemagne, Prusse, Pologne, Espagne, Russie. Lors de la campagne d'Allemagne, à la suite de la levée du camp de Boulogne, telle fut la célérité avec laquelle Larrey organisa le service des ambulances et hôpitaux de l'armée, que l'Empereur lui dit :

— Larrey, vous avez failli être prêt avant moi [1].

Dans cette campagne, comme dans toutes les autres, du reste, on aime à pouvoir dire que les blessés ennemis se voyaient recueillis et soignés dans nos hôpitaux et ambulances comme nos propres soldats. Russes, Autrichiens, Bavarois, Prussiens ou Français, Larrey, comme ses aides, ne faisait entre eux aucune différence. Ainsi que l'a dit un écrivain : « Après le combat, tous les blessés sont frères, à quelque nation qu'ils appartiennent. »

Pendant cette retraite de Moscou, qui fut un si complet désastre, la conduite de Larrey fut non pas admirable, mais au-dessus de tous les éloges.... « On le voyait passer des nuits soit à parcourir les ambulances, soit à panser d'anciens blessés ou des blessés échappés

---

[1] Larrey reçut à Austerlitz la croix de commandeur de la Légion d'Honneur; après Wagram, il fut créé baron de l'Empire.

à un combat de la veille ou du matin, soit à opérer des malheureux dont les blessures ne pouvaient se guérir autrement.... Telles sont les fatigues et les douleurs que Larrey eut à souffrir, tels sont les tristes soins dont il fut occupé, tantôt seul et réduit à lui-mème, tantôt avec le secours de quelques femmes généreuses et de quelques hommes excellents. » On peut juger quelles ressources restaient pour les blessés quand les hommes valides en étaient réduits à la viande de cheval qui manquait souvent même, ou que, faute de temps ou de feu, il fallait manger crue, saignante, palpitante. Le colonel Thirion, à ce qu'il raconte, dut la vie à certaine petite casserole en argent dans laquelle il recueillait subrepticement le sang des chevaux arrêtés au bivouac dont il faisait ensuite un boudin tel quel.

II

Dans la campagne de 1813, Larrey, convalescent à peine d'une maladie qui avait mis sa vie en péril, se hâta de quitter l'hôpital pour reprendre son laborieux et périlleux service. Un épisode de cette campagne ne doit pas être oublié. Après les batailles de Lutzen et Bautzen, beaucoup des nombreux blessés, conscrits de la veille, avaient les mains tronquées, les doigts coupés. Des officiers prétendaient que ces blessures étaient volontaires, et l'Empereur, inclinant à leur opinion, parlait de faire un exemple. Larrey, au contraire, protestant énergiquement, repoussait l'imputation comme une calomnie. Une enquête fut ordonnée ; le résultat donna pleinement raison au chirurgien en chef, et l'Empereur, après la première contrariété, heureux de lui faire réparation, ou, si l'on veut, de lui rendre justice, dit noblement :

— Larrey, recevez mes compliments, un souverain est bien heureux d'avoir un homme tel que vous !

Le soir même, Larrey recevait le brevet d'une pension de 3,000 francs, avec le portrait de l'Empereur enrichi de diamants.

Sur le champ de bataille de Waterloo, nous retrouvons à son poste l'intrépide chirurgien qui, n'écoutant que son zèle, se laissa entraîner au plus fort de la mêlée, où il fut blessé et fait prisonnier. Dépouillé de ses vêtements, et conduit loin de là de poste en poste, il se vit tout près d'être fusillé ; voici pour quels motifs. La redingote grise qu'il portait sur son uniforme, son teint mat, ses traits mêmes, lui donnaient un faux air de Napoléon. Les soldats, tout fiers et tout joyeux, le conduisirent, comme tel, vers un général prussien, auquel, par avance, on avait annoncé cette importante capture, et qui, furieux de la méprise, ordonna, brutalement, que le prisonnier fût passé par les armes. Déjà les soldats chargeaient leurs fusils, lorsque, par une circonstance providentielle, au moment de s'agenouiller, Larrey fut reconnu par un chirurgien prussien chargé de lui bander les yeux. Amené alors devant Blücher, dont naguère il avait soigné et guéri le fils, il fut immédiatement rendu à la liberté. Blücher, pour le protéger, lui donna une escorte, avec laquelle Larrey se rendit à Louvain, où il se rétablit et put revenir en France, à Paris même, sur une invitation formelle de l'Empereur Alexandre.

La Restauration, dans les premiers temps, voyant trop dans Larrey le partisan dévoué de l'Empereur, parut un peu méconnaître les services rendus par l'illustre chirurgien, non pas seulement à la France, mais à l'humanité. Privé de son titre d'inspecteur général, il se vit retirer ses pensions ; néanmoins, il conserva son titre de chirurgien en chef de l'hôpital de la garde au Gros-Caillou, et continua d'en remplir les fonctions. Quoique peu riche, Larrey ne s'en refusa pas moins aux magnifiques propositions qui lui furent faites alors par plusieurs souverains étrangers ; il n'eut point à le regretter, car, bientôt, l'heure de la justice sonna pour lui, et par une loi spéciale, en 1818, sa pension lui fut rendue.

Le gouvernement issu de la Révolution de juillet ne témoigna pas pour Larrey moins d'estime. Nommé chirurgien en chef des Invalides, il donna au bout de quelques années sa démission par des motifs qui ne peuvent qu'honorer son caractère. Membre du conseil supérieur de santé, comme chirurgien inspecteur, il se rendit, au commencement de l'année 1842, en Algérie pour visiter les hôpitaux de la colonie. Sa mission accomplie, non sans de grandes fatigues, il revint en France, mais pendant la route, de Marseille à Paris, il fut atteint d'une pneumonie aiguë, et forcé de s'arrêter à Lyon. Bientôt il succomba [1] (22 juillet 1842) dans les bras de son fils,

---

[1] Le jour même où Larrey s'éteignait à Lyon, sa femme, la digne compagne de sa vie, expirait à Bièvre dans les bras de sa fille.

après avoir demandé et reçu les secours de la religion, prouvant à cette heure solennelle, comme par tant d'actes d'une admirable charité dont sa vie est pleine, qu'il n'avait jamais oublié les leçons du bon curé de Baudéan, auquel naguère encore il faisait un si touchant accueil. « Après bien des années, dit M. Loménie, le bon curé de Baudéan, vieillard presque octogénaire, a eu la joie de presser dans ses bras, avant de mourir, l'illustre chirurgien en chef de la Grande-Armée ; il a retrouvé son disciple en cheveux blancs, couvert de gloire, chamarré de décorations, conservant sous une enveloppe bronzée par le fer et le feu cette âme bonne, cet esprit jeune, cette sensibilité délicate, cette fraîcheur d'impressions, qui distinguaient l'enfant de chœur à cet âge heureux où il puisait dans les leçons et les exemples du pasteur les premières notions du bien et du beau. » C'est ainsi qu'il devint l'homme dont M. Pariset a pu dire dans un éloge qui semble un panégyrique et n'est que l'expression sincère de la vérité : « Intrépide, laborieux, vigilant, infatigable, il ne respirait que pour être utile aux hommes ; cœur généreux, cœur ouvert, il se donnait tout entier sans autre intérêt que le bonheur d'exercer son inépuisable pitié. »

Au milieu de sa vie si active, si occupée, Larrey trouvait encore le temps de consigner dans des mémoires, dans des articles de revues, ou même de longs ouvrages, le fruit de ses observations et les résultats de ses expériences. Entre les plus importants de ces ouvrages, que notre incompétence ne nous permet pas d'apprécier, il faut signaler en particulier les *Mémoires de chirurgie militaire et campagnes de D.-J. Larrey*, en un

vol. in-8°, dont un bon juge a dit : « Outre que la partie
technique est écrite avec une clarté, une simplicité qui
la rendent accessible même aux yeux du monde, la partie historique abonde en détails curieux qu'on ne trouve
pas ailleurs. Le style négligé, mais facile et naturel de
l'auteur, ajoute à l'importance de ses observations et à
l'intérêt de ses récits ce parfum de bonne foi qui trans-
met pour ainsi dire au lecteur l'impression fidèle du
moment et des lieux. » (Loménie.)

Maintenant, pour terminer, quelques anecdotes qui
peignent l'homme. Au moment du départ de l'île d'Elbe,
Larrey se présenta à l'Empereur pour l'accompagner.
Napoléon, en le remerciant cordialement, lui dit :

— Vous appartenez à l'armée, Monsieur Larrey, vous
devez la suivre ; ce n'est pas sans regret que je me sépare de vous.

« Je dus obéir, écrivait Larrey plus tard, cependant,
après le départ de mon illustre protecteur, sous le coup
d'une tristesse profonde, j'avais formé le projet d'aller
le rejoindre, lorsque j'appris son retour. »

Le sang-froid de Larrey, au milieu du tumulte et des
périls d'une sanglante mêlée, étonnait les plus intrépides. A Eylau, sur le champ de bataille même et au
plus fort du combat, il organisa une ambulance provisoire qui se vit tout à coup entourée par un corps d'armée russe. Quelques soldats, dans le premier effroi, tout
blessés qu'ils sont, veulent fuir. Larrey, avec le calme
qui ne l'abandonnait jamais, les arrête en disant :
« Vous voulez fuir la mort, et, vous la rendrez inévi-
» table ; attendez, on respectera votre malheur ; je jure,
» d'ailleurs, de mourir au milieu de vous. »

Les Russes, menacés d'être pris entre deux feux, bientôt s'éloignaient ; mais Larrey resta plus de trente heures sans prendre ni repos, ni nourriture, et il n'y songea qu'après avoir vu tous les blessés pansés.

Après la Révolution de juillet, le troisième jour, une troupe de furieux se porta sur l'hôpital du Gros-Caillou, dans lequel se trouvaient la plupart des blessés de la garde royale. Larrey, prévenu, descend précipitamment, et s'avançant à la rencontre des insurgés, le front haut, le visage intrépide, il leur dit :

— Quels sont vos desseins ? Qui osez-vous menacer ? Sachez que ces malades sont à moi, que mon devoir est de les défendre et que le vôtre est de vous respecter vous-mêmes en respectant ces infortunés.

Étonnés de ce langage, et plus encore de son air et de son attitude, les insurgés paraissent un moment se consulter, puis ils se retirent paisiblement, et dans leurs rangs ce ne sont plus des cris de colère et de haine qui se font entendre, mais des paroles de pitié, et aussi des acclamations : « Au fait, il a raison ! C'est un brave, l'ami des pauvres gens et du soldat ! N'était-il pas le chirurgien de la Grande-Armée ? Vive Larrey ! Honneur à Larrey ! »

A quel point Larrey était populaire dans l'armée et quelle affection avaient pour lui les soldats, on en jugera par cet épisode de la campagne de Russie. Au passage de la Bérésina, alors que l'un des deux ponts s'étant rompu, la foule se précipitait frénétiquement vers l'autre, Larrey, entraîné par la violence du mouvement, se vit pressé, poussé, étouffé, tout près de périr. Par hasard il se nomme, ou peut-être il est reconnu, et

soudain ces hommes que le désespoir rendait furieux,
rendait féroces, qui, par l'instinct égoïste de la conservation, devenaient capables de marcher sur leurs officiers, sur leurs généraux, sur des femmes et des enfants même, au nom vénéré de Larrey s'émeuvent ;
les rangs s'ouvrent pour lui donner passage, ou plutôt
soulevé par des bras généreux, il est porté de main en
main par dessus les têtes jusqu'à l'autre rive. A peine il
y mettait le pied que le pont s'écroulait derrière lui ; ses
sauveurs, et avec eux toute la multitude, étaient en-
gloutis dans le fleuve.

LHOMOND

Il y a peu de temps, dans une rue très-connue assurément de la plupart de nos lecteurs, il s'est fait une
petite révolution, ou plutôt un changement passé fort
inaperçu, à ce qu'il semble ; mais dont certaines personnes, de la province surtout, ne seront pas fâchées
d'être averties.

La rue, connue longtemps sous le nom de rue des
Postes, s'appelle maintenant rue *Lhomond*. A vrai dire,
l'ancienne dénomination n'est point à regretter, puisque aujourd'hui rien ne la justifiait et que ladite rue
ne conduit à aucune espèce de postes. Il faut au contraire se réjouir de la substitution, cette fois heureuse ;
il nous plaît qu'on honore ainsi la mémoire d'un homme
de bien qui, dans la sphère modeste où volontairement
il renferma sa vie tout entière, a rendu plus de services
à la religion, à la patrie, que beaucoup d'autres, dont
la gloire éclate bruyamment et dont la Renommée
par ses cent voix redit au loin le nom répété par mille
échos. Cet homme, qu'on doit placer au rang des
hommes utiles et rares, c'est Lhomond, le bon Lhomond
comme on l'appelait, dont le nom et les excellents livres
sont si connus des écoliers, moins au courant peut-être

de ses actions, des détails de sa vie si noble ; aussi croyons-nous qu'on nous saura gré de les rappeler.

Lhomond (Charles-François), né à Chaulnes, diocèse de Noyon, en 1727, fit ses études comme boursier au collége d'Inville dont il devint plus tard principal.

Nommé ensuite professeur au collége du cardinal Lemoine, il vint à Paris pour y remplir ses fonctions et en même temps avec la pensée de se faire recevoir à la licence. Mais tout à coup on le vit renoncer à ce projet comme à toute idée d'avancement pour se consacrer avec une sollicitude infatigable à l'instruction des plus jeunes enfants. En vain par la suite on voulut le tenter par l'offre d'autres chaires et de places estimées selon le monde plus honorables, plus avantageuses, invariablement il répondait :

— Je suis plus utile là où je suis, je n'abandonnerai pas mes *sixièmes.*

Et, pendant plus de vingt ans, on le vit avec le même zèle se dévouer à ses modestes fonctions (quoiqu'elles ne fussent guère pour lui une fatigue) en se délassant par la composition de ces livres élémentaires « où brillent, dit M. Lefebvre Cauchy, tout ensemble une saine littérature, un bon jugement et une piété solide. »

De cette vertu chrétienne il donna maintes fois la preuve et en particulier lors des évènements malheureux qui vinrent troubler tout-à-coup cette existence jusqu'alors si paisible quand éclata la Révolution. Arrêté au commencement d'août 1792, il fut enfermé avec un grand nombre d'ecclésiastiques insermentés dans la prison de Saint-Firmin d'où il semblait ne devoir sortir que pour être conduit à l'échafaud. Mais il avait eu naguère pour élève Tallien qui, prévenu de l'arrestation de son maître, dont le souvenir lui était resté cher et vénérable, le fit mettre en liberté.

Au bout de quelques mois cependant, Lhomond jugeant de nouveau sa vie en péril, crut qu'il serait plus prudent de s'éloigner de Paris. Il partit donc, et à pied ; mais arrivé sur le boulevard de la Salpétrière, il se vit tout à coup assailli par deux militaires, ou prétendus tels, qui le laissèrent pour mort après lui avoir enlevé l'argent qu'il portait sur lui.

Relevé par des passants charitables, venus par hasard dans cet endroit alors désert, Lhomond fut transporté dans la maison la plus voisine, où des soins empressés le rappelèrent à la vie. A quelque temps de là, l'un des voleurs ayant été pris, Lhomond, par les bons offices d'une personne obligeante, recouvra son argent. Comme on le pressait d'ailleurs de ne pas laisser le crime impuni et d'en poursuivre la vengeance devant les tribunaux, il s'y refusa en disant :

« Je n'en ferai rien ; si vous vouliez faire tenir à ce malheureux la moitié de la somme qu'il m'a laissée, vous m'obligeriez, il peut en avoir besoin.

L'année suivante, Lhomond mourut tout probablement par suite de cette violente secousse.

Cet homme excellent, ce chrétien fervent et humble était un homme aimable, et sa conversation enjouée était souvent égayée par des bons mots qui faisaient de lui un causeur charmant comme un maître que ses élèves ne se lassaient pas d'entendre.

On raconte encore de lui cette particularité : il avait coutume de faire tous les jours, n'importe la saison et

le temps, une promenade à pied jusqu'à Sceaux, et
c'est à la régularité de cet exercice quotidien qu'il attri-
buait sa bonne santé. La recette est facile pourvu qu'on
ait de bonnes jambes.

JOSEPH DE MAISTRE

I

Habent sua fata libelli. Nous aimons à rappeler ce vers du poète latin en parlant d'un homme dont la fortune littéraire fut si singulière. Etrange destinée du génie ! prodigieux écarts du goût ! A toutes les époques de l'histoire, on observe ce phénomène étonnant et douloureux d'un génie illustre peu ou point apprécié des contemporains, dont l'admiration irréfléchie s'égarait sur des œuvres ridicules bafouées de la postérité. Celle-ci, par une justice tardive, salue avec enthousiasme l'homme célèbre, naguère obscur, un Dante, un Milton, triomphant de l'ingratitude et de l'oubli et qui, des profondes ténèbres, surgit radieux au piédestal et projette sur les siècles son ombre gigantesque. L'Angleterre nous offre un exemple des plus remarquables de ces vicissitudes littéraires dans la personne de Schakespeare qu'elle honore comme un de ces génies qui appartiennent moins à leur patrie qu'à l'humanité. Schakespeare, admirable et justement admiré malgré les écarts si regrettables de son génie, Schakespeare vit son astre, qui devait plus tard illuminer un immense horizon, descendre presque avec lui dans la tombe. Ses

œuvres, enfouies dans la poussière des bibliothèques,
au bout d'une moitié de siècle, étaient à peu près inconnues de la foule, lorsqu'un critique éminent mit
d'aventure la main sur ce trésor où l'or pur par malheur est trop mélangé de minerai, et appela sur lui
l'attention des contemporains. La mémoire de Schakespeare est maintenant un culte, culte poussé parfois
jusqu'à l'idolâtrie, même dans notre France, qui se glo-
rifie de Racine, de Corneille, de Molière, etc. Cette
étrange destinée de l'auteur d'*Hamlet* et de *Macbeth* qui
fut, hélas ! celle de tant d'autres illustres dans les
lettres comme dans les arts, elle a pesé quelque temps
sur Joseph de Maistre dont la renommée peut-être en
souffre encore. Cet étranger, l'un des plus grands écrivains de la France, dont il a reçu par le droit du génie
ses lettres de grande naturalisation, n'est-il pas moins
populaire chez nous que son frère Xavier, le très spirituel auteur de ces chefs-d'œuvre microscopiques, le
Lépreux, la jeune Sibérienne, le *Voyage autour de ma
Chambre* (sauf réserves)? Il est vrai, et nous devons le
dire, l'aîné des de Maistre, emporté par l'ardeur de ses
convictions et l'essor tout puissant de son génie au vol
d'aigle, s'élève parfois à d'effrayantes hauteurs. Il choque durement et comme à plaisir les idées reçues, ne se
tenant pas toujours assez en garde contre le paradoxe,
et faisant presque des dogmes de certaines doctrines
qui ne sont que des vérités relatives ou restent dans le
domaine de la libre discussion. Trop dédaigneux parfois
des ménagements que la sagesse conseille, il effarou-
che par l'imprévu de ses allures et la franchise impé-
rieuse de son langage. Dans son horreur du vice, de

toute hypocrisie, de toute lâcheté, il a des explosions d'indignation qui consternent la foule et dont ses adversaires tirent parti pour le calomnier. M. de Vigny, que je ne range pas d'ailleurs parmi les ennemis de J. de Maistre, dans son beau livre de *Stello*, a parlé de l'illustre penseur dans des termes capables de faire reculer les plus intrépides. Le poëte, dont j'accuse ici les exagérations, fait de J. de Maistre, ce chrétien sincère et pieux, ce vrai et grand philosophe, cet excellent père de famille, peu s'en faut un vampire altéré du sang humain, se délectant à le voir couler par torrents au pied des autels : « C'était ainsi qu'un homme doué d'une des plus hardies et des plus trompeuses imaginations philosophiques qui jamais aient fasciné l'Europe, était arrivé à rattacher au pied même de la croix le premier anneau d'une chaîne effrayante et interminable de sophismes ambitieux et impies qu'il semblait adorer consciencieusement.... Il a fallu à l'impitoyable *sophistiqueur* souffler, comme un alchimiste patient, sur la poussière des premiers livres, sur les cendres des premiers docteurs, sur la poudre des bûchers indiens et des repas anthropophages, pour en faire sortir l'étincelle incendiaire de sa fatale idée.... Il a fallu que le cerveau de l'un des derniers catholiques fouillât bien avant dans le crâne de l'un des premiers chrétiens (Origène), pour en tirer cette fatale théorie de la *réversibilité* et du *salut par le sang*, etc, etc. »

Ces calomnies d'une philanthropie un peu déclamatoire, tout en m'inspirant pour le génie, dénoncé de la sorte, une certaine aversion mêlée de crainte, fut un aiguillon puissant à ma curiosité pour faire connaissance avec l'auteur par la lecture de ses ouvrages, et je fus bientôt détrompé. Mon épouvante fit place à l'estime, à la sympathie, à l'admiration profonde du disciple vis-à-vis du maître dont il se plaît à recueillir les renseignements. Depuis lors, les écrits du philosophe savoisien n'ont plus quitté ma table côte à côte avec ceux de Bossuet, Lacordaire, Bourdaloue, Dante, Virgile etc, non loin des œuvres glorieuses de ces génies, mes autres maîtres en littérature, Boileau, La Fontaine, La Bruyère, Lamartine, etc. J'ai relu, depuis quelques mois surtout, et je ne me lasse pas de relire cet admirable volume des *Considérations sur la France,* écrit en 1794, pendant la première révolution, et dans lequel les rapprochements sont si frappants. En laissant de côté la question politique, et lisant de Maistre avec l'impartialité d'un esprit dégagé de passion et faisant la part des idées de l'auteur, de ses convictions, de ses répulsions, qui s'expliquent par l'horreur de tant d'effroyables carnages dont il fut le témoin presque oculaire, on ne peut assez admirer cette hauteur de vues, cette élévation rare de pensées et cette prodigieuse faculté d'intuition qui ressemble à la divination, et font de ce volume, si fortement pensé, le bréviaire de l'homme d'état et du philosophe.

Ce qu'on aime surtout dans J. de Maistre, c'est l'absence de toute recherche littéraire, le dédain de la phrase et des artifices du langage qui ne nuit en rien à la vivacité comme à la propriété de l'expression. *Verba trahunt!* Sa pensée va droit au but sans détours, sans ambages, et trouve naturellement et spontanément son moule et ce moule est d'airain. Rien de plus extraordi-

naire et en même temps de plus éloquent que cet étonnant chapitre sur la *Destruction violente de l'espèce
humaine*. Ecoutons ce passage :

« Il y a lieu de douter, au reste, que cette destruction
violente soit, en général, un aussi grand mal qu'on le
croit : du moins, c'est un de ces maux qui entrent dans
un ordre de choses où tout est violent et *contre nature*,
et qui produisent des compensations. D'abord, *lorsque
l'âme humaine a perdu son ressort par la mollesse*, l'incré-
dulité et les vices gangreneux qui suivent l'excès de
civilisation, elle ne peut être retrempée que dans le
sang.

» ... Tonnons cependant contre la guerre, et tâchons
d'en dégoûter les souverains ; mais ne donnons pas
dans les rêves de Condorcet, de ce philosophe si cher à
la révolution, qui employa sa vie à préparer le malheur de la génération présente, léguant bénignement
la perfection à nos neveux. Il n'y a qu'*un moyen de
comprimer le fléau* de la guerre, c'est de comprimer les
désordres qui amènent cette terrible purification. »

Après ce dont nous avons été témoins récemment, ces
paroles n'ont pas besoin de commentaire. Nous nous
sommes interdit, pour cette étude, le terrain glissant
de la politique ; aussi nous ne dirons rien d'autres et
remarquables chapitres où les questions de ce genre
sont traitées avec une force de logique et une verve
incomparables. Par le même motif de réserve, nous ne
ferons qu'indiquer le *Principe générateur des Constitutions*. Ce livre profond condense dans un petit nombre
de pages le résultat de trente années d'études et de
méditations sur cette force inconnue qui préside à la

formation des pouvoirs et des constitutions. L'auteur entre à ce sujet dans des détails d'un intérêt singulièrement actuel parfois, et il lui échappe çà et là, sur la fragilité des établissements purement humains, certaines boutades d'une ironie sanglante et qu'on croirait paradoxales s'il ne les justifiait par les faits. J. de Maistre, qui volontiers au raisonnement implacable mêle la spirituelle épigramme, traite la parole écrite avec une irrévérence qui déride même ses adversaires protestants. Si l'esprit ne lui suffit pas, il invoque la science, et les recherches les plus sérieuses sont pour ce génie vraiment encyclopédique une source inépuisable d'arguments décisifs. Le livre du *Pape*, à lui seul, atteste des recherches historiques et des connaissances en linguistique qui font honneur à la persévérance comme à la rare sagacité de l'auteur. Ajoutons que l'érudition chez lui n'a rien d'aride et qu'il sait la rendre attrayante par la manière de la présenter. Puis, dans ce même écrit, que de pages éloquentes sur les couvents, sur l'Eglise, sur le dévouement des vierges, etc!

L'ouvrage capital de J. de Maistre et le plus connu après les *Considérations* et le *Pape*, les *Soirées de Saint-Pétersbourg*, nous montrent son talent sous ses faces les plus diverses. Le gouvernement temporel de la Providence que l'auteur s'est donné pour mission, mission glorieuse, de justifier, tel est le point de départ et le thème de cette suite d'entretiens d'un intérêt si profond et toujours actuel quand la forme en général est des plus piquantes. Que de pages véritablement sublimes, de digressions et considérations de l'ordre le plus élevé, et souvent de tableaux saisissants à propos de tous les grands problèmes de la société politique et religieuse, et des lois mystérieuses qui regissent le monde visible, sur lequel l'autre (l'invisible) réagit. Bon nombre de passages sont assurément des plus belles choses dont puisse se glorifier notre littérature par la hauteur et la force de la pensée mise en relief par l'énergique simplicité de l'expression. Il suffit de rappeler ce terrible et magnifique portrait du bourreau tant de fois cité, ou cette foudroyante philippique contre Voltaire, cri passionné que l'emportement d'une sainte colère arrache à la conscience révoltée de l'honnête homme, du père de famille et du chrétien. Dirai-je les pages si touchantes sur la *Jeune fille livrée au cancer*, avec lesquelles font contraste les éloquentes dissertations sur les sauvages ou les mâles réflexions relatives à la guerre. A part peut-être le chapitre sur Locke un peu bien long, on ne peut se lasser de lire et relire cet ouvrage, testament sublime du génie qu'hélas ! il ne fut pas donné à l'auteur de terminer. La mort frappa M. de Maistre quand il touchait à la fin de sa glorieuse tâche et le surprit la plume à la main au moment où il abordait la question si intéressante, comme il écrivait lui-même, et si importante du protestantisme. On eut dit qu'à cette heure solennelle l'intelligence de M. de Maistre, accoutumée à planer dans les hauteurs, s'élevait encore.

Les lettres sur l'*Inquisition,* sur l'*Eglise Gallicane,* se recommandent par l'étude patiente des faits comme par la forte dialectique et la fermeté du style plus plein de choses que de mots. On peut différer d'opinion avec l'auteur, parfois absolu et systématique, mais la toute puissance de son talent ne saurait faire doute pour la bonne foi, et dire, comme l'a fait, à ce qu'on assure, certain universitaire, que la lecture de J. de Maistre *hébéte*, c'est prouver qu'on glisse soi-même sur la pente qui conduit tout droit à l'idiotisme.

La fécondité, mais une fécondité qui ne trahit jamais l'épuisement, caractérise la manière de J. de Maistre. Il a produit beaucoup, et tous ses ouvrages, avec des mérites divers, sont à la même hauteur. Cependant, ce que nous avons peine à croire d'ailleurs, on affirme que d'importants manuscrits et de précieuses correspondances, trésors d'une amitié jalouse, se dérobent encore à la publicité. On ne saurait trop le regretter surtout en présence de cette lettre si touchante et si admirable à Mme de Costa sur la mort de son fils, qu'une indiscrétion, dont nous remercions M. de Falloux, a permis de nous faire connaître. Ces quelques pages peuvent servir admirablement pour nous initier à la lecture des œuvres du grand écrivain. Son cœur tout entier s'y révèle et l'on ne sait ce qu'il faut admirer davantage ou la noblesse et la générosité de ses sentiments ou la sublimité de son génie. Il y a là encore sur la Révolution française, qui plus d'une fois l'a si bien inspiré, des paragraphes d'une étonnante énergie. Mais ce qu'on apprécie surtout dans ce petit écrit, ce qui le fait goûter particulièrement, c'est la sincérité de l'accent tendrement ému, et cette pieuse sympathie d'une amitié chrétienne qui sait trouver, pour la plus poignante des douleurs, de si sublimes consolations.

II

Un caractère particulier et très-remarquable des ouvrages de J. de Maistre, c'est l'oubli du moi, si haïssable d'après Pascal, et dont nos contemporains, les poètes surtout, ont trop abusé. Sous ce rapport, l'illustre Joseph contraste avec un autre génie, l'une des gloires de notre littérature d'ailleurs, Chateaubriand, cet admirable poète de la prose qui trop volontiers se met en scène, et autant qu'il le peut s'attribue le premier rôle, comme le prouvent surabondamment ses *Mémoires*.

Chez M. de Maistre, sauf dans ses lettres où il n'en pouvait être autrement, nulle trace de la personnalité. L'auteur s'efface complètement derrière son œuvre. Cependant, avec cette sûreté de coup d'œil, et cette fermeté de jugement, ce beau génie devait avoir conscience de sa supériorité. Mais sans doute le sens chrétien, qui se révèle si énergique jusque dans les moindres lignes de ses écrits, l'avait conduit à l'entière abnégation de l'amour-propre. Il avait compris que le but de l'écrivain, digne de ce nom, comme celui de l'artiste doit être surtout l'utilité de son œuvre ; qu'il est tout à fait misérable et insensé de s'épuiser en veilles laborieuses, je ne dirai pas, dans l'espoir du gain comme le mercenaire, mais en vue de cette gloire humaine, si incertaine et si capricieuse, qui va réveiller, dans la tombe, vingt ans après sa mort tragique, l'ombre étonnée d'André Chénier, par exemple. Ce désintéressement de lui-même et ce peu de souci de la gloriole littéraire fait le plus grand honneur à Joseph de Maistre, qui du reste, joignait, chose malheureusement rare et très-rare, joignait, à la plus haute intelligence, à ces dons merveilleux du génie, toute les grandes qualités du cœur, la bonté, la tendresse, pleine d'expansion, la généreuse confiance, l'absolu dévouement, et la fidélité à tous les devoirs même les plus humbles.La publication posthume de sa correspondance, faite par sa famille à laquelle son souvenir est resté si cher, nous en fournit de nombreuses preuves. Dans ces admirables lettres, de Maistre se peint tout entier et sans y songer assurément. Or ce grand homme comme il est bon homme! Ce terrible génie, dont certains critiques nous font une peinture si menaçante, comme il est doux, affectueux, caressant, dévoué! Comme il aime ses amis, ses parents, sa femme, ses enfants! Quels mots touchants tombés de sa plume ou plutôt de son cœur sur le papier souvent mouillé de ses larmes! « *Nul ne sait ce que c'est que la guerre s'il n'y a pas son fils!* » Et à propos de sa fille : « *Oh! si un honnête homme voulait se contenter du bonheur!* » Avec quelle énergie bien qu'il s'efforce de comprimer le cri de son cœur, avec quelle poignante énergie, il nous dépeint les tortures de cette séparation inouïe qui l'exile, pendant tant d'années, sous les glaces du pôle, à 800 lieues de sa famille, objet incessant de toutes ses pensées, la nuit comme le jour! Qui ne comprendrait les cruelles insomnies de « *ce père vivant d'une fille orpheline,* » grande personne déjà et qu'il ne connaît que de nom parce qu'il lui fallut quitter la mère peu de mois avant la naissance. Se vit-il jamais une situation plus douloureuse?

Pourtant s'il fléchit par instants sous le poids de l'épreuve, l'héroïque chrétien ne succombe jamais au découragement! Jamais l'ombre d'un murmure! Il se résigne à la volonté divine avec une sublime abnégation et ne recule devant aucun sacrifice pour rester fidèle au serment par lui prêté à son roi, à sa patrie. Je ne sais rien de plus admirable que ce spectacle! Les *Lettres* de J. de Maistre sont peut-être son plus bel ouvrage, parce qu'il s'y montre dans la grandeur comme la familiarité de son génie, tour à tour simple, aimable, spirituel, gracieux, profond, éloquent, passionné, terrible! Le même homme qui a écrit à sa fille cette amusante instruction sur le *taconage*, quelques pages plus loin, après les considérations les plus hautes sur la politique, termine par cette étonnante parole sur le *Démon du Midi*, comme il l'appelle : « *Napoléon envoyé de Dieu! Oui, il vient du ciel, comme la foudre.* » De Maistre, nous ne craignons pas de l'avouer, ne juge pas toujours peut-être l'homme du siècle, selon l'expression des poètes, avec une complète tranquillité d'esprit. Il y a de la passion, de la colère dans certaines de ses appréciations. Mais l'on ne peut accuser d'exagération et d'injustice ce qu'il dit sur l'arrestation et l'enlèvement du Pape, le divorce, la guerre d'Espagne, etc., ces actes « dignes d'un enfant enragé » comme il s'exprime. Si ces dures paroles ne sont, il faut bien le reconnaître, que l'expression de la vérité, dans d'autres circonstances, il montre autant de véhémence, mais avec moins de raison. Nous Français auxquels la patrie est passionnément chère, nous sommes froissés plus d'une fois par le cri de haine satisfaite avec lequel il enregistre nos revers, applaudit à nos défaites. Mais il ne faut pas oublier que de Maistre, quoique écrivant

dans notre langue, était un étranger ; qu'à ses yeux
Napoléon et la Révolution étaient les grands ennemis
sur lesquels il ne pouvait penser autrement qu'il faisait
après la façon dont ils avaient traité et traitaient son
pays, comme cette royauté à laquelle il s'était dévoué
jusqu'à lui sacrifier ses affections les plus chères, son
bonheur de père et d'époux. Pour être juste cependant,
il faut dire que, dans l'explosion de ses plus violentes
colères, de Maistre reste toujours digne et ne s'emporte
pas à ces excès dont la presse anglaise donnait alors le
scandale et qui trouvèrent trop d'écho peut-être dans la
fameuse brochure : *de Buonaparte et des Bourbons !* ce
pamphlet terrible qui, suivant le mot de Louis XVIII, aurait valu toute une armée.

Les *Lettres* de J. Maistre sont précédées d'une Notice
à laquelle on nous saura gré d'emprunter quelques détails biographiques. Qui pourrait être mieux renseigné
que celui qui l'a écrite, le comte Rodolphe de Maistre,
fils de l'illustre philosophe? « Le comte Joseph-Marie
de Maistre naquit à Chambéry, en 1754 ; son père, le
comte François Xavier, était président du sénat et con-
servateur des apanages des princes... Le comte Joseph
de Maistre était l'aîné de dix enfants.... Le trait principal de son enfance fut une soumission amoureuse pour
ses parents. Présents ou absents, leur moindre désir était
pour lui une loi imprescriptible. Lorsque l'heure de
l'étude marquait la fin de la récréation, son père paraissait sur le pas de la porte du jardin sans dire un mot, et
il se plaisait à voir tomber les jouets des mains de son
fils, sans qu'il se permît même de lancer une dernière
fois la boule ou le volant. Pendant tout le temps que le

jeune Joseph passa à Turin pour suivre le cours de droit à l'Université, il ne se permit jamais la lecture d'un livre sans avoir écrit à son père ou à sa mère à Chambéry pour en obtenir l'autorisation... Rien n'égalait la vénération et l'amour du comte de Maistre pour sa mère. Il avait coutume de dire : « Ma mère était un ange à qui » Dieu avait prêté un corps ; mon bonheur était de de- » viner ce qu'elle désirait de moi, et j'étais dans ses » mains autant que la plus jeune de mes sœurs. »

Joseph, comme son père, suivit la carrière de la magistrature ; en sa qualité de substitut de l'avocat général, il prononça le discours de rentrée *sur le caractère extérieur du magistrat*, qui fut le premier jet de son talent et son début littéraire. Il siégea ensuite comme sénateur sous la présidence de son père.

Marié en 1786 à mademoiselle de Morand, dont il eut trois enfants, un fils et deux filles, il vivait paisiblement à Chambéry tout occupé de ses devoirs, dont il se délassait par l'étude, quand éclata la Révolution.

Lors de l'invasion de la Savoie, le comte de Maistre, ayant refusé toute espèce de serment au gouvernement importé par l'étranger sous le nom de *République des Allobroges*, dut quitter son pays. Il se retira à Lausanne où, non sans grandes difficultés, vint le rejoindre sa famille, à l'exception du dernier enfant, dont Madame de Maistre venait d'accoucher et qu'elle dut laisser aux soins de sa grand'mère, car elle ne pouvait l'exposer aux fatigues et même aux périls du voyage.

De Lausanne, Joseph de Maistre écrit à son ami le baron Vignet des Etoles que *ses biens sont confisqués, mais qu'il n'en dormira pas moins*. Dans une autre lettre,

il dit plus laconiquemeni encore : « *Tous mes biens sont
vendus, je n'ai plus rien.* » Ce fut pendant son séjour en
Suisse qu'il publia le volume des *Considérations sur la
France* et divers autres opuscules remarqués par quelques lecteurs d'élite en dépit du malheur des temps. En
1797, Joseph de Maistre put se rendre à Turin ; mais
bientôt après son arrivée, le roi, réduit à ses seules
forces et succombant dans sa lutte contre la France, se
vit forcé de quitter ses états de terre-ferme pour se réfugier en Sardaigne. Le comte, en sa qualité d'émigré,
dut s'exiler de nouveau. A l'aide d'un passe-port prussien, il réussit à gagner Venise où il vécut avec sa
famille plusieurs années qui furent pour lui les plus
pénibles de l'émigration ; car, ses seules ressources, et
qu'il lui fallait grandement ménager, consistaient en
quelques pièces d'argenterie sauvées du naufrage et qu'il
vendait au fur et à mesure de ses besoins.

Ce fut à Venise, en 1802, qu'il reçut du roi de Piémont
l'ordre de se rendre à Saint-Pétersbourg en qualité
d'envoyé extraordinaire et ministre plénipotentiaire.
Les circonstances ne lui permettaient pas d'emmener sa
famille et il croyait pourtant de son devoir de ne pas
refuser ce poste de confiance. « Ce fut une nouvelle douleur, un nouveau sacrifice, le plus pénible sans doute
que son dévouement à son maître pût lui imposer. Il
fallait se séparer de sa femme et de ses enfants sans
prévoir un terme à ce cruel veuvage, entreprendre une
nouvelle carrière et des fonctions que le malheur des
temps rendait difficiles et dépouillées de tout éclat consolateur. Il partit pour Saint-Pétersbourg. »

L'accueil qu'il reçut dans cette ville de la part des

personnages les plus éminents et en particulier de l'empereur Alexandre [1] lui adoucit, autant qu'il était possible, les amertumes de ce long exil dont il ne revint qu'au mois de mai 1817 ; mais, après la chute de Napoléon, il avait pu être rejoint à Saint-Pétersbourg par sa femme et ses filles.

De retour à Turin, le comte de Maistre fit paraître successivement plusieurs des grands ouvrages renfermés dans ses portefeuilles : Le *Pape*, *l'Eglise gallicane*, les *Soirées de Saint-Pétersbourg*, sauf l'épilogue qu'il ne put qu'esquisser, faute de loisirs suffisants, dans les derniers mois de sa vie.

Nommé chef de la grande chancellerie du royaume, il avait dû interrompre presque complètement ses travaux littéraires pour s'occuper de ses nouvelles et importantes fonctions, acceptées par lui à regret et dans l'intérêt seul de sa famille. Il les exerça peu de temps d'ailleurs ; car le 26 février 1821, succombant à une paralysie lente, à l'âge de soixante-sept ans, « il s'endormit dans le Seigneur. »

« Le comte de Maistre, dit son biographe, inflexible sur les principes, était, dans les relations sociales, bienveillant, facile et d'une grande tolérance : il écoutait avec calme les opinions les plus opposées aux siennes et les combattait avec sang-froid, courtoisie et sans la moindre aigreur. Partout où il demeura quelque temps, il laissa des amis... il se plaisait à considérer les hommes par leur côté louable. » Plus loin nous lisons

[1] Son frère Xavier fut nommé lieutenant-colonel et directeur du musée de Marine. Plus tard, son fils Rodolphe, admis à l'Ecole des Cadets, obtint pareillement un grade dans l'armée.

encore : « Le comte de Maistre était d'un abord facile, d'une conversation enjouée, constant dans sa conduite, comme dans ses principes, étranger à toute espèce de finesse, ferme dans l'expression de ses opinions, du reste méfiant de lui-même, docile à la critique, sans autre ambition que celle d'un accomplissement irréprochable de ses devoirs. »

Terminons par quelques citations encore empruntées aux *Lettres :* « L'erreur n'est jamais calme : à la vérité seule est donnée *la chaleur sans aigreur*, grand phéno-mène pas assez remarqué » (p. 299.)

« Je ne sais pas si je dois rire ou pleurer lorsque j'entends parler *d'un changement de dynastie*. Pour avoir un ange, je serais tenté d'une petite révolution ; mais pour mettre un homme à la place d'un autre, il faut avoir le diable au corps. Coupez-vous la gorge vingt ans, messieurs les fous ; versez des torrents de sang pour avoir Germanicus ou Agrippine, dignes de régner ; et pour vous récompenser, ils vous feront présent de Caligula. Voilà un beau coup vraiment ! En huit ou dix générations, toutes les bonnes et toutes les mauvaises qualités de la nature humaine paraissent et se compensent, en sorte que tout changement forcé de dynastie est non-seulement un crime, mais une bêtise. » (p. 316.)

« Les sectes n'ont de force contagieuse que dans leurs commencements et durant le paroxysme révolutionnaire, passé lequel elles ne font plus de conquêtes. Le catholicisme au contraire est *toujours* conquérant, sans *jamais* s'adresser aux passions, et c'est un de ses caractères les plus distinctifs et les plus frappants. » (p. 297.)

« Vouloir *démembrer* la France parce qu'elle est trop

puissante est précisément le système de l'égalité en grand. C'est l'affreux système de la convenance, avec lequel on nous ramène à la jurisprudence des Huns ou des Hérules. Et voyez, je vous prie, comme l'absurdité et l'*impudeur* (pour me servir d'un terme à la mode) se joignent ici à l'injustice. On veut démembrer la France; mais, s'il vous plaît, est-ce pour enrichir quelque puissance de second ordre ? Nenni.

Dantur opes nullis nunc, nisi divitibus.

« C'est à la *pauvre* maison d'Autriche (la Prusse aujourd'hui) qu'on veut donner l'*Alsace, la Lorraine, la Flandre.* Quel équilibre, bon Dieu !.. J'aurais mille et mille choses à vous dire sur ce point pour vous démontrer que notre *intérêt à tous* (ô rois vous l'entendez) est que l'empereur ne puisse jamais entrer en France comme *conquérant* pour son propre compte. Toujours il y aura des puissances prépondérantes, et la France vaut mieux que l'Autriche (la Prusse). » (p. 5.)

Cette page, sauf le changement de noms, ne semble-t-elle pas écrite d'hier et pour la circonstance ? La lettre cependant, adressée au baron de V...., porte la date du 15 août 1794.

MALESHERBES

Malesherbes a donné son nom à la grande voie qui conduit de la place de la Madeleine à la nouvelle église de Saint-Augustin.

La vie de Malesherbes, le magistrat éminent, le défenseur intrépide de Louis XVI, dans les temps où nous vivons, temps de révolutions et d'agitations, est une des plus intéressantes à connaître, et les hommes d'État en particulier ne sauraient trop la méditer ; car elle est pleine de hauts renseignements, et le zèle imprudent et trop peu rare, qui se laisse prendre aux fallacieuses promesses de l'utopie, s'y peut instruire par de formidables exemples.

Malesherbes (Charles-Guillaume de Lamoignon), né à Paris, le 6 décembre 1721, était petit-fils du célèbre Lamoignon de Malesherbes à qui Boileau adressait l'une de ses meilleures épîtres. « Il fut élève chez les Jésuites, où le Père Porée lui donna des leçons qui ne s'effacèrent jamais de sa mémoire, » dit la *Biographie universelle ;* le *jamais,* par malheur, est ici de trop comme on le verra. Conseiller au Parlement dès l'âge de vingt-quatre ans, il succéda, en 1750, dans la présidence de la Cour des aides, à son père, Guillaume de Lamoignon devenu chancelier, et fut chargé en même temps de la direction de la librairie.

A part un zèle exagéré pour les droits du Parlement, zèle qu'il devait aux conseils du célèbre abbé Pucelle, qui lui avait enseigné le droit public, Malesherbes ne mérita que des éloges pour la manière dont il remplit ses fonctions de président de la Cour des aides. « Il fit, dit le biographe cité plus haut, tout ce qu'on pouvait attendre de son dévouement au bonheur du peuple... et parvint à soustraire un grand nombre de victimes aux poursuites des financiers, entre autres l'infortuné Monnerat, qui, par suite d'une méprise, était resté deux ans dans les cachots de Bicêtre. »

On regrette d'avoir à dire que, comme *directeur de la librairie*, Malesherbes ne comprit pas aussi bien ou plutôt qu'il méconnut de la façon la plus étrange des devoirs non moins sacrés, plus sacrés même, encore qu'un panégyriste ait osé dire : « Ce fut véritablement *l'âge d'or des lettres* que celui où M. de Malesherbes en *eut le département sous Monsieur son père* » (le chancelier). Imbu malheureusement des doctrines prétendues philosophiques, il laissait publier, bien plus il couvrait de sa protection, dit la *Biographie universelle*, des ouvrages notoirement hostiles à la religion et à la royauté. Tolérance, non, c'est connivence qu'il faut dire, inouïe, inconcevable chez un esprit honnête, conseillé par un cœur droit, mais dont la sagesse tout humaine ne s'éclairait pas d'une lumière supérieure. Ce platonicien, par sa complaisance coupable pour l'erreur, à quels écarts n'était-il pas entraîné ? Voici ce que raconte Mme de Vandeuil, la fille de Diderot [1] :

---

[1] *Notice*, en tête de la *Correspondance*.

» Un jour il (de Malesherbes) fait prévenir mon père
que le lendemain il donnera l'ordre d'enlever ses papiers et ses cartons. Diderot bouleversé court chez lui.

» Ce que vous m'annoncez là me chagrine horrible-
» ment. Comment en vingt-quatre heures déménager
» tous mes manuscrits? Et surtout trouver des gens qui
» veuillent s'en charger et le puissent avec sûreté ?

» — Envoyez-les tous chez moi, répond M. de Males-
» herbes ; on ne viendra pas les y chercher.

» Ce qui fut exécuté et réussit parfaitement. »

On n'en croit pas ses yeux en lisant ce passage, et il
faut l'évidence écrasante de ce témoignage direct pour
qu'on ne soit pas tenté de douter d'une aberration
pareille. On comprend d'ailleurs qu'après ces aimables
procédés les coryphées de l'impiété ne ménageassent
point à Malesherbes les compliments ; Grimm, entre
autres, va jusqu'à dire : « Il favorisait avec la plus
» grande indifférence l'impression et le débit des ouvra-
» ges les plus hardis. Sans lui, l'*Encyclopédie* n'eût
» vraisemblablement jamais osé paraître. » Mais comment s'étonner de ce langage, quand Gaillard, l'ami
de Malesherbes et son biographe, ou plutôt son panégyriste en 1805, après la terrible expérience de la Révolution, écrit : « C'est sous ces auspices qu'a paru le
plus beau et le plus vaste monument de notre siècle et
de tous les siècles, l'*Encyclopédie*. »

J.-B. Dubois, autre ami de Malesherbes et son premier biographe [1], dit de son côté : « Il ne dépendait pas

____

[1] *Notice historique* extraite du *Magasin Encyclopédique*, 2ᵉ édit.
sans date, 3ᵉ en 1806.

de lui d'annuler les lois destructives de la liberté de la presse ; mais convaincu de leur iniquité, il s'occupait sans cesse des moyens d'en anéantir l'effet, soit en *fermant les yeux* sur ce que le despotisme avait intérêt de connaître et punir, soit en *offrant lui-même aux auteurs, aux libraires* le *mode* (moyen) *d'éluder* des lois aussi absurdes. »

Ces éloges, comme ceux de Grimm, équivalent pour nous au blâme le plus sévère ; et Malesherbes, il faut bien l'avouer, dans cette première partie de sa vie, est de ceux auxquels peuvent trop s'appliquer les vers énergiques du poète, mort sur un lit d'hôpital :

> .... O siècle malheureux !
> D'une morale impie, ô signe désastreux !
>
> . . . .
> Visitons nos cités, hélas ! que voyons-nous
> Qui de l'homme de bien n'allume le courroux !
> L'athéisme en désert convertissant nos temples ;
> Des forfaits dont l'histoire ignorait les exemples ;
> De célèbres procès où vaincus et vainqueurs
>   Prouvent également la honte de leurs mœurs ;
> Tous les rangs confondus et disputant de vices,
>   *Le silence des lois du scandale complices* [1].

En 1771, le zèle trop peu mesuré de Malesherbes pour les prérogatives parlementaires le portèrent à composer et publier ses célèbres *Remontrances,* dont Voltaire lui-même a dit : « Je n'ai pas approuvé quel- » ques *Remontrances* qui m'ont paru trop dures. Il me » semble qu'on doit parler à son souverain d'une ma-

---

[1] Gilbert, *Mon apologie.*

» nière un peu plus honnête. » Gaillard, à la vérité,
répond à Voltaire, dont il accuse la partialité, quoique
lui-même semble un peu suspect sous ce rapport : « C'est
» avec une vraie peine qu'on voit repousser, par l'hu-
» meur et l'injustice, ces discours si lumineux, d'où la
» vérité sort avec éclat de toute part et dont le ton,
» non-seulement mesuré, non-seulement respectueux,
» mais affectueux envers le prince, annonce des sujets
» non-seulement soumis, mais tendrement attachés à
» leur maître [1]. »

Maleshesbes fut exilé dans ses terres et n'en revint
qu'au bout de quatre années, lorsque Louis XV, mort,
les anciens Parlements furent rappelés par son successeur, plus généreux que prévoyant. La popularité qu'a-
vaient valu à Malesherbes sa disgrâce et la publication
de ses nouvelles *Remontrances*, s'inspirant des mêmes
idées que les premières quoique moins justifiées par les
circonstances, le désignèrent, en même temps que Turgot, au choix du roi pour le ministère ; mais dominé
par ses préoccupations, avec des intentions excellentes
d'ailleurs, dans ce poste élevé, Malesherbes fit peut-
être plus de mal que de bien : « Dès qu'il fut entré au
ministère (comme garde des sceaux), on ne le vit
occupé, dit le judicieux Weiss, que de tempérer les
rigueurs du pouvoir et même trop souvent d'en affaiblir
les ressorts nécessaires. »

Au mois de mars 1776, il sortit du ministère en
même temps que Turgot dont il avait énergiquement
soutenu le système. Pendant dix années, à dater de

---

[1] *Vie et éloge de Malesherbes*, 1806.

cette époque, il vécut dans la retraite, occupé de travaux littéraires et d'études graves dont il se délassait par le soin de ses jardins, les plus beaux qu'il y eut alors, et tout remplis de plantes exotiques. On citait tout particulièrement sa magnifique avenue d'arbres de Sainte-Lucie.

La popularité qui, chose inouïe, lui était restée fidèle pendant tant d'années, peut-être à la vérité parce qu'il se tenait éloigné des affaires, le fit derechef appeler au ministère en 1787. Mais se voyant sans influence aucune dans le conseil, il donna sa démission et se retira de nouveau dans la solitude, où cette fois la popularité ne le suivit point, trop occupée alors d'autres et nombreux favoris, mais non pas aussi dignes.

Malesherbes, d'ailleurs, exempt d'ambition et dans une retraite selon son cœur, entouré de ses enfants et petits-enfants, aurait pu vivre heureux si le caractère de plus en plus menaçant des évènements n'était venu l'inquiéter moins pour lui-même que pour ses amis et parents, et surtout pour le roi auquel dans le fond il était sincèrement attaché, l'ayant vu de trop près pour ne pas lui rendre pleine et entière justice. Aussi, à la nouvelle du procès qui mettait en péril la vie du monarque, Maleshesbes écrit noblement au président de la Convention.

« J'ai été appelé deux fois au conseil de celui qui fut
» mon maître dans le temps où cette fonction était
» ambitionnée par tout le monde ; je lui dois le même
» service lorsque c'est une fonction que bien des gens
» trouvent dangereuse ! »

Avec de Sèze et Tronchet, auxquels il faut ajouter le

poëte A. Chénier, Malesherbes se dévoua avec le plus
admirable zèle à la défense de l'auguste accusé à qui,
en même temps, chaque jour, il apportait toutes les
consolations de la plus tendre affection. L'arrêt fatal
prononcé, il fut chargé de la douloureuse mission de
l'apprendre au roi ; mais, arrivé en sa présence, il ne
sut que tomber à ses pieds en fondant en larmes, et ce
fut à Louis XVI de le consoler. Le lendemain, il revint
à la barre de la Convention pour demander l'appel au
peuple et le sursis ; mais les sanglots étouffaient sa voix
et lui permirent à peine de se faire entendre. « *La mort
dans les vingt-quatre heures !* » Telle fut la sauvage
réponse faite à cette si juste réclamation.

Détachons d'un écrit laissé par Malesherbes quelques
passages des plus touchants et qui ne font pas moins
d'honneur au roi qu'à son fidèle ministre, c'est plutôt
ami qu'il faudrait dire. « Une fois que nous étions
seuls, le prince me dit :

» J'ai une grande peine, de Sèze et Tronchet ne me
» doivent rien ; ils me donnent leur temps, leur travail,
» peut-être leur vie ; comment reconnaitre un tel ser-
» vice ? Je n'ai plus rien, et quand je leur ferais un legs,
» on ne l'acquitterait pas.

» — Sire, leur conscience et la postérité se chargent
» de la récompense. Vous pouvez déjà leur en accorder
» une qui les comblera.

» — Laquelle ?

» — Embrassez-les.

» Le lendemain, il les pressa contre son cœur, et tous
deux fondirent en larmes.

» ..... Ce fut moi qui, le premier, annonçai au roi le

décret de mort : il était dans l'obscurité, le dos tourné à
une lampe placée sur la cheminée, les coudes appuyés
sur la table, le visage couvert de ses mains. Le bruit que
je fis le tira de sa méditation ; il me fixa, se leva et me
dit :

» Depuis deux heures, je suis occupé à rechercher si,
» dans le cours de mon règne, j'ai pu mériter de mes
» sujets le plus léger reproche. Eh bien ! monsieur de
» Maleshesbes, je vous le jure dans toute la vérité de
» mon cœur, comme un homme qui va paraître devant
» Dieu, j'ai constamment voulu le bonheur du peuple,
» et jamais je n'ai formé un vœu qui lui fût contraire. »

» Je revis encore une fois cet infortuné monarque :
deux officiers municipaux se tenaient debout à ses
côtés ; il était debout aussi et lisait. L'un des officiers
municipaux me dit :

« — Causez avec lui, nous n'écouterons pas. »

« Alors j'assurai le roi que le prêtre qu'il avait désiré
allait venir. Il m'embrassa et me dit :

» La mort ne m'effraie pas, et j'ai la plus grande
» confiance dans la miséricorde de Dieu. »

Le lendemain soir, c'est-à-dire quelques heures après
l'exécution, Malesherbes recevait, dans quels sentiments, il n'est pas besoin de le dire, la visite de l'abbé
Firmont, encore couvert du sang du roi-martyr, et qui
lui apportait ses recommandations dernières et ses
adieux. Au récit de cette mort sublime, Malesherbes se
tut d'abord comme anéanti par la douleur ; puis son
indignation fit explosion par des imprécations contre
les auteurs de l'attentat et les fauteurs de la révolution ;
et lui-même il ne s'épargnait pas, s'accusant d'avoir,

par de malheureuses illusions, aidé à la réalisation
de leurs projets. Il n'avait pas, d'ailleurs, attendu ce
moment pour ouvrir les yeux.

La secte révolutionnaire ne pouvait lui pardonner ses
remords et son repentir attesté d'une façon si solennelle. Dans les premiers jours du mois de décembre
1793, trois membres d'un comité de Paris vinrent à la
campagne de Malesherbes où l'illustre vieillard s'était
retiré et enlevèrent sa fille et son gendre, M. de Rosambo. Le lendemain, d'autres agents parurent qui
l'emmenèrent lui-même avec ses petits enfants. Séparé
d'eux et conduit aux Madelonnettes, il eut, au bout de
quelques jours, la douleur d'apprendre l'exécution de
son gendre, M. de Rosambo, qu'en vain il avait espéré
sauver.

Il ne devait pas longtemps lui survivre ; traduit à
son tour devant le tribunal révolutionnaire, il fut condamné pour des crimes imaginaires, absurdement
prouvés selon l'usage, avec sa fille, sa petite-fille et le
mari de celle-ci, M. de Chateaubriand l'aîné. Malesherbes entendit avec calme l'arrêt qui le frappait et sa
fermeté ne l'abandonna pas en face du supplice. « Il
marcha à la mort, dit M. Weiss, avec une sérénité qui ne
peut être comparée qu'à celle de Socrate... Son pied
ayant rencontré une pierre lorsqu'il traversait la cour
du palais, les mains liées derrière le dos, il dit à son voisin : « Voilà qui est d'un fâcheux augure ; à ma place
» un Romain serait rentré. »

On aime à espérer que son courage ne fut pas seulement la tranquillité stoïque du philosophe, mais qu'il se
souvint à l'heure suprême des paroles de l'abbé de Fir-

mont comme de l'exemple donné par le roi-martyr. Ne durent-ils pas d'ailleurs lui être rappelés avec une pieuse tendresse par sa fille, Mme de Rosambo, si chrétiennement résignée et qui disait à Mlle de Sombreuil en l'embrassant avant de monter dans la fatale charrette :

« Mademoiselle, vous avez eu le bonheur de sauver la » vie de votre père ; je vais avoir celui de mourir avec » le mien. » (22 avril 1794.)

Dans l'année 1819, un monument fut élevé par souscription à la mémoire de Malesherbes ; sur ce monument, qu'on voit dans la grande salle du Palais-de-Justice, on lit cette inscription composée, paraît-il, par le roi Louis XVIII :

Strenue semper fidelis
Regi suo,
In solio veritatem,
Præsidium in carcere
Attulit.

« Toujours courageusement fidèle à son roi, son conseiller sincère sur le trône, il lui apporta secours et consolation dans la prison. »

Le dévouement de Malesherbes et la terrible expiation de sa mort doivent faire pardonner à l'illustre magistrat des erreurs que lui-même il confessa, trop tard, hélas ! en reconnaissant le danger de certaines illusions et jusqu'où par elles on peut être entraîné.

Gaillard, son historien, qui dit de lui-même : « Voilà ce que sait de M. de Malesherbes l'homme qui l'a le mieux connu et le plus aimé pendant près de cinquante ans dans ses fortunes diverses, » ajoute : « Des écrivains

vertueux, mais mal informés, à propos de lui, ont parlé
de Socrate, de Platon, de Phocion… s'il fallait absolument le comparer à quelqu'un, je lui trouve surtout des
traits de conformité avec le célèbre Thomas Morus,
chancelier d'Angleterre… qui, comme M. de Malesherbes, plaisanta jusque sur l'échafaud, et mourut en
homme juste et en vrai sage pour sa religion et les lois
de son pays. »

Et, à l'appui de ses réflexions, l'auteur raconte cette
curieuse anecdote : « Un homme riche qui avait un procès à son tribunal, croyant se le rendre favorable, lui
envoya deux flacons d'or, d'un travail recherché. Caton
eût tonné contre le corrupteur ; Fabricius eut montré
ses légumes et foulé l'or aux pieds ; Sully eut renvoyé
les flacons et s'en serait vanté dans ses Mémoires. Morus
ne fit rien de tout cela ; il fit remplir les flacons d'un vin
exquis et les remit au commissionnaire en lui disant :

« Mon ami, dis à ton maître que, s'il trouve mon vin
» bon, il peut en envoyer chercher tant qu'il voudra !! »

SAINT MARTIN

————

I

« On ne peut disconvenir, dit Jaillot, ni de l'antiquité, ni de la célébrité du culte de saint Martin. Nos
rois le regardaient comme le saint tutélaire du royaume
et comme le protecteur de leur couronne. Ils faisaient
porter sa chape ou manteau dans leurs armées ; ils le
regardaient comme un bouclier qui les mettait à couvert
des traits de leurs ennemis dont il présageait la défaite,
et c'était sur cette relique que se prononçaient les serments solennels que l'usage autorisait alors. Il n'y a
pas lieu de douter qu'il n'y ait eu à Paris, au VIe siècle
ou du moins au VIIe, une église ou chapelle bâtie sous
son nom ; mais nos historiens ne sont pas d'accord entre
eux : ils parlent d'un monastère ou abbaye de Saint-
Martin sans nous apprendre quand, ni par qui elle a été
fondée. On ignore même le lieu où elle était située. »

Jaillot est plus précis relativement à l'église Saint-
Martin du quartier de la place Maubert. « L'auteur des
Tablettes parisiennes dit qu'elle existait en 1100 : je ne
sais qui a pu lui fournir cette date. Comme il ne la considère alors que sous le titre de chapelle, il aurait pu lui
donner plus d'antiquité... L'abbé Lebœuf dit qu'elle fut

érigée en paroisse dès l'an 1200, ou environ ; il le prouve par le pouillé de 1220, dans lequel elle est qualifiée : *Ecclesia Sancti Martini*... Elle a été considérablement augmentée en 1678. »

Un monument plus intéressant et plus précieux que la vieille église [1] malgré son antiquité, c'est la *Vie* du Saint écrite par son disciple Sulpice Sévère, avec tant de candeur et de sincérité. Aussi est-ce avec toute justice et sans présomption que, dans le prologue, il se rend à lui-même ce témoignage : « Mais au reste je conjure ceux qui liront ce petit ouvrage d'ajouter foi à mes paroles, et de croire que je n'écris que des vérités connues et que j'eusse mieux aimé me taire que de dire des faussetés [2]. »

Saint Martin, bien que né à Sabarie en Pannonie [3] en l'an 316, appartient à notre histoire, puisqu'il est mort évêque de Tours, après avoir été apôtre des Gaules. Fils d'un tribun militaire, par suite du décret de l'empereur Constance qui ordonnait d'enrôler tous les enfants des officiers vétérans, le jeune Martin dut entrer au service à l'âge de quinze ans, bien contre son gré, car sa vocation était tout autre. Catéchumène dès l'âge de dix ans, quoique ses parents fussent païens, il eut souhaité vivre dans la solitude. Soldat néanmoins et fidèle à tous ses

---

[1] Aujourd'hui disparue. Saint-Martin des Champs, autre paroisse, n'a point été démolie, mais détournée de sa première et pieuse destination, elle se trouve englobée dans les bâtiments du Conservatoire des Arts et Métiers.

[2] *Vie* de *Saint Martin* par Sulpice Sévère, mise en français par P. Du-Ryer ; in-18, 1650.

[3] Aujourd'hui Szombathely, dans le comté d'Eeisenstadt.

devoirs, il fit admirer sa conduite exemplaire, comme son courage dans les combats. « Il demeura toujours innocent, dit son historien, de toutes ces sortes de vices qui sont si familiers aux gens de guerre. Il avait une douceur et une charité merveilleuse pour ses compagnons ; aussi avaient-ils pour lui non-seulement de l'amitié, mais même de la vénération et du respect. » Grand aumônier, il donnait avec bonheur aux pauvres, ne se réservant sur sa solde que le strict nécessaire. Ce trait de sa vie est célèbre dans toutes les histoires :

Pendant un hiver rigoureux, certain jour, Martin rencontra, à la porte d'Amiens, un pauvre qui, presque nu et grelottant de froid, sollicitait en vain la pitié des passants. Par suite de ses aumônes, la veille ou le matin, il ne restait au légionnaire que ses armes et ses vêtements. Martin pourtant n'hésite pas : il tire son épée, partage en deux son manteau dont il donne une moitié au mendiant, s'enveloppant comme il peut avec le reste, au risque des railleries. La nuit suivante, il vit en songe Notre Seigneur couvert de la moitié du manteau donnée au pauvre, et il l'entendit qui disait aux anges : « Martin, qui n'est encore que catéchumène, m'a couvert de ce vêtement. »

Cette vision ne fit qu'enflammer le zèle du néophyte qui demanda et reçut le baptême. Il avait alors dix-huit ans. Deux années après, la paix signée avec les Germains lui permit d'obtenir son congé. Il se retira auprès de saint Hilaire, évêque de Poitiers, l'intrépide champion de la foi, qui voulait l'ordonner diacre pour l'attacher à son diocèse. Mais Martin, dans son humilité, ne voulut recevoir que le premier des ordres mineurs, celui d'exor-

ciste ; puis, avec la permission de l'évêque, il se rendit
en Pannonie afin de voir une fois encore ses parents, et,
dans ce voyage il eut la consolation de convertir sa mère
à la religion chrétienne. Son père, le vieux tribun militaire, s'opiniâtra dans l'idolâtrie. Martin, averti que
saint Hilaire avait été exilé par suite des intrigues des
hérétiques, ne revint point alors en Gaule. Mais il descendit en Lombardie et séjourna quelque temps à Milan
d'où son zèle à combattre l'arianisme le fit chasser par
des magistrats partisans de la secte. Bien plus, par leur
ordre, Martin fut publiquement et cruellement battu de
verges. Heureux d'avoir souffert persécution pour la
justice, le saint se retira dans une solitude aux environs
de Gênes, jusqu'à l'année 360, où saint Hilaire, ayant
été rappelé de l'exil, son disciple se hâta de le rejoindre
à Poitiers. Hilaire alors lui céda un petit enclos appelé
Locociagum, aujourd'hui Ligugé à deux lieues de la ville
de Tours, et Martin y bâtit un monastère, le premier, à
ce qu'on croit, qui fut élevé dans les Gaules.

Sur ces entrefaites, le siége de Tours étant venu à
vaquer, les habitants, par une pieuse ruse, tirèrent de
sa retraite Martin qui, malgré son opposition, fut installé évêque aux acclamations du peuple et du clergé. Il
ne changea rien à la simplicité ordinaire de sa vie, se
contentant pour demeure d'une petite cellule attenant à
l'église épiscopale. Mais s'y trouvant gêné par les bruits
de la ville et surtout importuné par le concours incessant de visiteurs, il traversa la Loire, et remontant, le
long du fleuve, un sentier escarpé, il alla s'établir avec
quelques disciples dans la solitude si célèbre depuis sous
le nom d'abbaye de Marmoutiers. Au bout d'un temps

assez court, le nombre des religieux habitant des cabanes en planches ou des cellules creusées dans le roc, s'élevait à plus de quatre-vingts. « Depuis nous en avons plusieurs qui ont été faits évêques, dit Sulpice ; car quelle ville ou quelle église n'eut pas souhaité des prélats de l'école de saint Martin ? » Malgré l'attrait pour celui-ci de sa chère solitude, il savait la quitter par ce zèle généreux qui le poussait à la conquête des âmes. L'intrépidité de sa foi aussi bien que le don des miracles dont le Ciel l'avait favorisé, aidaient singulièrement au succès de sa prédication.

Un jour, dans le pays des Eduens (Autun), les habitants l'ayant vu renverser le temple de l'idole, se jetèrent sur lui avec fureur et l'un d'eux tira son sabre pour l'en frapper. Martin, le visage serein, laissant glisser à terre son manteau, tendit son col à l'agresseur qui, soudainement changé, se précipita aux genoux du saint en sollicitant son pardon.

Une autre fois, Martin pressait des païens d'abattre un chêne consacré aux idoles par une superstition séculaire. Après avoir résisté longtemps, ils y consentent mais à la condition que l'apôtre se placerait sous l'arbre au moment de la chute. Martin accepte, se met à l'endroit indiqué, et les haches frappent à l'envi le vieux tronc qu'on s'efforce de précipiter sur lui. L'arbre en effet chancelle et s'incline en menaçant sa tête ; mais, à ce moment même, Martin fait le signe de la croix. L'arbre aussitôt se relève et va tomber de l'autre côté, sans blesser personne d'ailleurs. Tous les idolâtres, témoins de ce miracle, se firent baptiser.

Sulpice Sévère raconte cet autre épisode dont il parle

comme témoin oculaire : « En allant à Chartres où le saint Evêque était appelé, nous traversâmes un village très-populeux et dont tous les habitants étaient encore idolâtres. Néanmoins, par curiosité ou tout autre motif, ils s'empressèrent sur son passage. L'évêque, touché de compassion, après avoir élevé ses mains vers le ciel, pour qu'il daignât les éclairer, se mit à leur prêcher hardiment les vérités de la foi. Alors, une femme sort de la foule et présentant à saint Martin son fils qui venait de mourir, elle lui dit :

« Nous savons que vous êtes l'ami de Dieu : par lui » vous pouvez tout, même rendre la vie à mon fils, mon » fils unique. »

L'évêque ayant pris l'enfant mort dans ses bras, fléchit les genoux, et, après une fervente prière, il le rend plein de vie à sa mère. Alors tous dans la foule s'écrient : « Le Dieu que Martin adore est le Dieu véritable, nous » voulons aussi l'adorer. »

Martin n'était pas moins éclairé que zélé, en voici la preuve : Non loin de son monastère s'élevait un autel que la fausse opinion des hommes avait consacré comme la sépulture de quelque martyr. Martin, qui avait à ce sujet des doutes sérieux, parce que la tradition ou les histoires n'apprenaient rien de certain à ce sujet, se transporta un jour en cet endroit avec plusieurs de ses religieux. « Alors s'étant mis sur la sépulture même qu'on avait en si grand honneur, il pria Dieu de lui apprendre de qui était ce tombeau et quels mérites avait celui qui y était renfermé. En même temps il vit à gauche un fantôme horrible et affreux... Ce fantôme lui parle ; il lui dit le nom qu'il avait porté; il confesse qu'il

avait été grand voleur ; qu'on l'avait puni pour ses crimes ; qu'il avait été sanctifié par l'erreur et par l'ignorance du vulgaire et n'avait rien de commun avec les
martyrs.... Sans différer davantage, Martin fit abattre
cet autel, et retira le peuple de superstition et d'erreur. »

II

On sait que Martin s'étant rendu à Trèves où se trouvait l'empereur Maxime, successeur de Gratien égorgé
par ses propres soldats, refusa d'abord de s'asseoir à la
table du prince. Le courageux évêque, quoiqu'il vînt en
solliciteur, gardant la sainte indépendance de sa dignité,
n'accepta l'invitation de Maxime qu'après que celui-ci se
fût justifié « d'avoir dépouillé, comme il semblait, deux
empereurs, l'un du sceptre, l'autre de la vie... Saint
Martin se laissa vaincre ou par la raison ou par les
prières, et alla manger avec l'empereur qui en reçut autant de joie que de quelque illustre conquête. » A la
cour se trouvaient, en même temps que l'évêque de Tours,
plusieurs prélats espagnols venus pour demander la condamnation à mort des hérétiques dits Priscillianistes.
Saint Martin, comme saint Ambroise, blâmant ce zèle
violent qu'il ne jugeait point selon la charité, s'efforça
de les dissuader de leur projet d'autant plus que des
motifs tout humains paraissaient diriger leur conduite.
« Car pour ce qui est d'Ithace, un des deux accusateurs,
dit Sulpice Sévère, on ne voyait en lui rien de grave,
rien de saint. C'était un homme audacieux, grand par-

leur, impudent, ami du luxe et de la bonne chère. Il avait porté la folie à un point étrange ; toutes les personnes même les plus saintes, qui s'adonnaient à la lecture ou se livraient à la pratique du jeûne, étaient par lui dénoncées comme amis ou disciples de Priscillin. »

Martin, à force de représentations, obtint que l'empereur ne versât point le sang de ces malheureux. Tout en réprouvant absolument leurs doctrines, il jugeait suffisante la sentence épiscopale qui excommuniait les hérétiques et les bannissait des églises profanées par leur présence. Mais, après le départ du saint, Maxime, cédant à de nouvelles instances, fit exécuter les coupables. L'évêque de Tours, qui l'avait appris, forcé une seconde fois de revenir à Trèves, témoigna vivement de son indignation en disant : « C'est une chose monstrueuse et nouvelle que la cause de l'Eglise soit jugée par un juge séculier. » Il refusa d'abord de communiquer avec Ithace et Idace et ne s'y résigna que pour sauver la vie au comte Narsès et au président Leucadius, partisans de Gratien, et auxquels Maxime ne fit grâce qu'à cette condition. Pourtant Martin, en s'éloignant de la cour, ne put se défendre d'une sorte de remords. « Chemin faisant, il était tout triste et gémissait d'avoir été même une heure mêlé à une communion coupable. Soudain un ange lui apparut : « Tu as raison de t'affliger, Mar-
» tin, lui dit-il ; mais tu n'as pu en sortir autrement.
» Répare ta vertu, rappelle ta constance, ou crains de
» mettre en danger non plus ta gloire, mais ton salut. »

Tel est le récit, quant à cet incident grave, de Sulpice Sévère dans ses Dialogues.

Dans un âge avancé déjà, saint Martin s'était rendu à

Cande, petite ville presque à l'extrémité de son diocèse, pour y apaiser un différend survenu entre des membres de son clergé, lorsqu'il tomba malade. Privé presque ausitôt de ses forces, il jugea que son heure était proche, Les disciples qui l'accompagnaient, rassemblés autour de son lit, murmuraient avec des sanglots : « Notre père, » pourquoi nous abandonnez-vous ? A qui laisserez-vous » le soin de vos enfants ? »

Saint Martin, attendri par leurs larmes, levant les yeux au ciel, fit cette prière : « Seigneur, mon Dieu, si » je suis encore nécessaire à votre peuple, je ne refuse » point le travail : que votre volonté soit faite ! »

« Encore qu'il fût travaillé d'une fièvre violente, dit Sulpice Sévère, il ne diminuait rien de ses pieux et saints exercices ; il passait les nuits en prières ; il contraignait son corps languissant d'obéir à son esprit, et n'avait point d'autre lit que la cendre et le cilice... Ayant toujours les yeux et les mains au ciel, son esprit invincible ne se relâchait point de la prière. » C'est ainsi qu'il expira. (11 octobre 400.)

« Ceux qui furent présents à sa mort m'ont assuré qu'ils virent sur son corps dépouillé de son âme la gloire d'un homme glorifié. Son visage était plus reluisant que le soleil ; il n'y avait pas une tache en tout son corps, et l'on y voyait l'embonpoint, la grâce et la fraîcheur d'un enfant... Il était plus pur que le verre, plus blanc que le lait, et enfin on le voyait déjà comme dans la gloire de la résurrection ; et dans ce changement de la nature par qui la chair devient immortelle, on ne saurait croire combien il vint de monde de tous côtés à ses funérailles.... Que peut-on trouver de comparable aux obsèques de ce saint homme ? Ce ne furent point des funérailles, mais un triomphe. »

Voici en quels termes Sulpice Sévère, dans une lettre au diacre Aurélius, annonce la mort de son vénérable maître : « Je fus accablé, je l'avoue, mes yeux se mouillèrent et je fondis en larmes :... Ce grand homme, je le sais, n'a pas besoin d'être pleuré, il a vaincu et foulé aux pieds le siècle, maintenant il reçoit la couronne de justice.... En quel homme désormais trouverai-je un pareil appui ? Qui me consolera par sa charité ? Malheureux, infortuné que je suis ! Si je vis plus longtemps, pourrai-je cesser jamais de m'affliger pour avoir survécu à Martin ? La vie maintenant aura-t-elle pour moi quelque charme ? Passerai-je seulement un jour ou même une heure sans verser des larmes ? Pourrai-je, frère bien aimé, te parler de lui sans pleurer ? Mais pourquoi t'excité-je aux larmes et aux pleurs ? Il ne nous a pas abandonnés. Crois-moi, il ne nous a pas abandonnés. Il sera au milieu de ceux qui parleront de lui, il se tiendra près de ceux qui le prieront. La faveur qu'il a daigné nous accorder aujourd'hui, en se montrant à nous dans sa gloire, il la renouvellera souvent et toujours, comme, tout à l'heure, sa bénédiction descendra sur nous pour nous protéger. »

Le même écrivain nous dit, dans la vie du Saint, en parlant de ses vertus : « Jamais on ne l'avait vu agité » par la colère ou par d'autres passions, sa charité était » merveilleuse et ne faisait acception de personne. Tou-» jours occupé, il passait les nuits mêmes dans la prière » ou le travail et l'épuisement de ses forces seul pouvait » l'obliger à prendre quelque repos.... On ne l'a jamais

» vu triste, on ne l'a jamais vu rire. Il était toujours
» égal et toujours le même, et l'on admirait sur son vi-
» sage une satisfaction céleste que la nature ne donne
» point... Il n'y eut jamais dans son cœur que de la piété,
» que de la paix et de la miséricorde... » Le pieux historien ajoute : « Dirai-je qu'il m'a été impossible d'avoir
une entière connaissance de ses actions. Et certes l'on a
ignoré les choses qui n'ont eu que sa conscience pour
spectateur et pour témoin, parce que, ne cherchant pas
la louange des hommes, il travaillait de toutes ses forces
à tenir ses vertus cachées. »

Rien n'est touchant comme la relation de la première
visite faite par Sulpice Sévère au saint prélat : « Ayant
dit-il, entendu parler de la foi, de la vie et des miracles
de Martin, nous brulâmes du désir de le voir, et entre-
prîmes dans cette vue un pèlerinage bien doux à notre
cœur. Or, on ne saurait croire avec quelle humilité,
quelle bonté il me reçut à cette époque, se félicitant
beaucoup et se réjouissant dans le Seigneur d'avoir été
assez estimé de nous pour que le désir de lui rendre visite nous eût fait entreprendre ce voyage. Misérable que
je suis ! J'ose à peine l'avouer. Lorsqu'il daigna m'admettre à sa table sainte, il nous offrit lui-même de
l'eau pour laver nos mains. Lui-même aussi, le soir, il
nous lava les pieds sans que je me sentisse la force de
m'y refuser ou d'y opposer la moindre résistance, car
j'étais tellement accablé sous le poids de son autorité,
que j'aurais cru commettre un crime en ne me soumet-
tant pas à tout. »

La magnifique basilique élevée à Tours en l'honneur
de saint Martin, subsista jusqu'à la révolution. Même

il est à remarquer que, quoiqu'elle eût été profanée et
·devastée à l'intérieur, sa démolition ne commença qu'a-
près la Terreur, pendant l'année 1797. « La ruine totale
du monument fut consommée par ceux mêmes dont
l'autorité eût pu le conserver. Les cultes étaient libres.
Déjà les chrétiens se pressaient autour de l'église du
patron de la France, et demandaient à la réparer à
leurs frais. Les chefs de l'administration locale décidè-
rent qu'elle serait jetée par terre. » Ce qui eut lieu pendant les années 1797, 1798 et suivantes.

« Pour arriver à leurs fins, dit dans un précédent
paragraphe M. Dupuy [1], les impies recoururent à des
voies détournées. On employa d'abord la basilique à
d'indignes usages. Ainsi, elle fut convertie en bivouac
pour les troupes, puis en écurie pour un régiment de
cavalerie. A cette occasion, voici ce qu'on rapporte : «A
peine des chevaux eurent-ils été placés dans l'église
qu'une lumière étrange en éclaira les voûtes. Durant
plusieurs nuits ces animaux épouvantés ne cessèrent
d'inquiéter les gardiens. » « Ce fait, dit l'écrivain à qui
» nous l'empruntons, serait attesté au besoin par des
» contemporains encore vivants et tous dignes de
» foi. »

Les reliques du Saint avaient pu naguère être sauvées
grâce à la présence d'esprit et à la piété du maître son-
neur de la basilique, Martin Lhommais, et de sa cousine,
Marie-Madeleine Brault. Ce pieux trésor, renfermé dans
une châsse nouvelle, ne sera pas le moindre ornement
de la grande et superbe église qui s'élève à Tours en ce

---

[1] *Histoire de saint Martin et de son culte* ; iu 8° 1852.

moment en l'honneur de saint Martin. D'après ce que nous savons, elle ne fera point regretter l'ancienne et sera digne d'un des plus glorieux patrons de la France.

MERCŒUR (ÉLISA)

En tête du premier volume de l'édition des *Œuvres
complètes d'Elisa Mercœur* (3 vol. in-8°, 1843) se trouvent des *Mémoires* sur l'infortunée écrits par sa mère.
Telle est la puissance d'un sentiment vrai et profond,
étranger à toute préoccupation littéraire, que ces Mémoires offrent une lecture des plus attachantes et ne
sont pas la partie la moins intéressante de l'ouvrage.
On peut leur reprocher pourtant quelques longueurs et
des redites, particulièrement en ce qui concerne la première enfance d'Élisa ; mais dans ces effusions mêmes
un peu prolixes de la tendresse maternelle, l'accent
ému se rencontre souvent, presque toujours, et rend
indulgent pour ces touchants bavardages qui sont la
dernière et unique consolation d'une douleur que les
mères seules peuvent comprendre, mais dont on peut
juger par ce langage : « Elisa Mercœur est née à
» Nantes, le 24 juin 1809. Elle n'avait que vingt et un
» mois lorsque je restai seule pour l'élever. Alors toutes
» mes affections se portèrent sur ma fille, elle devint
» mon horizon tout entier ; je ne vis plus qu'Élisa, rien
» qu'Élisa, toujours Élisa ; je ne pouvais en détacher ni

» mes regards ni ma pensée. Depuis lors mes yeux
» n'eurent plus de sommeil, j'aurais trop craint qu'en
» les fermant la mort ne profitât de cet instant pour
» m'enlever mon trésor. »

Mais cette affection passionnée cependant n'était point aveugle et déraisonnable, comme celle de tant de mères aujourd'hui ; la raison, en dépit des entraînements du cœur, conservait tous ses droits ; Mme Mercœur savait élever sa fille et faire violence à sa tendresse même, si l'intérêt de l'enfant lui faisait un devoir de la fermeté. En voici la preuve :

Élisa avait trois ou quatre ans à peine, lorsqu'un jour, en dépit de son caractère droit et honnête, elle ne put résister à la tentation de garder une image de la sainte Vierge qu'une petite compagne lui avait prêtée, ce qu'elle niait avec opiniâtreté. D'aventure, la mère d'Élisa retrouva l'image entre la robe et la chemise.

« Tu as péché, dit-elle à l'enfant, tu as volé l'image, tu vas être fouettée ! quoique je me fusse bien promis de ne jamais te battre ; mais je sens qu'il y a nécessité aujourd'hui, car tu n'as pas seulement volé ; mais tu as ajouté le mensonge au vol, défaut qui conduit à tous les vices.

— Seriez-vous assez dure, dit la mère de Joséphine (la petite camarade), pour fouetter Élisa à propos de ce petit morceau de papier dont je ne donnerais pas un liard ?

— Ce n'est pas pour la valeur de l'objet, madame, mais pour l'action d'Élisa que je veux lui donner une leçon afin de n'être pas obligée plus tard à lui en donner deux.

— Si vous faites cela, je ne vous reverrai de ma vie.

— J'en aurai un véritable regret, madame, car j'attache infiniment de prix à votre société ; mais pardonnez-moi de préférer le bonheur à venir de ma fille à ma satisfaction particulière. »

Et Élisa fut bel et bien fouettée.

« Viens, mon enfant, viens, pauvre petite, dit alors la mère de Joséphine, ta maman est une méchante, laisse-la.

— Taisez-vous, madame, répondit vivement Élisa, je ne vous aime plus, vous dites des sottises à maman. Tu as bien fait de me punir, ma petite maman mignonne, afin de m'empêcher de voler. Si maman ne m'avait pas corrigée, madame, j'aurais pris tout ce qui m'aurait fait plaisir ; elle a bien fait, car je ne volerai plus jamais, jamais. Pardonne-moi, ma chère maman, pour cette fois, va, je t'aime encore davantage, ajouta-t-elle en sautant au cou de sa mère.

— Tu as bien plus raison que moi, Élisa, reprit la mère de Joséphine, demande pour moi pardon à ta mère !

— Vous ne le ferez plus, vous ne direz plus de sottises à maman ?

— Non, mon enfant.

— Eh bien, tiens, ma petite maman mignonne, pardonne-lui, elle ne le fera plus.

Cette toute charmante anecdote qui fait autant d'honneur au bon sens de la mère qu'à l'excellent cœur de l'enfant n'est pas de celles assurément que je rangerai parmi les longueurs et qu'il déplaît de lire. Je la préfère aux détails sur les leçons de lecture données par Élisa à sa poupée ou relatifs à ses précoces dispositions littéraires. « Dès qu'elle sut lire, elle s'appliqua tellement à l'étude, qu'on la trouvait toujours avec un livre en main. La pensée d'un nom imprimé avait une telle magie pour cette pauvre enfant *que dès l'âge de cinq ans elle se rêvait une destinée d'auteur.* » Un jour qu'elle était entrée dans une imprimerie, un brave ouvrier, lui imprima son propre nom : Élisa, sur le bras. « Oh ! vois donc, dit-elle toute joyeuse à sa mère, que mon nom est joli quand il est imprimé. »

Je ne louerai pas beaucoup non plus certains livres que la mère mit, dès cet âge tendre, aux mains de l'enfant, et dont le choix annonce un médiocre discernement : « Les deux volumes de *Gonzalve de Cordoue*, par Florian, qu'elle ne pouvait se rassasier de lire ; quelques volumes des *Mille et une nuits* ; et un volume de tragédies par Ducis où se trouvait son *Roi Lear*. Élisa lisait cette pièce si souvent qu'elle ne tarda pas à la savoir par cœur. »

Il en arriva qu'un beau jour la mère, rentrant du marché, trouva l'enfant debout sur son lit, drapée dans une espèce de tunique, faite avec un rideau, et déclamant les vers du roi *Lear*. Interrogée par sa mère, elle répondit gravement qu'elle s'exerçait pour une tragédie qu'elle voulait composer et qui, jouée au Théâtre-Français, comme elle y comptait, ferait la fortune de sa maman ; car c'était-là le principal motif de ce bon petit cœur. La mère eut grand'peine à lui faire comprendre que c'était un peu bientôt, et qu'avant de tenter cette grosse entreprise, il lui restait beaucoup de choses encore à apprendre, l'orthographe, l'histoire, la géographie, la prosodie, etc.

« Oh ! tout cela mon mari peut me le montrer ; je le
lui demanderai dès qu'il viendra nous voir, et je suis
sûre qu'il ne refusera pas. »

Celui qu'Élisa appelait son mari ou son petit mari,
était « un vieux monsieur, disent les Mémoires, à qui
Élisa a été redevable d'une partie de son éducation et
qui lui montra le français, le latin, la géographie. »
Précisément, à propos de la tragédie projetée se lisent,
dans les Mémoires, plusieurs scènes sans doute assez
curieuses entre le vieux savant et la petite fille, mais
qui nous choquent (peut-être est-ce trop de pruderie ?)
par ces continuels « mon petit mari, » « ma petite
femme » qui s'entremêlent sans cesse au dialogue. Ces
enfantillages, même en passant sous la plume de la
mère, ne me semblent aucunement séants, sans compter
tel autre inconvénient de ce jeu ridicule que plus tard
le bonhomme, auquel la cervelle avait tourné, s'obsti-
nait à prendre au sérieux.

Quoi qu'il en soit, l'enfant profitait merveilleusement
des leçons et des lectures, s'il est vrai qu'à l'âge de sept
ans et demi seulement, elle ait pu composer des vers
comme ceux-ci :

Mon cher mari,

Sont-ils donc si mauvais qu'ils ne puissent te plaire,
Ces vers qui malgré moi s'échappent de mon cœur
Ces vers que mon amour me dicte pour ma mère,
Ces vers que je voudrais qui fissent son bonheur ?

II

La facilité de l'enfant tenait du prodige, puisque, en outre des connaissances dont nous avons parlé, elle avait appris le grec, l'italien, l'espagnol et l'anglais qu'elle parlait, dès l'âge de onze à douze ans, comme sa langue maternelle, en traduisant les auteurs *currente calamo*. Elle dessinait aussi assez agréablement. Ce qui n'est pas moins admirable, c'est que, dès cette époque, elle eut l'idée de faire de ses talents une ressource pour le ménage, et qu'elle réussit. Sa mère ayant perdu le peu qui lui restait par une faillite, Élisa s'offrit à une amie de la famille pour être le professeur de ses filles, et le succès fut tel qu'il lui amena bientôt d'autres élèves. Une dame même lui proposa de la faire entrer comme professeur d'anglais, de français, etc., dans une grande pension de Cholet.

« Maman viendra-t-elle avec moi ? demanda la petite fille.

— Non, ce n'est pas possible.

— En ce cas, je refuse.

— Et pourquoi, je te prie ?

— C'est qu'avec maman je puis tout, sans elle rien. Eloignée de maman, je le sens, je n'y serais que le temps nécessaire pour mourir de chagrin ; et que deviendrait-elle alors sans moi qui suis son seul bonheur ? Elle n'aurait donc plus de consolation sur la terre ?

— Mais ta maman, petite, pourrait aller demeurer à Cholet et tu la verrais le jeudi et le dimanche.

— Ce n'est pas assez, répondit-elle vivement ; j'ai besoin de la voir toujours, et maman est comme moi, si je juge son cœur d'après le mien ; mais oui, je la connais, elle ne consentirait jamais à se séparer de moi. N'est-il pas vrai, ma petite maman ? Nous devons vivre ensemble pour être heureuses, voyez-vous ? »

Dans cette éducation si complète en apparence, où les préoccupations scientifiques et littéraires tiennent tant de place, puisque, dès l'âge de huit à dix ans, on mène l'enfant voir jouer la *Phèdre* de Racine, et qu'on parle de mettre entre ses mains le théâtre du poète, comme celui de Corneille et de Voltaire, je crains que, au point de vue le plus important, il ne se soit trouvé quelque lacune. Je doute que cette excellente mère se soit autant inquiétée de l'âme de sa fille que de son intelligence et de son cœur. Sans doute, il est parlé quelque part, mais une fois à peine, je crois, du caté-chisme, et plusieurs fois du bon Dieu, mais pas beau-coup de la prière ; chose véritablement surprenante, inconcevable, il n'est pas dit un mot, un seul petit mot de la première communion d'Élisa, cette circonstance si solennelle, la plus solennelle de la vie d'une jeune fille et qui laisse d'ordinaire un tel souvenir, non pas seulement dans son cœur, mais dans celui de sa mère. Les *Mémoires* se taisent complètement à ce sujet, quand ils s'étendent trop volontiers sur d'autres détails relati-vement insignifiants. Élisa, cependant, nous en aurons la preuve plus tard, avait reçu dans son cœur la pré-cieuse semence de la foi, mais restée presque à l'état de germe, faute de culture assidue, ou du moins gênée, entravée, sinon étouffée par mille autres sollicitudes, par la passion de l'étude et bientôt les rêves de la gloire et les séductions de la muse. Ce fut à l'âge de seize ans, qu'Élisa Mercœur fut, pour la première fois, agitée par la fièvre de l'inspiration. En rentrant d'un spectacle où sa mère, avec peu de réflexion sans doute, l'avait conduite, la jeune fille, tout émue encore de ce qu'elle avait vu et entendu, la tête en feu, ne put s'endormir, au point que sa mère la crut malade.

« Non, non, maman, rassure-toi, mais je n'y tiens plus, il faut que j'écrive ce que j'ai dans la tête sans attendre jusqu'à demain. »

Et prenant la plume, elle écrivit toute une pièce de quatre-vingt-huit vers en l'honneur de la cantatrice dont la voix l'avait charmée. Puis, se couchant, elle s'endormit d'un profond sommeil. Mais le lendemain, à peine éveillée, elle relut ses vers, les corrigea, et les ayant recopiés avec soin, les mit dans son sac, en se disposant à sortir pour aller donner ses leçons.

« Je dois passer devant l'imprimerie de M. Melinet-Malassis, dit-elle à sa mère, tant pis je me risquerai et je lui offrirai ma pièce pour le *Journal de Nantes*.

— Va, petite. »

La démarche réussit à souhait ; l'imprimeur-éditeur lut la pièce, donna des encouragements au poète, indiqua quelques corrections, et promit que les vers ainsi modifiés paraîtraient dans le *Lycée armoricain*, recueil mensuel plus littéraire et plus répandu que le *Journal de Nantes*. La publication eut lieu en effet, les vers firent du bruit, d'autant plus que la cantatrice, Mme Allan-Ponchard, aida à les mettre en relief par une spirituelle réponse. Quelques semaines après, le *Lycée armoricain* publiait, de Mlle Mercœur, une nouvelle pièce : « *Ne le dis pas !* morceau d'une exquise naïveté, » dit la *Biographie universelle* avec un enthousiasme que nous ne partageons pas, car la pièce est assez médiocre. La *Biographie* ajoute sur le même ton un peu bien lyrique : « A partir de ce moment, le torrent déborda et ne put plus être contenu... La critique s'adoucit devant la réputation croissante d'Elisa ; les honneurs qui lui furent ensuite décernés [1] réduisirent peu à peu ses détracteurs au silence... Puis ses amis, ses admirateurs conçurent alors le projet de recueillir ses poésies éparses dans divers recueils et d'en faire un volume qui fut imprimé au moyen d'une souscription ; ce projet, réalisé en peu de jours, produisit une somme d'environ 3,000 francs.» Cette première édition des poésies (in-18, 1827) s'enleva rapidement et le succès dépassa les espérances de la jeune muse et de ses amis et protecteurs entre lesquels se trouvait Chateaubriand, une immense autorité alors. Le volume lui était dédié ; sensible à cet hommage de sa jeune compatriote, l'illustre écrivain lui répondit, presque poste pour poste, une lettre qui, reproduite aussitôt dans tous les journaux de la localité, fut un évènement et acheva la fortune du livre. Comment douter du génie d'Elisa devant des paroles comme celles-ci et signées du plus grand nom littéraire de l'époque :

« Si la célébrité, mademoiselle, est quelque chose de
» désirable, on peut la promettre sans crainte de se
» tromper à l'auteur de ces vers charmants :

---

[1] Elisa fut nommée membre de plusieurs académies de province.

> Mais il est des moments où la harpe repose,
> Où l'inspiration sommeille au fond du cœur.

« Puissiez-vous seulement, mademoiselle, ne regretter
» jamais cet oubli contre lequel réclament votre talent
» et votre jeunesse. Je vous remercie de votre confiance
» et de vos éloges ; je ne mérite pas les derniers ! je
» tâcherai de ne pas tromper la première. Mais je suis
» un mauvais appui ; le *chêne* est vieux, et il s'est si mal
» défendu qu'il ne peut offrir d'appui à personne.

> » CHATEAUBRIAND. »

L'appui du vieux *chêne* était plus solide que ne le disait le grand écrivain avec trop de modestie ; car peu
de temps après, grâce à ce haut patronage comme à
d'autres influences, Mlle Mercœur recevait le brevet
d'une pension de 300 francs sur la cassette du roi, une
gratification du ministre de l'intérieur, une autre de la
duchesse de Berry, accompagnée d'une lettre des plus
flatteuses. En même temps, les journaux publiaient ce
fragment d'une lettre de Lamartine écrivant à un ami
et à coup sûr sans trop peser ses phrases : « J'ai lu avec
» autant de suprise que d'intérêt les vers de Mlle Elisa
» Mercœur que vous avez pris la peine de copier. Vous
» savez que je ne croyais pas à l'existence du talent
» poétique chez les femmes ; j'avoue que le recueil de
» Mme Tastu m'avait ébranlé ; cette fois, je me rends et
» je prévois, mon cher, que *cette petite fille nous effacera*
» *tous tant que nous sommes.* »

En lisant ces incroyables paroles, on est en vérité
tenté de douter que le poète des *Méditations* parlât sé-

rieusement. Mais on comprend l'impression sur Elisa de pareilles louanges, alors qu'elles trouvaient tant d'échos et que le succès venait leur donner une éclatante confirmation. On admire que la tête n'ait pas tourné à la jeune fille, et qu'elle n'ait cru que modestement à son génie, qui n'existait, il faut bien le dire, qu'à l'état de germe.

Quand on lit maintenant, sans prévention et même avec une disposition toute bienveillante, le recueil de vers d'Élisa Mercœur, on ne peut se défendre de quelque surprise et d'un vrai désappointement. Le critique de bonne foi, en dépit de sa sympathie, ne trouve là que ce qui pouvait y être d'ailleurs, vu la grande jeunesse de l'auteur et son éducation littéraire trop savante, trop complète : plus de réminiscences que de spontanéité, soit pour la forme, soit pour le fond. Il y a de l'harmonie dans les vers, parfois du souffle, comme dans la pièce intitulée : *La Gloire !* Mais trop souvent la pensée, même sous son vêtement élégant, flotte incertaine et nuageuse. La rime, en général, est banale ; la facture, *idem.* Trop d'érudition et de convention quand on voudrait de l'élan, de l'émotion, de la passion. Là, rien de neuf et d'inattendu quoiqu'en aient dit des biographes trop bienveillants. « Les vers d'Elisa Mercœur, d'après la *Biographie Nouvelle* qui semble copier l'autre, ont de l'originalité ; son style a de la naïveté, de la grâce, de la sensibilité, de la chaleur. » Or, précisément, toutes ces qualités font en général défaut à cette poésie qui vient plus de la tête que du cœur. Il y a plus de vérité peut-être dans cette autre appréciation : « Certaines de ces pièces sont empreintes d'une suave mélancolie, » témoin la pièce des *Illusions* dont je détache ces deux strophes :

L'ILLUSION

Toi que Dieu mêle à l'existence,
Léger fantôme du bonheur,
Douce fille de l'espérance,
Illusion, prestige, erreur,
De songes célestes suivie,
L'homme te répand sur sa vie,
Ta main agite son berceau :
Cette main toujours le caresse,
Et quand vient la pâle vieillesse,
Tu t'assieds près de son tombeau.

Par toi l'infortuné soulève
Le fardeau posé sur son cœur;
S'il sommeille, l'aile d'un rêve
Lui cache un instant sa douleur.
. . . .
Souriant ou versant des larmes,
Par toi l'homme trouve des charmes
Dans un regard, dans un soupir ;
Le passé près du cœur voltige,
Et, paré de ton doux prestige,
Fait un présent du souvenir.

III

Tout souriait cependant à notre poète, qui, dans l'enivrement de son succès, se mit à rêver Paris et les triomphes du théâtre, sa première et obstinée chimère. Certaines contrariétés d'ailleurs, en outre de l'ambition,

la poussaient à quitter sa ville natale ; une catastrophe
qui lui survint au milieu de ses plus grandes joies
acheva de la décider. Au retour d'un grand bal d'où la
jeune fille, présentée à la duchesse de Berry, revenait
transportée, elle ne tarda pas à s'apercevoir qu'on avait
profité de son absence et de celle de sa mère pour péné-
trer dans la maison à l'aide d'une double clef et lui dérober toute sa petite fortune : non-seulement l'argent de
la dépense courante, mais deux sacs contenant l'année
de sa pension et les gratifications qu'Élisa venait de toucher, et, ce qui était pire, une somme de 2,000 francs
destinée à l'achat d'une petite maison.

« La foudre tombée aux pieds d'Élisa ne l'aurait pas
plus attérée qu'elle ne le fut quand elle s'aperçut du
vol, » dit la mère. On ne s'explique pas trop après cela
les scrupules qui font qu'Élisa, en dépit de ses soupçons,
se refuse à toute démarche pouvant amener la découverte du coupable.

« Restons, maman, restons !... Dussé-je avoir la
preuve que c'est le malheureux que je soupçonne, j'aime
mieux qu'il plie sous le poids de ses remords que
de plier sous le poids des fers et du déshonneur. »

Peu de jours après, les deux dames partaient pour
Paris où la fortune fut prompte à les dédommager :
car, l'imprimeur Crapelet, dont elles avaient fait connaissance, offrit d'imprimer une seconde édition des *Poésies*
en faisant toutes les avances ; et bientôt après, le ministre
Martignac, auquel Mlle Mercœur avait adressé des vers,
lui annonçait, avec sa souscription personnelle pour 50
exemplaires, que sa pension littéraire serait portée de
300 francs à 1,200 francs. Cette pension ne faisait point

double emploi avec celle qu'elle touchait sur la cassette royale. C'était donc presque la fortune pour Élisa, d'autant plus que la nouvelle édition de ses poésies se vendait très-bien et que la critique, à Paris comme en province, se montrait des plus bienveillantes, empressée à retirer ses griffes devant la jeunesse, la grâce et la beauté.

Élisa n'avait plus, ce semble, qu'à jouir de son bonheur. Et pourtant, et pourtant... c'est à ce moment-là même, tant le cœur humain est insatiable, que prise de l'esprit de vertige... Mais laissons parler l'auteur des *Mémoires :* « Fanatisée par la publicité que les journaux donnaient aux suicides qui désolaient chaque jour quelques nouvelles familles... Élisa finit par trouver, tant l'idée de l'immortalité a de puissance sur une jeune imagination, que l'on n'était pas bien coupable de sacrifier quelques jours d'existence à l'avantage de faire vivre à jamais le nom qu'elle portait, et se promit, car la pauvre enfant était loin de croire que son talent pût l'immortaliser jamais, de s'ôter la vie dès qu'elle verrait jour à pouvoir le faire sans que je pusse y mettre obstacle. »

En effet, une après-midi, profitant de l'absence de sa mère, la malheureuse jeune fille allumait le fatal réchaud, et sans le retour imprévu de Mme Mercœur, forcée par la pluie de rentrer au logis, c'en était fait de l'infortunée ; déjà l'asphyxie semblait complète et l'on eut grand peine à ramener Élisa à la vie. Mais avec celle-ci la raison revint. « Je ne puis dire tout ce qu'eut de déchirant la scène que mon désespoir et le repentir de ma fille provoquèrent à son réveil... Élisa, comprenant par sa triste expérience que qui s'expose au danger le trouve, renonça pour jamais à la lecture des journaux, et se promit, si jamais elle devenait mère et que le ciel lui donnât des filles, de ne pas leur en laisser lire plus que des romans. » Très-bien, très-bien ! mais on regette que l'auteur des Mémoires ajoute en note : « *Élisa fai- sait des romans et n'en lisait pas.* »

Ce tragique épisode, au reste, prouverait une fois de plus, s'il en était besoin, que toutes les lectures ne sont pas aussi inoffensives que certaines personnes, et mes- sieurs les journalistes en particulier, aujourd'hui le pré- tendent.

Le repentir d'Élisa était sincère autant que profond puisque jamais ne lui revint cette malheureuse et cou- pable pensée de suicide. D'ailleurs, pour lui faire oublier sa mélancolie, le monde lui offrait des distractions qui ne flattaient pas que sa seule vanité, il lui offrait l'eni- vrement de ses fêtes ! « Bientôt après notre arrivée, dit la mère, Élisa reçut un nombre infini d'invitations et l'accueil que lui fit la société, la faisait s'applaudir de jour en jour d'avoir pris la résolution de venir à Paris ! »

Étrange illusion ! car pour l'artiste, pour le poète que d'inconvénients et de dangers dans cette fréquentation habituelle du monde, dont la fascination distrait et dé- tourne du travail sérieux, ôte à l'inspiration sa fraîcheur et sa spontanéité, et nous abuse par des ovations men- teuses qui saluent comme des chefs-d'œuvre les plus médiocres ébauches, les refrains les plus banals d'une ritournelle connue. Peut-être le danger était-il plus grand encore pour notre poète, dont un biographe qui la connaissait bien a dit : « La nature l'avait douée

» d'une de ces âmes ardentes qui n'ont d'autres res-
» sources que les passions ou les arts [1]. »

Élisa, que son intelligence élevée, son amour de l'é-
tude et de plus nobles plaisirs auraient dû rendre dé-
daigneuse de ces misérables séductions du monde, s'en
laissa trop affoler, paraît-il. La révolution de Juillet lui
ayant fait perdre ses protecteurs, elle ne conserva de
ses pensions que celle du ministère de l'intérieur, mais
réduite à 300 francs ! « Accueillie dans les salons de
l'aristocratie littéraire, dit M. Louvot [2], mademoiselle
Mercœur avait contracté des habitudes qui faisaient
toute sa vie, mais qu'il lui eût été impossible désormais
de satisfaire si elle ne se fût de nouveau résignée à travailler pour vivre. En outre de diverses publications,
elle fournit simultanément des articles au *Conteur*, au
Protée, au *Journal des femmes*, etc... Son énergie morale
eût fini par lui faire oublier les amères déceptions auxquelles elle avait un moment failli succomber, si une
maladie de poitrine, développée par les veilles et les fatigues, n'était venue l'enlever, le 7 janvier 1835. »

Entre ses déceptions, la plus amère aurait été, d'après
les *Mémoires*, le refus fait par M. Taylor, administrateur
général de la Comédie-Française, de mettre à l'étude la
tragédie de *Boabdil*, reçue par le comité. La pièce cependant, où l'intérêt ne manque pas, est écrite avec une
vigueur, un accent ému et passionné qu'on n'eût pu
attendre de l'auteur d'après ses premières poésies.

[1] M. Mellinet, l'imprimeur de Nantes si dévoué pour Élisa Mercœur.

[2] *Biographie universelle.*

Aussi, confiante dans le résultat de la représentation si
elle avait eu lieu, Élisa répétait avec désolation sur son
lit de douleur même :

« Si Dieu m'appelle à lui, ma pauvre maman, on fera
mille contes sur ma mort : les uns diront que je suis
morte de misère, les autres d'amour ! Dis à ceux qui
t'en parleront que le refus de M. Taylor de faire jouer
ma tragédie a seul fait mourir ta pauvre enfant. »

« Il y a bien de la vanité dans tout cela ! » comme dit
Bossuet. Heureusement aussi que des pensées plus
sérieuses préoccupaient l'infortunée. Voici ce que sa
mère nous raconte et qu'on a la consolation de lire :
« Désirant rentrer à Paris absoute de ses fautes, Élisa
dit au curé du village qui venait la voir plusieurs fois
par jour :

« Voudrez-vous, bon vieillard (il avait quatre-vingts
» ans), entendre demain l'aveu des fautes d'une pauvre
» fille qui se trouvera heureuse, si elle meurt, d'empor-
» ter au ciel votre sainte bénédiction, et, si elle vit, de
» porter dans le monde ce doux fardeau de grâces.

« Puis s'apercevant de l'effort que je faisais pour retenir mes larmes :

« Du courage, ma bonne mère, me dit-elle en me ser-
» rant fortement la main, du courage, n'affaiblis pas le
» mien par tes larmes, j'en ai tant besoin pour suppor-
» ter l'idée du désespoir que te causera notre sépara-
» tion. »

« L'honnête curé pleurait à sanglots. Dès qu'il lui eut
administré les secours de notre divine religion, je la
ramenai à Paris. »

J'aime à pouvoir ajouter encore à l'honneur de la

mère et de la fille, que celle-ci, sentant la mort venir, souffrait moins de sa maladie et de ses douleurs que de son impuissance, inquiète de l'avenir pour celle qu'elle allait laisser seule. Aussi, déjà presque mourante, par un suprême effort, elle ressaisit sa plume et recommanda sa mère au ministre de l'instruction publique, M. Guizot[1], dans des vers qui sont des meilleurs qu'ait faits Élisa et où vibre l'accent d'une sincère émotion ; cette prière jaillit du plus profond du cœur :

Dans une route défleurie,
Sous un ciel froid qu'oublie un soleil bienfaisant,
Je n'ai rencontré pour ma vie
Qu'indigence, regrets, vains désirs... et pourtant
J'ai peur de la quitter cette existence amère,
Et je viens vous crier : Sauvez-moi pour ma mère !
Pour elle qui, sans moi, ployant sous le chagrin,
Seule au monde de l'âme, à ceux dont sa misère
En cherchant la pitié trouverait le dédain,
Irait, dans sa douleur cruelle,
Dire : « Ma fille est morte, oh ! donnez-moi du pain !
« Du pain, je n'en ai plus, pauvre enfant, c'était elle
« Dont le sort faisait mon destin. »
Ah ! que ce cri jamais à ses lèvres n'échappe ! etc.

Ces vers, écrits par une agonisante, prouvent qu'Élisa était peut-être plus réellement poète qu'on ne le penserait d'après son recueil, venu prématurément et avant la saison, pareil à ces fleurs qu'une chaleur factice fait éclore dans la serre au risque d'épuiser la plante. Rien

---

[1] Outre les secours immédiats, M. Guizot accorda une pension à la mère d'Élisa.

de plus dangereux pour les jeunes talents que les
encouragements trop facilement prodigués à ces premiers et pâles essais, fruits d'une production hâtive. Si
l'amitié, plus sévère pour Élisa, n'eût pas si vite caressé
cette impatience naturelle à un jeune auteur, exalté ses
espérances de gloire par des louanges exagérées, sûrement elle eût laissé mûrir sa pensée, elle eût su attendre
l'heure de l'inspiration véritable et appris à la traduire,
à la couler dans un moule plus personnel et orné de plus
riches ciselures. Elle ne se fût pas laissé tenter, éblouir,
fasciner par ce fatal mirage de Paris, qui en a perdu et
perdra tant d'autres, en dépit des sages conseils et des
terribles exemples.

Nous ne saurions trop le dire, ô jeunes gens, et vous,
bien plus encore, pauvres filles, qu'un entraînement si
souvent funeste pousse vers la capitale par des espoirs
de fortune ou de gloire, tremblez, tremblez d'être le
jouet d'une illusion perfide. Pesez bien vos forces avant
de vous risquer dans cette formidable mêlée. Vous, jeune
poëte, vous, jeune artiste, n'en croyez pas trop vite, non
pas seulement les amis de la famille, les journaux com-
plaisants de la localité, mais des juges en apparence
plus compétents, plus sévères qui trouvent facile et commode de répondre à la flatterie intéressée par un compliment banal plutôt que par une dure, mais courageuse
et utile vérité.

Plût au ciel qu'il en eût été ainsi pour notre poëte
après ses premières publications ! restée sans doute dans
sa ville natale, entourée de ses protecteurs naturels et
dans un milieu tout sympathique, elle eût continué sa
vie d'études et de paisibles labeurs, doucement reposée

d'un travail agréable par une promenade à travers les champs ou par quelque bonne causerie avec de vieux amis. Sans doute son succès eût été moins rapide, mais plus sûr et plus durable, loin de cette atmosphère parisienne où l'on vit dans une fièvre continuelle et qui roule l'imprudent qui s'y laisse une fois prendre dans son dévorant tourbillon en ne lui laissant bientôt ni repos ni trève. Car à la fatigue d'une journée laborieuse succèdera souvent la fatigue d'une veille ardente où les succès de la vanité, vanité de femme et vanité d'auteur, sans jamais satisfaire complètement, ne font que rendre la passion plus insatiable, et surexciter le désir impatient de nouvelles et semblables émotions. Ainsi le malheureux que la fièvre dévore sent par la boisson même s'augmenter sa soif inextinguible.

Oh ! bien sûrement, Élisa, demeurée dans sa ville natale, n'aurait pas entendu tant et de si bruyants échos répéter son nom ! Mais n'eût-il pas été murmuré par des voix plus connues et plus chères, celles de ses jeunes compagnes, de ses jeunes amies ! peut-être par la voix d'un époux digne d'elle, mais à qui fit peur la célébrité de la muse et la compagnie de la femme de lettres, et bien plus auteur que femme. Élisa Mercœur, dans son premier milieu, aurait vécu mère de famille heureuse et honorée, ou si, jeune fille, elle eût succombé prématurément touchée par le doigt invisible, oh ! combien ce semble, plus doucement, on l'eût vue s'éteindre ! Que de précieuses consolations auraient charmé pour l'infortunée les longues heures de sa lente agonie !

Croyez-en le poète, enfant aussi de la Bretagne :

Oh ! ne quittez jamais, c'est moi qui vous le dis,
Le devant de la porte où l'on jouait jadis,
L'église où, tout enfant, et d'une voix légère,
Vous chantiez à la messe auprès de votre mère ;
Et la petite école où, traînant chaque pas,
Vous alliez le matin, oh ! ne la quittez pas !
Car une fois perdu parmi ces capitales,
Ces immenses Paris, aux tourmentes fatales,
Repos, fraîche gaîté, tout s'y vient engloutir,
Et vous les maudissez sans en pouvoir sortir.

Brizeux, hélas ! parlait d'après sa propre et cruelle expérience.

MOLIÈRE

—

Oh ! que m'ordonnes-tu, Muse, pour cette fois,
Je ne puis obéir, frissonnant à ta voix.
Non, ne l'exige pas. Quoi ! moi, qu'inexorable,
J'exécute, en bourreau, cet arrêt implacable,
Et qu'au lieu de jeter un voile sur leurs torts,
J'ose porter la main sur la cendre des morts ?
Outrager un tombeau, mais c'est un sacrilége !
— Enfant, tu te souviens des leçons du collége !
Est-il mort celui-là dont les écrits vivants
Charment tant de lecteurs, adorateurs fervents ?
Vit-il pas dans son œuvre, hélas ! impérissable ?
— Un si rare génie ? — Il en est plus coupable !
— Mais à son piédestal, ingrat, porter ce coup,
Moi parfois son disciple et qui lui dois beaucoup ?
— Ne dois-tu rien à Dieu ? Vois-tu pas qu'il outrage,
Ce Molière, à plaisir l'honneur du mariage ?
Le foyer domestique est par lui diffamé ?
— Boileau, sage et prudent, pourtant l'a peu blâmé
Et de tous ses Dandins ne lui fit pas un crime.
— Notre illustre Boileau, que j'aime et que j'estime,
Le poète entre tous grave, honnête, sensé,
L'a, je le sais aussi, largement encensé.
Mais l'Horace français, tolérant casuiste,

Ne jugeait point toujours de l'art en moraliste.
Critique à l'œil de lynx et jamais endormi,
Mais voyant dans Molière un confrère, un ami,
Le vieux Boileau gardait pour les sots ses férules,
Prompt à les quereller pour de simples virgules.
S'il me faut te le dire enfin, quoique tout bas,
Boileau fit plus d'un vers que je n'approuve pas.
— Muse, tu me fais peur, terriblement sévère,
— Pour ceux que j'aime, enfant, je dois être sincère,
Car leur gloire est la mienne, et si, malgré ma loi,
Ils viennent à faillir, s'en prend-on pas à moi ?
Va, tu ne peux savoir combien certaines pages,
Que dis-je ? quelques vers ont causé de ravages !
Tremble, jeune homme, tremble, orgueilleux de ton lot !
Souvent, pour perdre une âme, il a suffi d'un mot.
Ah ! notre art, sais-tu bien, n'est pas un jeu frivole.
— Il est trop vrai, moi-même, une simple parole,
Je l'éprouve, un seul mot, un mot dit au hasard,
Quelquefois pour le cœur semble un coup de poignard.
— Et tu peux t'étonner si j'accuse Molière ?
— Hélas ! — Et si devant cette ombre familière
Je veux qu'en t'inclinant, sévère et solennel,
Tu ne l'excuses pas quand il fut criminel ;
Et, fût-ce avec douleur, qu'en juge incorruptible,
Malgré son art savant, suprême, irrésistible,
Tu saches le blâmer ? — Moi, moi, qu'à ce géant
J'ose bien m'attaquer, oubliant mon néant ?
— Souviens-toi de David. Mais, enfant, je t'écoute,
Quand j'ai droit d'ordonner. Va, moi-même il m'en coûte,
Et c'est avec chagrin que, préférant me taire,
Je dois forcer ma bouche à ce langage austère.

Car ce poète aussi m'est cher. Mais quoi, doté
Si richement par moi, comment, en effronté,
De mots qui font rougir vint-il souiller la scène,
En immortalisant mainte pensée obscène ?
Les plus honnêtes gens en parlent chapeau bas,
Le préjugé l'absout, je ne l'absoudrai pas,
Merveilleux enchanteur, mais terrible génie !
Ah ! dans le cœur gardant sa mémoire bénie,
L'innocence rit-elle à son fier piédestal ?
Et quel bien a-t-il fait, lui qui fit trop de mal ?
Quel est le malheureux, faible et tenté qui lutte,
Et dont sa noble voix ait empêché la chute ?
L'adolescent naïf, mais déjà combattu,
En reçoit-il la force, appui de la vertu ?
Demande-moi plutôt (Hélas ! faut-il le dire,
Et que la vérité ressemble à la satire !)
Demande-moi plutôt combien de jeunes cœurs,
Hélas ! se sont flétris à ses accents moqueurs !
Combien en l'écoutant d'une âme encor paisible,
Sentent gronder en eux un orage terrible !
Que d'Agnès a séduits la voix de l'histrion,
Et que d'époux trompés grâce à l'Amphytrion !
Pour l'écrivain coupable est-il assez de blâmes,
Enfant, pour celui-là, le meurtrier des âmes,
Et qui, crime sans nom, irréparable tort !
En se jouant, les voue à l'éternelle mort ?

Puis encor, ce divorce éternel qui divise,
Un bon juge l'a dit[1], le théâtre et l'église,

---

[1] M. Edouard Thierry, dans un de ses feuilletons du *Moniteur*
quand celui-ci était le *Journal officiel.*

Molière l'a voulu, lui, cet homme de bien,
Qui donne à l'hypocrite un masque de chrétien.
Ce fut erreur sans doute et non malice noire,
Il le dit assez haut pour qu'on doive le croire.
Mais, gaudisseur sans frein, de sa morale, hélas !
Scandale du lecteur, il ne s'excuse pas,
Faut-il qu'on applaudisse aux crimes du génie ?
Mais c'est lui qui surtout voue à l'ignominie
Le théâtre souillé par d'illustres excès !
Et son fatal exemple, absous par le succès,
A tous ses successeurs semble frayer la route.
A ta tâche tu fis, Molière, banqueroute.
Tu pouvais épurer le théâtre naissant,
Tu le pouvais, toi seul, magicien puissant ;
Quand il se débattait encore dans ses langes,
O Maître, tu pouvais en secouer les fanges,
Et le public sans doute eut écouté ta voix,
Si loin de le flatter, comme tu fis des rois,
Pour ses vices chéris, ses coupables faiblesses,
Tu n'avais jamais eu de ces lâches tendresses !
Si ton art sérieux, dans ses libres façons,
N'eut pas craint de donner de sévères leçons,
Mieux instruit, le public, en te laissant ta place,
Aurait voulu toujours qu'on marchât sur ta trace.
Le théâtre plus pur en serait-il moins grand ?
Qu'il cesse d'étaler ce mensonge flagrant,
Du frontispice ancien qui l'appelle une école !
C'est le temple plutôt du vice, infâme idole,
Le foyer de la peste et des corruptions
Que doivent foudroyer nos malédictions.

MONCEY

I

Dans peu de jours, va s'inaugurer un monument en
l'honneur du maréchal Moncey, duc de Conégliano, sur
la place Clichy [1], près de l'ancienne barrière qui fut le
principal théâtre de sa gloire. Car, avec six mille
hommes seulement qu'il déploya sur les hauteurs de
Saint-Chaumont, de Belleville, des Batignolles, le
maréchal tint en échec, pendant toute la journée du 30
mars 1814, les armées alliées qui, par masses énormes,
affluaient sur la capitale. Il ne cessa le feu que le
dernier, quand il sut qu'une capitulation avait été
signée par Marmont, duc de Raguse. Rassemblant
alors les débris de ses troupes, il les conduisit à Fontainebleau, jaloux de prouver à l'Empereur qu'il s'était
jusqu'à la fin montré digne de sa confiance. Car c'est à
Moncey, nommé commandant général de la garde nationale parisienne, que Napoléon avait dit, en partant
pour sa campagne d'hiver :

« C'est à vous et au courage de la garde nationale
que je confie l'Impératrice et le Roi de Rome. »

L'abdication signée (11 avril 1814), Moncey envoya

---

[1] Elle prendra, paraît-il, le nom de : place Moncey.

au gouvernement provisoire l'adhésion du corps de la
gendarmerie et la sienne, puis il se rallia au gouvernement de la Restauration, ce qui, dans les circonstances
actuelles, était faire acte de patriotisme. Nommé chevalier de Saint-Louis et pair de France, il fut conservé
dans ses fonctions d'inspecteur-général de la gendarmerie. Mais, l'année suivante, Napoléon, lors du retour
de l'île d'Elbe, comprit dans la promotion de pairs du
mois de juin le maréchal Moncey, qui ne crut pas
devoir refuser. Aussi, après les Cent-Jours, fut-il éliminé
de la haute Assemblée où il ne fut appelé de nouveau à
siéger qu'en 1819. La fermeté du caractère cependant,
pas plus que le courage des champs de bataille, ne
manquait à Moncey ; il en donna la preuve bientôt
après. Nommé, en août 1815, président du conseil de
guerre appelé à juger le maréchal Ney, le duc de Conégliano refusa par une lettre adressée au roi, lettre qui,
malgré la vivacité de certains passages, témoigne de
la générosité de son cœur et sait allier la sincérité du
respect à la noble et courageuse franchise. Cependant,
voyez ce qu'il en est des prévisions humaines, et comme
on peut se tromper même avec les intentions les meilleures, Moncey, ainsi que ses collègues les maréchaux,
en acceptant, au lieu de refuser, d'être les juges de
leur ancien compagnon d'armes, pouvaient lui sauver
la vie, puisqu'il dépendait d'eux de l'acquitter. Voici la
lettre en question :

« Sire, placé dans la cruelle alternative de désobéir
ou de manquer à ma conscience, j'ai dû m'en expliquer
à Votre Majesté. Je n'entre pas dans la question de
savoir si le maréchal Ney est innocent ou coupable ;

votre justice et l'équité de ses juges en répondront à la
postérité qui pèse dans la même balance les lois et leurs
sujets ; mais, Sire, je ne puis me taire sur les dangers
dont on environne Votre Majesté. Eh quoi ! le sang
français n'a-t-il pas assez coulé ? Nos malheurs ne sont-
ils pas assez grands ? L'avilissement de la France n'est-
il pas à son dernier période ? Est-ce lorsqu'on a besoin
de rétablir, de restaurer, d'adoucir et de calmer, qu'on
nous propose, qu'on exige de nous des proscriptions ?
Ah ! Sire, si ceux qui dirigent vos conseils ne voulaient
que le bien de Votre Majesté, ils lui diraient que jamais
l'échafaud ne fit des amis ; croient-ils que la mort soit
si redoutable pour ceux qui la bravèrent si souvent ?
C'est au passage de la Bérésina, Sire, c'est dans cette
malheureuse catastrophe que Ney sauva les débris de
l'armée. J'y avais des parents, des amis, des soldats
enfin qui sont les amis de leurs chefs ; et j'enverrais à la
mort celui à qui tant de Français doivent la vie, tant
de familles leurs fils, leurs époux, leurs parents ? Non
Sire, s'il ne m'est pas permis de sauver mon pays, ni
ma propre existence, je sauverai du moins l'honneur ;
et s'il me reste un regret, c'est d'avoir trop vécu,
puisque je survis à la gloire de ma patrie.

» Quel est, je ne dis pas le maréchal, mais l'homme
d'honneur qui ne sera pas forcé de regretter de n'avoir
pas trouvé la mort dans les champs de Waterloo ? Ah !
peut-être si le maréchal Ney avait fait là ce qu'il avait
fait tant de fois ailleurs, peut-être ne serait-il pas traîné
devant une commission militaire, peut-être ceux qui
demandent aujourd'hui sa mort imploreraient sa protection.

» Excusez, Sire, la franchise d'un vieux soldat qui, toujours éloigné des intrigues, n'a connu que son métier et sa patrie. Il a cru que la même voix qui a blâmé les guerres d'Espagne et de Russie pouvait parler le langage de la vérité au meilleur des rois, au père de ses sujets. Je ne me dissimule pas qu'auprès de tout autre monarque ma démarche aurait été dangereuse ; je ne me dissimule pas non plus qu'elle pourra m'attirer la haine des courtisans ; mais si, en descendant dans la tombe, je puis, avec un de vos illustres aïeux, m'écrier : *Tout est perdu fors d'honneur !* alors je mourrai content.

» MONCEY,
» duc de Conégliano. »

« Mais ce refus, dit M. Michaud, junior [1], ne put empêcher l'issue d'un procès que voulait, qu'exigeait une puissance supérieure à celle de Louis XVIII. Le duc de Conégliano fut suspendu de ses fonctions de maréchal de France, et il expia pendant plusieurs mois à la prison de Ham sa noble résistance. Ce qui prouve que la volonté royale n'avait eu aucune part à la condamnation du malheureux Ney, c'est qu'aussitôt que le mouvement de réaction et d'orage fut passé, le roi se hâta de rendre toute sa faveur à Moncey, et qu'en 1823, il lui confia l'un des postes les plus importants de la guerre d'Espagne. » Dans cette campagne, où il eut à lutter contre Espoz et Mina, Moncey prouva que le doyen des maréchaux français n'avait rien perdu de sa vigueur.

[1] *Biographie universelle.*

« Il eut cependant de grandes difficultés à vaincre, dit un écrivain militaire. Ce n'est pas ici que nous rappellerons les embarras de toutes sortes que l'on suscita au maréchal Moncey, et qui auraient porté le dégoût dans une âme moins bien trempée que la sienne. Ce n'est pas ici non plus que nous redirons combien, pendant la dernière campagne d'Espagne, Moncey fut digne de sa réputation impériale. A cheval vingt heures par jour, il fut à soixante-dix ans ce qu'il avait été toute sa vie, actif, intrépide, juste, respecté des ennemis, adoré de ses soldats. »

Aussi le poète des *Méditations* put dire dans le *Chant du Sacre :*

> C'est MONCEY ! Des combats le bruit l'a rajeuni.
> Malgré ses traits flétris sous les glaces de l'âge,
> Les camps l'ont reconnu... mais c'est à son courage.

Ce glorieux passé, auquel Lamartine fait allusion, nous aurions dû, suivants les errements habituels de la biographie, le raconter d'abord, mais entraîné par le sujet nous sommes entré tout d'abord de plain pied dans le récit, et il est bien tard pour revenir en arrière. Aussi nous bornons-nous à résumer, en quelques lignes, la première partie de la carrière militaire du maréchal.

Né à Besançon, le 31 juillet 1754, Moncey (Bon-Adrien Jannot, de), était fils d'un avocat au parlement de la capitale de la Franche-Comté. Entraîné par son penchant vers l'état militaire, dès l'âge de quinze ans, s'échappant du collége, il s'engageait dans le régiment de Conti-Infanterie. Racheté six mois après, un peu contre son gré, par son père qui désirait qu'il suivît une

autre carrière, Moncey s'engagea de nouveau, au mois
de septembre 1769, comme grenadier dans le régiment
de Champagne-Infanterie, et fit, en cette qualité, en
1773, la campagne des côtes de Bretagne. Racheté de
nouveau, il essaya pour complaire à sa famille de
l'étude du droit, mais avec peu de succès, et, libre enfin
de suivre sa vocation, il entra dans la gendarmerie de
Lunéville, corps d'élite, où les simples soldats, après
quatre années de service, avaient rang de sous-lieutenant. Il passa avec ce grade dans les volontaires de
Nassau-Liégen. La Révolution le trouva lieutenant et
le fit capitaine (1791).

Dès lors, son avancement fut rapide ; nous le voyons,
au mois d'août 1794, général en chef de l'armée chargée
d'opérer contre l'Espagne. Après avoir inauguré son
commandement par les victoires du Luxembourg et de
Villa-Nova, il conquit toute la Navarre, à l'exception
de Pampelune. Ses succès, plus décisifs encore l'année
suivante, à Castellane, Tolosa, Villa-Real, etc., amenèrent la signature de la trève de Saint-Sébastien, qui fut
bientôt suivie du traité de Bâle. N'oublions pas ce
détail : pendant qu'il commandait en chef l'armée des
Pyrénées-Orientales, Moncey eut soin de faire abattre
le monument de Roncevaux, pyramide élevée en mémoire de la défaite des preux de Charlemagne. Un
décret de la Convention déclara que le général avait
bien mérité de la patrie.

A propos de cette campagne d'Espagne, si vigoureusement menée, le représentant Garat écrivait : « Les
» soldats de Moncey ne sont pas des hommes, mais des
» démons ou des dieux. »

Nommé au commandement de l'armée des côtes de Brest, Moncey prit, au mois de septembre 1796, le commandement de la 11e division militaire à Bayonne, qu'il quitta, après le 18 brumaire, pour la division de Lyon. Il eut une part brillante à la campagne d'Italie, et vers 1801, appelé à Paris, il fut nommé inspecteur de la gendarmerie. Le voyage qu'il fit en 1803, dans les Pays-Bas, avec le premier Consul, acheva de lui gagner la confiance de celui-ci qui, en 1804, le nomma grand-cordon de la Légion d'Honneur et maréchal de France ; en 1808, duc de Conégliano. Dans cette même année et dans la suivante, Moncey servit en Espagne et se montra digne de lui-même, encore qu'il eût échoué devant Sarragosse, où commandait l'héroïque Palafox.

Le maréchal ne prit point part à la campagne de Russie qu'il n'avait pas hésité à désapprouver ; et malheureusement les résultats ne lui donnèrent que trop raison. L'Empereur, comme on l'a vu, ne lui garda pas rancune de son opposition, et peut-être même, le premier moment d'humeur passé, il ne l'en estima que davantage.

II

Le roi Charles X ne se montra pas moins bienveillant que son frère Louis XVIII pour le vieux et illustre maréchal qui avait été l'un de ses pairs au Sacre. Aussi notre impartialité habituelle ne nous permet pas de le dissimuler : on a regret de voir Moncey, lors des évènements de 1830, faire si promptement acte d'adhésion au gouvernement. Il eût été plus digne de lui de se résigner à la retraite et de ne pas prêter de nouveaux serments. On comprend, on approuve même qu'un jeune officier, qu'un jeune général hésite à briser son épée au début ou au milieu de sa carrière, et ne se prive pas volontiers du bonheur de servir son pays ; mais le vétéran, arrivé aux suprèmes honneurs, et sur lequel sont fixés tous les regards, a des devoirs, ce semble, plus sévères, et il est des cas où, pour l'exemple, il lui faut savoir faire, fût-ce au sentiment exagéré de sa dignité, le sacrifice de sa satisfaction personnelle et d'une position dont l'habitude a fait un besoin. C'est ce que comprit admirablement Drouot dans sa fidélité chevaleresque à son premier et unique serment.

Moncey fut nommé, en 1834, gouverneur des Invalides, en remplacement de Jourdan, qui venait de mourir. « C'était, dit Michaud, un emploi qui convenait parfaitement à son esprit d'ordre et de discipline, mais ce fut en vain qu'il essaya d'y reformer quelques abus dans l'administration. Le ministre de la guerre, Maison, étant intervenu, le vieux maréchal lui répondit avec une force et une énergie dont on ne le croyait plus capable. Il fallut pour le calmer recourir à l'intervention la plus puissante et la plus élevée. »

Lors du retour en France des cendres de Napoléon Ier et de la solennité funéraire du 15 décembre, Moncey, quoique malade, et pouvant à peine se mouvoir, malgré la rigueur d'un froid excessif, se fit porter dans l'église et voulut assister à la cérémonie tout entière. « Lorsque parut le glorieux cercueil porté sur les épaules des marins, un frémissement parcourut l'assemblée, dit un témoin oculaire [1], le Roi descendit de son siége pour venir à la rencontre du cercueil; tout le monde se leva. Le vieillard (Moncey) assis à gauche de l'autel, voulait se lever aussi, les forces lui manquèrent, il retomba sur son fauteuil. Un éclair d'émotion passa sur ce visage déjà marqué de l'empreinte de la mort, et de son regard éteint un instant ranimé, le vieillard semblait dire : *J'ai assez vécu !* »

Quelques semaines après (20 avril 1842), le vieux guerrier, en effet, avait cessé de vivre, et, dit à ce sujet le capitaine Ambert : « Les premières impressions de son enfance ne s'étaient pas effacées, et le vieux maréchal da France se souvenait des principes que recevait jadis le fils de l'avocat au parlement de Besançon. Moncey était donc religieux ; mais de cette religion inséparable de la haute morale. Nous avons vu le prêtre administrer les derniers sacrements au vieux soldat, et ce spectacle était plein de grandeur et de majesté. »

« Un des vieux compagnons du maréchal Moncey était-il dans la peine, dit le même biographe; une pauvre veuve de soldat, un orphelin avaient-ils besoin d'appui ; le duc de Conégliano s'empressait de tendre la main pour soulager l'infortune. Il ouvrait des écoles pour les enfants du laboureur, il relevait l'église du village, construisait des ponts pour le commerce; et cependant sa fortune était médiocre, puisque son patrimoine n'allait pas à 10,000 fr. de revenu.

« Un peu inquiet par caractère et même difficile dans

---

[1] *Notice historique sur le maréchal Moncey,* par le capitaine Ambert, in-8°, 1842.

ses rapports, le maréchal Moncey n'en était pas moins
doué de cette sorte de bonté naïve qui est toujours l'indice d'une belle âme. Semblable aux patriarches des
anciens temps, il soignait la vieillesse de ses serviteurs.
Il n'était pas jusqu'à ses chevaux qui ne fussent protégés
jusqu'à la mort. Il eut ainsi *vingt-neuf vieux* chevaux
qu'il ne voulut jamais vendre, parce qu'ils eussent été
malheureux loin de lui. Cette religion des souvenirs a
quelque chose de touchant que l'on aime à trouver chez
les grands hommes de guerre. »

Quelques anecdotes encore : elles achèveront de mettre
en relief cet admirable caractère.

Lors de la paix de Saint-Sébastien, le gouvernement
espagnol, craignant que l'arsenal de Bilbao, riche en
munitions de toute espèce, ne fût évacué sur la France,
envoya deux membres du conseil de Castille au général
Moncey, afin d'obtenir de lui que l'arsenal de Bilbao ne
restât pas compris dans le traité. Les députés ne lésinè-
rent pas, et ils offrirent du premier coup au général
Moncey, pour que la clause en question fût rayée du
traité, une somme ronde de un million cinq cent mille
francs ! Pouvaient-ils douter de la réussite sachant que
Moncey, comme nos autres généraux à cette époque,
touchait pour toute solde 8 francs par mois en numé-
raire ? Pour toute réponse cependant, en présence même
des députés espagnols, Moncey donna l'ordre d'envoyer
en France, où l'on manquait de tout, le matériel immense de l'arsenal espagnol.

Lorsque Moncey commandait les troupes françaises
dans la république Cisalpine, la municipalité de Milan
lui fit offrir, à titre de représentation, une forte indem-

nité de guerre. Il s'agissait de 400 mille fr. par mois :

« Je vous remercie, messieurs, mais ne puis rien accepter pour moi-même, répondit Moncey ; mais puisque vous comprenez que le soldat souffre, vous donnerez à chaque fusilier quatre sous par jour ; les généraux seront satisfaits. »

C'est bien là le langage de celui qui disait : « L'officier doit se lever le premier et se coucher le dernier ; il est le protecteur du soldat. »

Pendant le consulat, Moncey eut la plus grande part à l'organisation de la gendarmerie, destinée à remplacer l'ancienne maréchaussée, et dont il fut tout naturellement nommé commandant en chef : « Un jour, dit le capitaine Ambert, Moncey faisait observer à l'Empereur que le poste de chef de la force publique à l'intérieur était d'une telle importance, qu'il y faudrait placer un frère du monarque.

« Ce poste est tellement important, son influence est si grande, disait Moncey, qu'il faut, pour l'occuper, plus que des talents de guerre, plus que des dignités sociales.

— C'est vrai, dit l'Empereur, on ne confie pas une telle armée à tous les bras ; mais Moncey est trop fort et trop sûr, pour que je ne la lui abandonne pas toujours. »

Condisciple de Pichegru, Moncey resta lié avec ce général ; aussi lors de l'arrestation de Pichegru, des lettres de Moncey furent trouvées dans ses papiers, lettres d'ailleurs nullement compromettantes. Pourtant « quelqu'un crut pouvoir hasarder de perfides insinuations contre les généraux dont les lettres se trouvaient dans le portefeuille de Pichegru. » L'attaque dans sa forme semblait surtout dirigée contre Moncey. Napoléon répondit d'un ton calme mais sévère à l'accusateur :

« Vous ne vous connaissez pas en hommes : *Moncey est honnête jusque dans ses pensées les plus intimes.* »

L'opinion de l'Empereur sur le vieux soldat n'a jamais varié, puisqu'à Sainte-Hélène il écrivait : « Moncey est un honnète homme. »

Cet honnète homme, cet héroïque soldat joignait à tant de belles et rares qualités une singulière modestie, témoin la lettre qu'il écrivait, au mois d'août 1794, pour refuser le commandement en chef de l'armée des Pyrénées-Orientales, et dans laquelle se lisait cette phrase : « Je serais criminel envers la République, et surtout » envers moi-même, si j'acceptais un poste que ma » conscience me dit hautement de refuser. »

Peu de mois avant sa mort, voulant laisser un souvenir à ceux qu'il aimait et estimait, il donna à ses deux aides de camp, Lheureux et de Bellegarde, ses croix de la Légion d'Honneur, reliques du vieux soldat. Puis un matin regardant l'épée de connétable, qu'au sacre du roi Charles X il avait reçue des mains du monarque, il murmura :

— Je veux qu'on la donne à mon vieil ami le maréchal Soult.

Mais aussitôt se reprenant : « Oh ! non, non, je ne puis rien donner au maréchal Soult, il est bien plus grand que moi, ses services sont autrement importants que les miens ; oh ! non, ce n'est pas moi qui puis donner une telle épée au maréchal Soult... »

Le duc de Dalmatie sans doute n'ignorait pas cette circonstance, quand sur la tombe du maréchal, d'une voix si profondément émue, au milieu du plus religieux silence, il faisait entendre ces paroles : « C'est un dernier adieu que je veux donner à l'homme de bien, au soldat illustre que la mort nous a enlevé. Lié avec lui depuis quarante ans, j'ai connu toutes ses vertus guerrières, toutes ses qualités de citoyen. J'ai vu tout le bien qu'il a fait ; je l'ai suivi dans la longue carrière qu'il a parcourue au milieu des combats où sa gloire s'est fondée ; partout je l'ai trouvé égal à lui-même, modeste, redoutant presque qu'on s'occupât de lui, qu'on le jugeât capable des actions d'éclat qu'il venait d'accomplir.

« .... A la mort du maréchal Jourdan, le roi nomma spontanément le maréchal Moncey, duc de Conégliano, gouverneur des Invalides ; c'était faire vibrer encore une fois l'orgueil de ces glorieux débris de nos armées qui entourent ici son cercueil ; c'était leur offrir, dans la personne de leur général, un modèle de toutes les vertus.

« Adieu, mon vieil ami, adieu, soldat sans peur et sans reproche. »

« A ces belles paroles, dit un écrivain déjà cité par nous, jeunes et vieux soldats se sont serré la main. La voix du maréchal Soult, disant adieu au maréchal Moncey, avait réveillé dans les âmes tous les nobles et généreux instincts. On oubliait les mesquines passions de la cité, on était purifié par ce contact avec la vieille patrie, le vieil honneur, la vieille gloire ! »

Plaise à Dieu qu'il en soit de même aujourd'hui à l'inauguration de ce monument qui acquitte noblement la dette de la France envers cette héroïque mémoire que naguère Horace Vernet, par un de ses meilleurs tableaux, avait contribué à rendre populaire !

MONGE

I

« Dans le court trajet de cette vie, quelques hommes supérieurs, secondés par la fortune, immortalisent leur passage et signalent leur puissance, avec des œuvres qui triomphent des ravages du temps. Déjà leur gloire est digne d'envie lorsqu'ils décorent nos cités, en élevant des monuments qui portent à la fois pour caractères la sagesse, la grandeur et la durée. Mais leur gloire est bien plus pure et bien plus noble encore, lorsque dans les âmes de la jeunesse ils élèvent un édifice de science et de raison ; lorsqu'ils y font éclore et fleurir le goût éclairé du beau, de l'utile et du vrai ; lorsque enfin, par leurs encouragements, leurs préceptes et leurs exemples, ils entraînent et dirigent une génération tout entière dans la voie laborieuse qui conduit à la prospérité, à la puissance, à l'illustration de la patrie.

« ... Si de tels hommes ont marché vers un but en traversant des époques désastreuses par leurs lugubres subversions, et d'autres non moins désastreuses par leur éclat asservissant et corrupteur ; si, frappés d'adversité, ni la peur, ni la détresse, n'ont arraché de leurs cœurs l'amour pour la science et l'actif intérêt pour la génération, espoir de la patrie; si, devenus les favoris de la fortune, ni les honneurs, ni l'opulence n'ont affaibli cet amour, ni ralenti cet intérêt, ni changé la bonté naïve, qui encourage et féconde, en orgueil superbe qui repousse et flétrit les jeunes âmes, arrêtons-nous à la vue d'un si beau spectacle. Disons hardiment que ces hommes, par une telle constance, font honneur à la société. Au lieu de glaner avec malignité dans les détails de leur existence orageuse et traversée, pour y faire la part à la faible humanité, moissonnons largement dans le champ de leurs grandes pensées, de leurs chefs-d'œuvre et de leurs belles actions. Honorons-les pendant leur vie. Et quand la mort nous les enlève, accordons sans hésiter à leurs mânes le tribut de nos éloges, de nos regrets et de notre vénération. »

Ainsi s'exprime M. Charles Dupin au début de son *Essai historique sur Gaspard Monge*, et ces nobles paroles pouvons-nous mieux faire, en commençant ce récit, que de les reproduire, heureux de pouvoir nous les approprier.

Monge (Gaspard), né à Beaune en 1746, avait pour père un homme d'un grand sens, et « à qui, dit de Pongerville, la justesse d'esprit et les qualités du cœur, tinrent lieu de rang et de fortune. » Simple marchand ambulant, dans ses courses autour de la ville de Beaune, il ne dédaignait pas d'aiguiser des couteaux comme les ciseaux des ménagères bourguignonnes. Son commerce d'ailleurs était lucratif, puisqu'il put donner à ses trois fils une éducation libérale, comme on dirait aujourd'hui, et supérieure à leur condition. Gaspard, l'aîné, sorti du collége de sa ville natale après avoir remporté tous les

premiers prix, fut jugé digne par les Oratoriens de
Lyon de prendre rang parmi tous les professeurs émé-
rites et on lui confia, à lui jeune homme de seize ans, la
chaire de physique de l'établissement. Pendant ses va
cances, il avait levé le plan de sa ville natale en s'aidant
d'instruments géométriques fabriqués de ses propres
mains. Le lieutenant-colonel de génie, du Vignan, traversant la Bourgogne, eut occasion de voir ce travail
dont il fut vivement frappé et il proposa au jeune Gaspard d'entrer à l'école du génie de Metz. Le nouvel élève
donna des preuves telles de sa capacité que, bientôt
nommé répétiteur, il succédait en 1772 à Bossuet, puis
l'abbé Nollet comme professeur et pendant de longues
années, il remplit cet emploi à Metz à la grande satisfaction comme au grand profit des auditeurs. On a dit
de lui : « D'autres peut-être parlent mieux, personne
ne professe aussi bien. Avant tout il voulait se faire
comprendre et évitait l'emphase ne trouvant, ainsi qu'il
disait, aucune différence entre un langage affecté et ce
qui est absolument mal dit. »

Et cependant, au témoignage d'un juge compétent,
assidu pendant de longues années à ses leçons, il
rencontrait souvent sans la chercher la véritable élo
quence. M. C. Dupin, dans une page vivement sentie et
la meilleure peut-être de son livre, nous fait de Monge
dans sa chaire ce portrait remarquable :

« Il était d'une haute stature, la force physique se
montrait dans ses larges muscles, comme la force morale
se peignait dans son regard vaste et profond. Sa figure
était large et raccourcie comme la face du lion. Ses
yeux grands et vifs étincelaient sous d'épais sourcil-

noirs, que surmontait un front large, élevé, nuancé des
ondulations qui marquent la haute capacité. Cette
grande physionomie était habituellement calme et présentait alors l'aspect concentré de la méditation. Mais,
lorsqu'il parlait, on croyait tout à coup voir un autre
homme; tel que l'Ulysse d'Homère, on eût dit qu'il gran-
dissait aux yeux de ses auditeurs; un feu nouveau brillait tout à coup dans ses yeux ; ses traits s'animaient, sa
figure devenait inspirée; elle semblait apercevoir, en
avant d'elle, les objets même créés par son imagination
qui l'animait. Si Monge avait à dépeindre des formes
idéales ou matérielles, il annonçait, il suivait du regard
ces formes au milieu de l'espace; ses mains les dessi-
naient par leurs mouvements ingénieux ; elles indi-
quaient les contours des objets comme s'ils eussent été
palpables ; en fixaient les limites et ne les dépassaient
jamais. Cette rare justesse dans la peinture mimique
des formes, cette vue supérieure et si nouvelle, cette attention profonde, et la chaleur d'un ensemble si bien
combiné de gestes, de regards et de paroles, absorbaient
à la fois par tous les organes des sens l'attention des auditeurs. On craignait de faire le moindre mouvement
dont le bruit pût troubler le charme de cette étonnante
harmonie; et l'on éprouvait tant de jouissance à voir
uni le langage pittoresque de l'imagination aux expli-
cations méthodiques de la raison, que le temps passé
dans les efforts de la contention d'esprit la plus soutenue,
s'écoulait néanmoins, par un insensible et doux mouvement, qui faisait perdre le sentiment de la durée. [1] »

____

[1] Ch. Dupin. — *Essai historique sur Monge*, in 4° 1819.

Monge à ses talents comme professeur joignait la noblesse du caractère et la parfaite honnêteté, en voici la preuve : Le maréchal de Castries, ministre de la marine dont il n'avait eu qu'à se louer d'ailleurs, à propos d'un élève refusé, ne put s'empêcher de lui dire :

« En refusant un candidat qui appartient à une famille considérable, vous m'avez suscité beaucoup d'embarras.

— Monseigneur, répondit l'examinateur, vous pouvez faire admettre ce candidat, mais en même temps il faudra supprimer la place que je remplis.

Le ministre n'insista pas. A quelque temps de là, le même maréchal le pria de refaire, pour les élèves des écoles militaires, les *Éléments de mathématiques* de Bezout, recommandables par leur clarté, mais auxquels on reprochait, avec la prolixité, de n'être plus au niveau des progrès de la science.

— Monseigneur, répondit Monge, veuillez m'excuser, les livres de Bezout, réputés classiques, n'ont point autant démérité de la science qu'on l'affirme. Leur produit, d'ailleurs, est la seule ressource de la veuve à laquelle, Bezout, en mourant, n'a pas laissé d'autre héritage ; je ne puis consentir à le lui faire perdre et réduire à la misère cette digne femme.

De pareils traits n'ont pas besoin de commentaire.

II

Membre de l'Académie des sciences en 1780, Monge fut appelé à professer la physique au Lycée de Paris, de création récente et qui ne devait avoir qu'une existence éphémère. Lorsqu'éclata la Révolution, notre savant comme beaucoup d'autres, n'y vit au début que la promesse du plus heureux avenir. Il crut surtout, et en cela sans doute il ne se trompait point, voir tomber les barrières qui pour certaines carrières empêchaient toute émulation et souvent faisaient obstacle au vrai mérite non soutenu par la faveur et la naissance.

Après la journée du 10 août, nommé au ministère de la marine, Monge n'accepta le portefeuille qu'avec répugnance, déterminé seulement, d'après ce qu'il a dit lui-même, par la présence des Prussiens sur notre territoire. Dans ce poste élevé, il fit tout ce qu'il était possible humainement de faire pour empêcher la désorganisation de la flotte et arrêter l'émigration des officiers et ses efforts ne furent pas complètement inutiles. Néanmoins, au mois d'avril 1793, jugeant la situation trop difficile avec l'acharnement croissant des partis, il donna sa démission, deux fois refusée déjà, et acceptée enfin. Il aurait donc souhaité pouvoir se retirer plus tôt.

Pendant son court ministère, avaient eu lieu le jugement et la condamnation du roi Louis XVI par la Convention. Monge ne faisait point partie de l'Assemblée, mais comme ministre il dut, avec ses collègues, concourir à l'exécution du jugement, et sa participation, dans une certaine mesure, involontaire, à la funeste journée du 21 janvier, le poursuivit longtemps comme un souvenir pénible, presque comme un remords.

Sa démission acceptée, quoique étranger dès lors à la politique, Monge suivait avec une inquiète sollicitude la marche des évènements, et « quand l'Europe entière s'émeut et vient foudre sur la France » dit Pougerville, l'illustre savant fut prompt à répondre à l'appel de la patrie. En face de cette formidable coalition, un sublime enthousiasme exalte les jeunes générations ; de tous les points du sol accourent d'intrépides défenseurs ; quatorze armées, comptant près d'un million d'hommes, se lèvent pour repousser l'invasion. Néanmoins le gouvernement d'alors comprit que la lutte serait inégale si la science ne nous venait pas en aide. Six savants de premier ordre, physiciens, chimistes et mécaniciens furent appelés au Comité du salut public pour y travailler à la fabrication révolutionnaire, c'est-à-dire, rapide de tout ce qui manquait à nos défenseurs et d'abord des armes de toute espèce. « Il est difficile de se faire et de donner une idée de l'activité prodigieuse qui régnait alors dans les opérations intéressant le salut public ; il en est de même du patriotique dévouement, du noble désîntéressement qui animaient les esprits. Monge dominait, entraînait tous ses collégues, par son exemple, par l'ascendant de son enthousiasme, par la vivacité de son caractère. Il n'avait de repos ni jour ni nuit ; ce qu'il a fait alors pour procurer du salpêtre, des armes à feu, des armes blanches, des pièces d'artillerie, de campagne et de siége, afin d'armer nos places fortes et nos vaisseaux des mortiers des obus, des boulets de tout calibre ; ce qu'il a fait, dis-je, aidé de ses collaborateurs, dépasse tout ce que pourrait se figurer l'imagination aujourd'hui dans ces temps de calme et de paix profonde. [1] »

[1] *Souvenirs sur G. Monge et ses rapports avec Napoléon Ier* par **M. J. D.**

Le dévouement de Monge était d'autant plus méritoire qu'il était absolument désintéressé, ses fonctions comme délégué du Comité du salut public auprès des manufactures n'étant point rétribuées. Pourtant elles lui prenaient tout son temps et Monge n'ayant aucune fortune se trouvait souvent dans une véritable gêne. Voici à ce sujet une anecdote racontée par Mme Monge, et insérée par Arago dans l'Éloge de son confrère :

« Il arrivait souvent (je copie textuellement ces mots dans une note de la respectable compagne de notre confrère) il arrivait souvent qu'après ses inspections journalières, si longues et si fatigantes, dans les usines de la capitale, Monge, rentrant chez lui, ne trouvait pour dîner que du pain sec. C'est aussi avec du pain sec, qu'il emportait sous le bras en quittant sa demeure à quatre heures du matin, que Monge déjeunait tous les jours. Une fois, la famille du savant géomètre avait ajouté un morceau de fromage au pain quotidien. Monge s'en aperçut et s'écria avec quelque vivacité : « Vous allez, ma chère, me mettre une méchante affaire » sur les bras ; ne vous ai-je donc pas raconté qu'ayant » montré, la semaine dernière, un peu de gourmandise, » j'entendis avec beaucoup de peine le représentant » Niou dire mystérieusement à ceux qui l'entouraient : » *Monge commence à ne pas se gêner ; voyez, il mange des* » *radis.* »

On est heureux de pouvoir ajouter que, malgré ses rapports forcés avec certains hommes du Comité du salut public, Monge, ainsi que l'affirme Arago, eut une véritable aversion pour les hommes qui avaient demandé à la terreur, à l'échafaud, la force d'opinion dont ils croyaient avoir besoin pour diriger la révolution.

Les grands périls conjurés et un calme relatif au moins revenu, Monge retrouva quelque liberté ; mais il n'en profita, dans sa passion du bien public, comme dans son amour pour la science, que pour se créer de nouvelles occupations. « De concert avec ses confrères Berthollet et Fourcroy, dit M. de Pongerville, il voulut centraliser l'instruction pour tous les travaux publics.... Il rassembla, dans une maison louée à ses frais, des jeunes gens déjà instruits afin de les perfectionner avec émulation dans les mathématiques, la géographie et la géométrie descriptive. Cet établissement fut le prélude de l'École centrale des travaux publics qui prit bientôt un si heureux développement sous le titre célèbre d'École Polytechnique. »

C'est dans cette École sans doute que Monge fit, pendant les années 1795 et 1796, ces cours si justement appréciés et dans lesquels, au dire des témoins oculaires, par sa facile élocution comme par sa science profonde, il se montrait l'égal des plus illustres professeurs. Nommé membre de la commission dite des arts qu'on envoyait en Italie pour recevoir les trésors cédés à la France, Monge à son arrivée fut présenté au général en chef que, trois années auparavant, il avait vu simple officier venir presque en solliciteur dans ses bureaux.

« Permettez-moi, lui dit Bonaparte, de vous remercier de l'accueil qu'un jeune officier d'artillerie inconnu reçut, en 1792, du ministre de la marine. Cet officier lui a conservé une profonde reconnaissance ; il est heureux aujourd'hui de vous présenter une main amie. »

III

A dater de ce jour en effet, Monge compta parmi les amis du général, et il fut du petit nombre de ceux qu'il honorait d'une pleine confiance. Comme Berthollet il suivit Bonaparte en Egypte où il rendit d'importants services. Le premier, il présida l'Institut fondé au Caire sur le modèle de celui de Paris et dont le général en chef, qui l'avait fondé, ne voulut accepter que la vice-présidence.

Un journal scientifique et littéraire, *la Décade Egyptienne*, rendait compte des séances de l'Institut. Dans ce recueil parut le curieux mémoire de Monge relatif au mirage. On raconte que Bonaparte, prenant au sérieux son titre de membre de l'Institut d'Egypte, voulut aussi présenter son mémoire, fort encouragé par tous ceux à qui il fit part de son projet et qui songeaient moins à le contredire qu'à le flatter. Monge y mit plus de franchise et lui dit rondement :

« Général, vous n'avez pas le temps de faire un bon mémoire ; or, songez qu'à aucun prix vous ne devez en produire un médiocre. Le monde entier a les yeux fixés sur vous. Le mémoire que vous projetez serait à peine livré à la presse que cent aristarques viendraient se poser fièrement devant vous comme vos adversaires naturels. Les uns découvriraient, à tort ou à raison, le germe de vos idées dans quelque auteur ancien et vous taxeraient de plagiat ; les autres n'épargneraient aucun sophisme dans l'espérance d'être proclamés les vainqueurs de Bonaparte. »

Le général avait d'abord froncé le sourcil en entendant ce rude langage, mais après quelques moments de
réflexions, prenant la main de Monge, il lui dit :
« Vous êtes vraiment mon ami, je vous remercie. » Et
il ne fut plus question du mémoire.

Monge accompagnait Bonaparte dans la visite qu'il
fit à Suez pour retrouver les vestiges du canal qui dans
l'antiquité joignait le Nil à la mer Rouge. On marchait
depuis assez longtemps dans les sables, lorsque tout à
coup les chevaux s'enfoncèrent jusqu'à mi-jambes :

« Monge, s'écria le général, nous sommes en plein
canal. »

Ce qui fut reconnu comme parfaitement exact par les
ingénieurs.

Lorsque au mois d'août 1799, Bonaparte, par suite
des nouvelles venues de France, eut résolu de quitter
l'Egypte, Monge et Berthollet montèrent avec les principaux officiers sur la frégate le *Muiron* que suivait la
corvette *le Carrère*. Après un jour ou deux de navigation, la flottille, ayant perdu la côte de vue, cinglait à
pleines voiles, lorsque tout à coup à l'horizon apparais-
sent des vaisseaux qui semblent suspects.

« Si nous devions tomber au pouvoir des Anglais,
dit Bonaparte, quel parti faudrait-il prendre ? Nous
résigner à la captivité sur des pontons, c'est impossible.

Voyant que tous gardaient le silence, le général continua :

« C'est impossible ! plutôt nous faire sauter.

— Assurément, reprit Monge, la mort vaut mieux
qu'une déshonorante captivité.

— Eh bien, Monge, je compte sur vous pour nous épargner ce malheur.

— Je vais à mon poste, répond tranquillement le savant qui disparaît par les écoutilles.

Cependant les vaisseaux entrevus de loin approchent ; on reconnaît, non sans une grande satisfaction, qu'ils sont neutres et que d'eux on n'a rien à craindre. Aussitôt on cherche Monge qu'on trouve une mèche à la main dans la soute aux poudres, attendant l'ordre suprême. Quelques semaines après, la flottille entrait heureusement dans le port de Fréjus.

Monge, à peine de retour, reprit ses grands travaux scientifiques. « Il faisait constamment, dit Pongerville, succéder aux leçons de géométrie, d'analyse, de physique et de calcul, des entretiens particuliers qui le rendirent l'ami des jeunes savants qu'il dirigeait. » Cette même année, parut la deuxième édition de la *Géométrie descriptive*, l'un de ses plus importants ouvrages.

Bonaparte, devenu premier consul, puis empereur, ne perdait pas de vue celui qu'il avait nommé plus d'une fois son ami et dont il connaissait le désintéressement, car Monge ne demandait jamais rien pour lui-même. Dans une soirée aux Tuileries, l'Empereur aperçoit Monge à l'extrémité du salon ; il l'appelle, et d'une voix qui fut entendue de tous, il lui dit :

« Monge, vous n'avez donc pas de neveux, vous, que vous ne me demandez jamais rien ?

— Aujourd'hui, Sire, précisément je songeais à vous demander quelque chose, une somme d'argent et un peu ronde, pas pour moi à la vérité.

— Pour qui donc alors ?

— Sire, pour fonder ou mieux consolider un établissement des plus utiles à la science. Un de mes bons amis, dont je n'ai pas besoin de dire le nom, a su moins bien combiner ses ressources pécuniaires que ses préparations chimiques, et il se trouve débiteur d'une somme de plus de cent mille francs.

— Je penserai à cela, répond l'Empereur, qui le lendemain envoyait à Monge *deux* cents mille francs avec ces mots écrits de sa main : « Moitié, pour lui, » moitié pour vous ; car on ne vous a jamais séparés. »

Les dignités qu'il n'avait pas cherchées ni demandées, pleuvaient sur Monge. Placé à la tête de l'École Polytechnique, il fut fait successivement sénateur, membre de l'Institut, grand aigle de la Légion d'Honneur, comte de Peluze, etc. « Monge, dit Pongerville, jouit en sage de l'amitié du grand homme et des avantages de la célébrité. » L'adversité le trouva plus vulnérable, sans doute parce que son caractère, fortement trempé naguère, se ressentait de l'influence des années. Lors de la seconde Restauration, Monge se vit rayé de la liste des membres de l'Institut, et les portes de l'École Polytechnique furent fermées pour lui ; il en éprouva un chagrin profond. Contristé, désolé, torturé en outre par la pensée de nos derniers revers, il se laissa peu à peu gagner au découragement. Malgré les soins empressés d'une famille qu'il aimait tendrement, son désespoir grandit sourdement et finit par user ou briser les ressorts de cette belle intelligence. « Absent de lui-même, étranger à son propre génie, enveloppé dans une mort vivante, l'illustre géomètre cessa de souffrir à l'âge de 72 ans. » (28 juillet 1818).

Terminons par le récit de quelques épisodes intéressants. Après la levée du siége de St-Jean d'Acre, l'armée sous un ciel de feu, s'avançait péniblement à travers les sables ; tous mouraient de soif. Soudain un puits se présente ; chacun se précipite ; c'est à qui boira le premier sans distinction de grade. Monge en ce moment arrive, la foule si compacte s'entr'ouvre devant lui, et de tous les côtés on s'écrie :

— Place à l'ami intime du général en chef !

— Non, non, répond l'illustre savant, les combattants d'abord, je boirai ensuite, s'il en reste.

A quelques jours de là, toujours dans le désert, un soldat, passant auprès de Monge, jette sur la gourde qu'il portait en sautoir, « un regard où se peint tout à la fois, dit Arago, le désir, la douleur, le désespoir. » Monge a compris, et tendant la gourde au soldat, il lui dit : « Bois un coup, mon brave. »

Le soldat ne se fait pas prier, mais après deux ou trois gorgées, il rend la gourde à son propriétaire : « Hé ! lui dit affectueusement le savant, bois encore, bois davantage. — Merci, merci, répond le brave soldat ; vous venez de vous montrer charitable et je ne voudrais pour rien au monde vous exposer aux douleurs atroces que j'endurais tout à l'heure. » « Monge, dit un jour Napoléon au savant, je désire que vous deveniez mon voisin à Saint-Cloud. Votre notaire trouvera facilement dans les environs une campagne de deux cents mille francs ; je me charge du paiement.

— Sire, répondit Monge, je suis touché profondément de cette offre généreuse, mais permettez-moi de refuser dans ce moment où le public, à tort ou à raison, s'imagine que les finances du pays sont obérées. »

Ces traits et d'autres qu'on pourrait citer justifient pleinement ce qu'a dit de Monge son collègue et son ami qui n'était que l'écho de la voix publique. « Les biographes.... trouveront en lui le plus parfait modèle de délicatesse; l'ami constant et dévoué; l'homme au cœur bon, compatissant, charitable; le plus tendre des pères de famille. Ses actions leur paraîtront toujours profondément empreintes de l'amour de l'humanité; ils le verront, pendant plus d'un demi siècle, contribuer avec ardeur, je ne dis pas assez, avec une sorte de fougue, à la propagation des sciences dans toutes les classes de la société, et surtout parmi les classes pauvres, objet constant de sa sollicitude et de ses préoccupations.

« Vous me pardonnerez, Messieurs, d'avoir ajouté ces nouveaux traits à ma première esquisse. N'encourageons personne à s'imaginer que la dignité dans le caractère, l'honnêteté dans la conduite, soient, même chez l'homme de génie, de simples accessoires; que de bons ouvrages puissent jamais tenir lieu de bonnes actions. Les qualités de l'esprit conduisent quelquefois à la gloire; les qualités du cœur donnent des biens infiniment plus précieux : l'estime, la considération publique et des amis [1] ».

Ce dernier paragraphe tout entier serait à souligner.

---

[1] Arago. *Notices biographiques*, T. II.

MONTYON

« Ma vie n'a pas eu grand éclat ; peut-être en a-t-elle
» eu trop pour mon bonheur. Cependant si je puis me
» féliciter de quelques actions louables, j'ai pris plus de
» soin pour les cacher que d'autres n'en ont pris pour
» en cacher de repréhensibles. Celles de mes actions qui
» ont eu une publicité indispensable prouvent que je n'ai
» point l'âme servile. »

Montyon s'exprimait ainsi en 1796, devant le roi Louis XVIII, et sa conduite, durant tout le cours et jusqu'à la fin de sa longue carrière, n'a jamais paru donner un démenti à ce langage. Tout semble prouver qu'en faisant le bien, il obéissait à un mobile supérieur et non au désir d'une satisfaction vaine et fugitive qu'on peut retirer des applaudissements de la foule.

Montyon (Antoine-Jean-Baptiste-Robert-Auget, baron de) né le 23 décembre 1733, au château de Montyon, se sentit de bonne heure une vocation prononcée pour la carrière des lois, et fut nommé, en 1755, avocat du roi au Chatelet. Dans l'exercice de sa profession, il se montra ce qu'il fut toute sa vie, dit M. de Chazet [1] « labo-

---

[1] *Vie de M. de Montyon*, in-8°, 1829.

rieux, intègre, désintéressé, personne ne pouvait trouver
de protection près de lui que dans son droit, et toutes
les fois qu'il eut à prendre des conclusions dans une
affaire, aucune considération ne balança dans son esprit
le sentiment des devoirs. » Aussi l'avait-on surnommé
au Palais pour son caractère inflexible le *Grenadier de
la Robe*.

Entré comme conseiller au grand Conseil, seul, en
1766, il osa s'opposer à la mise en accusation de la Cha-
lotais. Nommé, l'année suivante, à l'intendance d'Auvergne, il y fit bénir son administration bienfaisante
autant qu'intelligente au milieu d'une disette des plus
cruelles qui désola la contrée ; il dépensait jusqu'à
20,000 francs par an, prélevés sur son propre revenu,
pour donner du travail ou des secours aux indigents.
Cependant, tout en exaltant son zèle, le ministre le
tranféra à l'intendance de Provence, puis à celle de la
Rochelle, pour donner sa place à un autre plus favorisé.
Ce ne fut qu'en 1775, grâce à l'intervention du duc de
Penthièvre, que justice lui fut rendue : revenu à Paris,
il se vit appelé au Conseil d'Etat. En 1780, le comte
d'Artois, le nomma, avec l'agrément du roi, son frère,
chancelier chef de son conseil.

Dès cette époque, M. de Montyon s'occupait, en dehors
de ses fonctions publiques, de travaux utiles, littéraires
et philanthropiques. Il fonda, 1° en 1780, un prix annuel
pour des expériences profitables aux arts, sous la direction de l'Académie des Sciences et il y consacrait une
rente perpétuelle au capital de 12,000 francs.

2° En 1782, il fonda un prix annuel en faveur de
l'œuvre littéraire dont il pourrait résulter le plus grand

bien pour la société au jugement de l'Académie française : rente au capital de 12,000 francs.

3° Même année : un prix en faveur d'un Mémoire ou
d'une expérience qui rendrait les opérations moins mal-
saines pour les artistes et pour les ouvriers : une rente
au capital de 12,000 fr.

4° En 1783, aux pauvres du Poitou et du Berry, don
d'une somme de 12,000 fr.

5° La même année, une rente viagère de 600 fr. est
faite à un homme de lettres qui n'a jamais su de qui il
recevait cette pension.

6° Même année (1783), fondation d'un prix en faveur
d'un Mémoire soutenu d'expériences tendant à simplifier
les procédés de quelque art mécanique : une rente viagère au capital de 12,000 fr.

7° Un prix pour un acte de vertu accompli par un
Français pauvre : rente au capital de 12,000 fr.

8° En 1787, un prix annuel sur une question de médecine au jugement de l'École de Médecine : une rente
perpétuelle au capital de 12,000 fr.

Ces fondations, excellentes à tous égards, étaient ins-
pirées par les plus généreux mobiles, et la vanité y restait complètement étrangère, leur auteur, dit M. Chazet, gardant avec soin l'anonyme « auquel il tenait
comme la pudeur à son voile. »

Cet homme de bien cependant pouvait-il ne pas être
un peu connu comme tel ? Aussi quand éclata la Révolution, prévue par lui dès l'ennée 1788, pour sauver sa
vie menacée, il dut s'expatrier. Retiré d'abord à Ge-
nève, lorsque la guerre le força de chercher un autre
asile, il se réfugia en Angleterre, d'où chaque année il

envoyait en Auvergne, 10,000 fr. pour être distribués
en secours aux indigents. Sur son revenu, il économisait
dix autres mille fr. partagés entre ses compatriotes
émigrés, et les prisonniers que le sort des armes ame-
nait en Angleterre. « La France et le malheur voilà ce
qu'il voulait secourir sous quelque drapeau qu'il les ren-
contrât [1]. »

En 1796, parut son *Rapport au Roi*, envoyé manuscrit à Louis XVIII qui témoigna sa satisfaction à l'auteur
en faisant immédiatement imprimer l'ouvrage [2].

Dans l'année 1801, M. de Montyon, croyant, d'après
ce qu'il avait lu dans les journaux, que S. A. R. Madame,
duchesse d'Angoulème, se trouvait dans l'embarras,
s'empressa de lui écrire « pour mettre à ses pieds une
partie de ce qu'il possédait. » Madame de Montmorency,
répondit au nom de la princesse : « S. A. R. me charge
» de vous dire, Monsieur, que si elle n'accepte pas la
» preuve de dévouement que vous lui donnez, elle ne
» vous en sait pas moins de gré. »

Lors de la Restauration, M. de Montyon revint
en France où il eut la joie de retrouver encore de nombreux et anciens amis empressés à fêter le vénérable
octogénaire. Par un heureux concours de circonstances,
dont les pauvres surtout devaient se féliciter, M. de
Montyon avait conservé la plus grande partie de sa fortune. A peine de retour, il s'occupa de fondations nouvelles destinées à remplacer les anciennes en les ampli-

[1] Vie de M. de Montyon.

[2] Les prix de vertu comme les diverses fondations avaient été
supprimés par la Convention.

fiant aussi bien que d'actes de charité qui attestent l'ingénieuse bonté de leur auteur et « si l'on peut s'exprimer ainsi, ses progrès dans l'art de bien faire... Sa
générosité avait cela d'admirable qu'elle n'était point,
ainsi que chez beaucoup d'autres, l'effet subit de l'entraînement, mais le fruit d'une réflexion lente et sage.»
C'est ainsi que, chaque année, il consacrait 15,000 fr. à
retirer les objets d'une valeur qui ne dépassait pas 5 fr.
appartenant aux mères jugées dignes des secours de la
Charité Maternelle (la société).

Un jour, dans un salon, le comte Daru parla de la
situation critique d'un général, homme distingué, qu'il
ne nomma point par égard pour la famille, et qui de
malheurs en malheurs était tombé dans la plus profonde
misère. Le lendemain, M. de Montyon se rendit chez M.
Daru et lui remit huit mille francs pour cet officier dont
il ne demanda pas le nom et auquel il voulut rester inconnu.

Les Bureaux de Charité de la capitale reçurent de lui
des sommes considérables destinées spécialement aux
pauvres ouvriers sortis convalescents de l'hospice.

Le testament de **M.** de Montyon, mort à Paris le 29
décembre 1820, achèvera de le faire connaître. Sa fortune tout entière, considérable encore, grâce à une
administration des plus sages, il la léguait aux hospices
et aux fondations utiles des deux Académies. « Mais,
dit M. de Chazet, en s'occupant du bonheur de l'humanité tout entière, il n'avait oublié aucune des personnes
qui lui témoignaient de l'affection ou qui lui avaient
rendu des services quelconques. »

Quel plus bel exemple pour les Crésus d'aujourd'hui

que celui de ce millionnaire qui, prodigue de bienfaits
pendant sa vie, voulut encore se survivre par la charité !
Citons, car nous ne pouvons mieux terminer, quelques passages de cet admirable testament. Il commence
ainsi :

« 1° Je demande pardon à Dieu de n'avoir pas rempli
» exactement mes devoirs religieux ; je demande par-
» don aux hommes de ne leur avoir pas fait tout le bien
» que je pouvais et par conséquent devais leur faire.»

Article 11°. « Je veux qu'il soit employé une somme
de 2,400 fr. à 3,000 fr. pour faire une statue en marbre
formant un buste de Madame Élisabeth de France avec
cette inscription : A LA VERTU. Ce buste sera placé dans
un lieu où il pourra être vu de beaucoup de personnes ;
s'il est possible, à la porte de l'église Notre-Dame-de-
Paris. Je ne me rappelle pas si j'ai jamais eu l'honneur
de parler à cette princesse ; mais je désire lui payer ici
un tribut de respect et d'admiration [1]. »

16°. « Je lègue à chacun des hospices des départements
de Paris une somme de 10,000 fr. pour être distribués
en gratifications ou secours à donner aux pauvres qui
sortiront de ces hospices, et qui auront le plus besoin
de secours. Comme il y a douze départements, cette
disposition est un objet de 120,000 fr. » (etc., etc.)

Quand on a lu ce testament et qu'on connaît la vie de
celui qui l'écrivit, on ne peut que répéter avec M. de
Chazet : « Tel fut cet homme rare, dont la vie peut être
regardée comme une étude historique et morale pour

---

[1] Cette statue se trouve placée dans la salle des séances de l'Aca
démie.

toutes les conditions et toutes les classes. Organe des lois, jamais il ne les a laissé fléchir au gré du caprice; magistrat, il a jugé d'après sa conscience ; administrateur, il a fait bénir son nom dans les provinces qu'il a régies; financier, il a pris l'ordre pour base et la probité pour guide ; riche, il a vécu comme s'il ne l'était pas pour donner davantage aux pauvres.... Ce qu'on n'avait vu dans aucun temps, ce qu'il était réservé à notre siècle de connaître et d'admirer, c'est un homme qui, possesseur d'une fortune immense, *n'en a jamais été que l'administrateur au profit des pauvres*, qui n'a jamais employé le pouvoir qu'à le faire bénir, qui a prévu toutes les infortunes, calculé toutes les ressources, fondé des prix pour tous les talents utiles et toutes les vertus modestes ; qui, mystérieux dans sa bienfaisance, n'a jamais donné d'argent que sous le sceau du secret ; qui a conspiré soixante ans dans l'ombre pour le bien public et qui, même à sa dernière heure, en répandant des libéralités sans exemple, aurait voulu rester inconnu, s'il avait pu faire son testament sans se nommer. »

Qu'ajouter à ces éloges si complètement mérités d'ailleurs ?

OBERKAMPF

Né à Weinsenbach le 11 juin 1738, dans le marquisat d'Anspach (Bavière), Oberkampf (Guillaume-Philippe) avait pour père un industriel allemand qui, après avoir essayé vainement de réaliser dans sa patrie les projets qu'il avait conçus pour la fabrication des toiles peintes, vint s'établir à Aran (en Suisse), où il fut encouragé, dès ses débuts, par un accueil des plus bienveillants ; sa maison ne tarda pas à devenir prospère et le bien-être qui en résulta pour toute la contrée valut à l'habile manufacturier le droit de bourgeoisie.

Son fils, Guillaume-Philippe, initié de bonne heure à tous les procédés de la nouvelle industrie, et rêvant d'autres perfectionnements, se trouvait à l'étroit dans la petite ville suisse, et à peine âgé de dix-neuf ans, il résolut de passer en France. « Il n'ignorait pas cependant, dit Rabbe, copié par G. de F. dans la *Biographie nouvelle*, les préjugés qui y existaient contre les toiles peintes de Perse et de l'Inde, vendues à un prix très-élevé à cause des procédés d'exécution longs et dispendieux : on y était également prévenu contre les imitations qui s'en faisaient dans quelques États voisins ; et on les repoussait d'autant plus sévèrement du royaume, qu'on se persuadait que ce genre d'industrie nuirait à la culture du lin, du chanvre et de la soie. »

Malgré ces obstacles, Oberkampf, comme nous l'avons dit, vint en France, et à force de démarches et de persévérance, il obtint en 1759 un édit qui autorisait la fabrication intérieure des toiles peintes. C'était quelque chose que cette autorisation, mais ce n'était pas tout, et possesseur du bienheureux diplôme, Oberkampf ne se dissimulait pas que, pour le mettre utilement à profit, ses ressources étaient plus que modestes; son capital, en effet, ne s'élevait pas à plus de 600 livres. Aussi, plus par nécessité que par choix, résolu à ne pas différer l'exécution de ses projets, il vint installer sa fabrique dans une chaumière de la vallée de Jouy, près Versailles ; et Jouy, pauvre village alors, comptait à peine quelques habitants. Borné, comme nous l'avons dit, dans ses ressources, mais soutenu par un inébranlable vouloir, le jeune Oberkampf, pour réunir tous les éléments nécessaires de sa fabrique, se fit ouvrier, construisant lui-même ses métiers; il fut tout à la fois dessinateur, graveur, imprimeur, et enfin le succès commençait à récompenser ses efforts, lorsqu'il se vit en butte à de nouvelles oppositions, dictées par la routine, disent les écrivains modernes, mais qui pour nous, maintenant éclairés par l'expérience, n'étaient point autant dénuées de sagesse et de prévoyance que le prétendaient les économistes, défenseurs zélés d'Oberkampf, qu'ils proclamaient le bienfaiteur de notre patrie, « car, disait-on, sa manu-
» facture allant toujours grandissant, ses opérations ne
» cessent de s'étendre ; un marais infranchissable a été
» desséché, la contrée entière assainie, et l'on peut comp-
» ter quinze cents âmes où l'on ne voyait que quelques
» familles éparses. »

Mais on peut se demander si ces progrès de l'industrie n'étaient pas aux dépens de l'agriculture et s'il faut se féliciter de ces agglomérations de populations qui délaissent, par l'appât du gain, le travail sain et fortifiant des champs, pour s'enfermer dans ces vastes usines où elles s'étiolent au physique comme au moral! Il suffit d'avoir vu de près quelques-uns de nos grands centres manufacturiers, où les ouvriers des deux sexes sont le plus souvent confondus, pour savoir à quoi s'en tenir à cet égard. Mais à l'époque dont nous parlons, nul ne prévoyait ces lointaines conséquences, et Oberkampf, tout le premier, convaincu qu'il poursuivait un but utile, loin de s'étonner des contradictions, opposait à ses adversaires, comme un argument décisif, les résultats obtenus déjà. Un arrêt du conseil lui donnant gain de cause, fit tomber toutes oppositions. Ce puissant encouragement ne fit que surexciter l'activité d'Oberkampf qui envoya de tous côtés des agents pour recueillir les meilleurs procédés dans les grandes manufactures étrangères. Il sut enlever aux habitants de l'Inde et de la Perse le secret de leurs brillantes couleurs, mises en relief par les dessins plus élégants de nos habiles artistes. Le succès du grand industriel lui créa de nombreux imitateurs et au bout de quelques années on comptait en France plus de trois cents manufactures, où deux cent mille ouvriers trouvaient à s'occuper en gagnant un salaire relativement élevé et tel sans doute que le travail plus rude de la terre n'eût pu le donner! Mais cependant pour la moralité et pour la santé des individus, combien celui-ci n'est-il pas préférable! On n'en jugeait point ainsi à l'époque dont nous parlons, alors sur-

tout que les économistes faisaient valoir que « sur une
» matière brute de 60 millions, il revenait à la France
» un bénéfice net que l'on pouvait évaluer à 24 millions,
» profitant aux autres branches de commerce. »

« Aussi, dit Rabbe, qui n'est point suspect, Louis XVI,
protecteur éclairé des inventions utiles, apprécia les importants services d'Oberkampf déjà naturalisé Français
et lui accorda des lettres de noblesse conçues dans les
termes les plus favorables. »

Bientôt on vit les courtisans comme les citadins, se
couvrir à l'envi des produits de sa fabrique. On aime à
pouvoir dire à la louange de l'homme supérieur, qu'il
n'en resta pas moins modeste, et jamais ne parut
porté à s'enorgueillir de ses succès, tout au contraire, il
était enclin à douter de son mérite. Plus tard, le conseil général de son département, reconnaissant des services rendus par le généreux industriel à la population
ouvrière, décida qu'une statue s'élèverait en son honneur et vota des fonds dans ce but. Tous applaudirent à
l'exception d'Oberkampf s'opposant énergiquement à
ce qu'il fût donné suite au projet qui, en effet, d'après
ses prières instantes, fut abandonné.

Homme de bien, il n'avait d'autre ambition que celle
d'être utile ; la place de sénateur lui ayant été offerte,
il la refusa comme avait fait naguère Ducis. Pourtant,
il ne put être indifférent à la médaille d'or que lui décerna le jury, lors de l'Exposition de 1806, et il dut accepter bientôt après la croix de la Légion d'Honneur, à
lui donnée dans des circonstances qui ne permettaient
pas le refus. L'Empereur étant venu visiter l'établissement du *seigneur de Jouy*, comme il se plaisait à l'appeler,

après avoir parcouru les ateliers, examiné de près les métiers et leurs produits, interrogé les ouvriers, se tournant vers le grand manufacturier, le félicita dans les termes les plus chaleureux ; puis détachant sa propre croix et l'attachant à la boutonnière d'Oberkampf, il lui dit :

« Personne n'est plus digne que vous de la porter, vous et moi, nous faisons la guerre aux Anglais ; vous par votre industrie, et moi par mes armes. » Puis il ajouta, par réflexion, ces mots que les évènements ont trop justifiés : « C'est encore vous qui faites la meilleure. »

A cette époque, en effet, Oberkampf, faisant à l'Angleterre une rude concurrence, commençait à exécuter le dessein, par lui conçu depuis longtemps, de diminuer le prix de la main d'œuvre en diminuant le nombre des bras employés pour filer et tisser le coton, et il y réussit en dérobant à nos voisins d'Outre-Manche les secrets de leur fabrication, et en important, comme avait fait Richard Lenoir, les machines dont ils faisaient un si utile usage. De la manufacture d'Essonne, la première de ce genre en France, sortirent bientôt des milliers de pièces de *toiles peintes*, dans lesquelles s'étaient transformés les ballots de coton brut. Disons en passant, après Rabbe, que cette dénomination de *toiles peintes* qu'on donne aux produits de ce genre d'industrie ne lui convient pas en réalité ; les perses et les indiennes, qui ont servi de modèles, étaient réellement peintes ; on n'imprimait que le trait et les sujets étaient coloriés au pinceau, tandis que nos toiles entièrement imprimées ne sont en effet que des *toiles teintes ;* mais l'ancien nom a prévalu et est resté dans le commerce.

L'année 1815 fut fatale à Oberkampf : lors de la seconde invasion, la vallée de Jouy, s'étant trouvée sur le passage des troupes étrangères, il vit ses ateliers détruits et les nombreux ouvriers qu'il occupait, sans ouvrage et sans pain, décimés par la misère. La vue de leur malheur lui fut plus douloureuse que sa propre ruine et plus d'une fois on l'entendit murmurer : *Ce spectacle me tue !* Quelques mois après en effet, il avait cessé de vivre.

PALISSY (BERNARD DE)

I

La date précise de la naissance de Bernard Palissy est incertaine ; généralement on incline à la placer vers 1510. On sait qu'il était du diocèse d'Agen en Aquitaine ; mais sans aucune certitude sur le lieu où il vit le jour.

« Homme du peuple, admirablement doué, dit un savant biographe, l'éducation élémentaire qu'il reçut ne gêna en rien le goût qui pouvait le porter vers les arts ni les instincts qui tournaient son esprit vers la contemplation des merveilles de la nature. Nous le voyons dans sa jeunesse, menant la vie nomade des artistes de ce temps, parcourir les différentes provinces de France, les Pays-Bas, le Luxembourg, la Basse-Allemagne, et y exercer la géométrie, la pourtraiture qui comprenait aussi l'art de modeler et la vitrerie ou peinture sur verre. Partout aussi il étudiait la configuration des pays, visitait les mines et les grottes, explorait le sommet des montagnes, le gisement des vallées. Il recueillait ainsi des trésors d'observations et de remarques : érudition pratique dont il a rempli ses livres, qu'il applique à tout et qui contraste heureusement avec celle qu'on trouve ordinairement dans les livres de science [1]. »

Après avoir voyagé en France, comme nous l'avons dit, notamment à Tarbes, où il resta deux ans, nous trouvons, vers l'an 1542, Palissy marié « chargé de femme et d'enfants, établi à Saintes, et y travaillant tour à tour de ses trois états suivant l'occasion lorsqu'un accident fortuit lui vint faire entreprendre la fabrication du genre de poterie dont il est resté l'inventeur admirable. »

Il nous a fait lui-même le dramatique récit de cet épisode si important de sa vie dans le livre curieux intitulé : *Discours admirables de la nature des Eaux et Fontaines* [1]. Pouvons-nous mieux faire que de laisser la parole à un pareil témoin oculaire :

« Or, dit-il, afin de mieux te faire entendre ces choses, je te ferai un discours pris dès le commencement que je me mis en devoir de chercher le dit art, et par là tu orras les calamités que j'ai endurées au-paravant que de parvenir à mon dessein.... Tu verras que l'on ne peut poursuivre ni mettre en exécution aucune chose, pour la rendre en beauté et perfection, que ce ne soit avec grand et extrême labeur, lequel n'est jamais seul ains (mais) est toujours accompagné d'un millier d'angoisses. »

Voilà des paroles que le jeune artiste ne saurait trop méditer et qu'il pourrait écrire en tête de son Album ; continuons :

---

[1] E. Piot. *Cabinet de l'Amateur,* T. Ier
[2] In-8°. — Paris 1580.

« Il y a vingt-cinq ans passés qu'il me fut montré une coupe de terre tournée et *émaillée* d'une telle beauté que dès lors j'entrai en dispute avec ma propre pensée en me rémémorant plusieurs propos qu'aucuns m'avaient tenus en se moquant de moi lorsque je peignais les images. Or, voyant que l'on commençait à les délaisser au pays de mon habitation, aussi que la vitrerie n'avait pas grande requête.... Dès lors, sans avoir égard que je n'avais nulle connaissance des terres argileuses, je me mis à chercher les émaux comme un homme qui tâte en ténèbres.

« .... Je pilais en ces jours-là de toutes les matières que je pouvais penser qui pourraient faire quelque chose, et, les ayant pilées et broyées, j'achetais une quantité de pots de terre et après les avoir mis en pièces, je mettais des matières que j'avais broyées dessus icelles.... puis ayant fait un fourneau à ma fantaisie, je mettais cuire les dites pièces pour voir si mes drogues pourraient faire quelques couleurs de blanc, car je ne cherchais d'abord autre émail que le blanc, parce que j'avais ouï dire que le blanc était le fondement de tous les autres émaux. Or, parce que je n'avais jamais vu cuire terre, ni ne savais à quel degré de feu le dit esmail se devait fondre, il m'était impossible de pouvoir rien faire par ce moyen ores que mes drogues eussent été bonnes parce qu'aucunes fois la chose aurait trop chauffé et autrefois trop peu... Quand j'eus bastelé plusieurs années ainsi imprudemment avec tristesse et soupir, à cause que je ne pouvais parvenir à rien de mon intention et me souvenant de la dépense perdue, je m'avisai, pour obvier à si grande dépense, d'envoyer

les drogues que je voulais éprouver à quelque fourneau
de potier. »

Mais ce moyen plus économique ne réussit pas, tout
probablement « à cause que le feu des dits potiers
n'était assez chaud » et vainement à plusieurs reprises
Palissy recommença l'expérience : « Ainsi fis-je par
plusieurs fois, toujours avec grands frais, perte de
temps, confusion et tristesse. »

Quelque temps découragé « je me mis en nonchaloir
de ne plus chercher les émaux. » Mais Palissy ne resta
pas longtemps dans cette disposition : « dès que je me
trouvai muni d'un peu d'argent, je repris encore l'affection de poursuivre la recherche des dits émaux. » Cette
fois, il porta ses poteries préparées au four d'une ver-
rerie « d'autant que leurs fourneaux sont plus chauds
que ceux des potiers », et le lendemain il eut la satisfaction de constater un premier résultat : « partie de
mes compositions avaient commencé à fondre. » Pourtant ce ne fut qu'après deux longues années encore de
tâtonnements et d'essais que l'opiniâtre chercheur
obtint un résultat important sans doute quoique non
complet et décisif encore : « Ayant avec moi, dit-il, un
homme chargé de plus de trois cents sortes d'épreuves,
il se trouva une des dites épreuves qui fut fondue
dedans quatre heures après avoir été mise au fourneau
laquelle épreuve se trouva *blanche et polie* de sorte
qu'elle me causa une joie telle que je pensais être
devenu nouvelle créature, et pensais dès lors arriver à
une perfection entière de l'émail blanc : mais je fus
fort éloigné de ma pensée : cette épreuve était fort
heureuse d'une part, mais bien malheureuse de l'autre. »

Néanmoins Palissy était mis sur la voie de la découverte complète et il songea à de nouvelles expériences. Pour les suivre et les diriger lui-même dans les moindres détails, il se résolut à construire de nouveau un four à son usage ; mais faute de ressources, « je me pris, dit-il à ériger un fourneau semblable à ceux des verriers, lequel je bâtis avec un labeur indicible : car il fallait que je maçonnasse tout seul, que je détrempasse mon mortier, que je tirasse l'eau pour la détrempe d'icelui : aussi me fallait-il moi-même aller quérir la brique sur mon dos à cause que je n'avais nul moyen d'entretenir un seul homme pour m'aider à cette affaire. »

Enfin le fourneau terminé « ayant couvert les pièces (pots) du dit émail, je les mis dans le fourneau continuant toujours le feu en sa grandeur ; mais sur cela il me survint un autre malheur, lequel me donna grande fâcherie, qui est que le bois m'ayant failli, je fus contraint brûler estapes (étais) qui soutenaient les tailles de mon jardin, lesquelles étant brûlées, je fus contraint brûler les tables et le plancher de la maison, afin de faire fondre la seconde composition. J'étais en une telle angoisse que je ne savais (saurais) dire, car j'étais tout tari et desséché à cause du labeur et de la chaleur du fourneau ; il y avait plus d'un mois que ma chemise n'avait séché sur moi, et même ceux qui me devaient secourir, allaient crier par la ville que je faisais brûler le plancher et par tel moyen l'on me faisait perdre mon crédit et m'estimait-on être fol. Les autres disaient que je cherchais à faire la fausse monnoye, que c'était un mal qui me faisait sécher sur les pieds, et m'en allais par les rues tout baissé comme un homme honteux. J'étais endetté en plusieurs lieux et avais ordinairement deux enfants aux nourrices, ne pouvant payer leurs salaires ; personne ne me secourait, mais au contraire, ils se moquaient de moi en disant : « Il lui » appartient de mourir de faim, parce qu'il délaisse » son métier. »

L'infortuné cependant, n'était point à la fin de ses épreuves. Bien qu'il eut entretenu le brasier du fourneau, on a vu à quel prix, le résultat trompa encore son espérance. Le fourneau se trouvant hors d'état de servir, Palissy essaya de s'associer, pour opérer à moins de frais, avec un potier, mais après quelques mois, il dut renoncer à ce moyen plus onéreux qu'économique pour lui. Avec les débris du premier fourneau qu'il put employer en partie, il parvint à construire un nouveau fourneau plus solide. Plein d'espoir cette fois, il prépara ses émaux, médailles et poteries, « puis ayant le tout mis et arrangé, dit-il, dans le fourneau, je commençai à faire du feu, pensant retirer de ma fournée trois ou quatre cents livres, et continuai le dit feu jusqu'à ce que j'eusse quelque indice et espérance que mes émaux fussent fondus et que ma fournée se portait bien. Le lendemain, quand je vins à tirer mon œuvre, ayant premièrement ôté le feu, mes tristesses et douleurs furent augmentées si abondamment que je perdais toute contenance. Car combien que mes émaux fussent bons et ma besogne bonne, néanmoins deux accidents étaient survenus à la dite fournée lesquels avaient tout gâté. »

Le mortier dont Bernard s'était servi pour le fourneau

était plein de cailloux qui, par l'ardeur du feu « se
crevèrent en plusieurs pièces, faisant plusieurs pets et
tonnerres dans le dit four. Or, ainsi que les éclats sau-
taient, l'émail, qui était déjà liquifié et rendu en matière glueuse, prit les dits cailloux et se les attacha de
par toutes les parties de mes vaisseaux et médailles,
qui sans cela eussent été fort beaux. »

La fournée tout entière se trouvait perdue et ce
résultat était d'autant plus désastreux que Bernard,
pour cette nouvelle expérience, s'était derechef considérablement endetté et que ses créanciers « comptaient
qu'ils seraient payés de l'argent qui proviendrait des
pièces de la dite fournée, qui fut cause que plusieurs
accoururent dès le matin quand je commençais à désen-
fourner. » Qu'on juge de leur désappointement qui n'eut
d'égal que le découragement du pauvre Palissy ! «Je mis
en pièces entièrement le total de la dite fournée et me
couchai de mélancolie, car je n'avais plus de moyen de
subvenir à ma famille et n'avais en ma maison que
reproches : au lieu de me consoler, l'on me donnait des
malédictions.... Quand j'eus demeuré quelque temps au
lit et que j'eus considéré en moi-même qu'un homme
qui serait tombé dans un fossé son devoir serait de
tâcher à se relever, en cas pareil, je me mis à faire
quelques peintures, et par plusieurs moyens je pris
peine de recouvrer un peu d'argent. »

Il put ainsi de nouveau racheter des matières premières et le bois nécessaire à chauffer son fourneau.
Mais cette fois ce fut un autre genre d'accident : « Car
la véhémence de la flambe du feu avait porté quantité
de cendres contre mes pièces, de sorte que, par tous les

endroits où la dite cendre avait touché, mes vaisseaux étaient rudes et mal polis. » Il remédia à cet inconvénient au moyen de *lanternes* ou cloches sous lesquelles se plaçaient les émaux et qui sont encore en usage.

« Bref, dit-il, j'ai ainsi bastelé (tâtonné) l'espace de *quinze* ou *seize* ans ; quand j'avais appris à me garder d'un danger, il m'en survenait un autre lequel je n'eusse jamais pensé.... Toutes ces fautes m'ont causé un tel labeur et tristesse d'esprit qu'auparavant que j'aie rendu mes émaux fusibles à un même degré de feu, j'ai cuidé entrer jusqu'à la porte du sépulcre : aussi, en me travaillant à telles affaires, je me suis trouvé l'espace de plus de dix ans si fort écoulé en ma personne qu'il n'y avait aucune forme ni apparence de bosse aux bras ni aux jambes, ainsi étaient mes dites jambes toutes d'une venue....

» J'ai été plusieurs années que, n'ayant rien de quoi faire couvrir mes fourneaux, j'étais toutes nuits à la merci des pluies et des vents sans avoir aucun secours, aide ni consolation, sinon des chats-huants qui chantaient d'un côté et les chiens qui hurlaient de l'autre ; parfois il se levait des vents et des tempêtes qui soufflaient de telle sorte le dessus et le dessous de mes fourneaux que j'étais contraint de quitter là tout avec perte de mon labeur ; et je me suis trouvé plusieurs fois qu'ayant tout quitté, n'ayant rien de sec sur moi à cause des pluies qui étaient tombées, je m'en allais coucher à la minuit ou au point du jour, accoutré de telle sorte comme un homme que l'on aurait traîné par tous les bourbiers de la ville ; et en m'en allant ainsi retirer, j'allais bricollant sans chandelle en tombant d'un côté et d'autre comme un homme qui serait ivre de vin, rempli de grandes tristesses : d'autant qu'après avoir longuement travaillé, je voyais mon labeur perdu. Or, en me retirant ainsi souillé et trempé, je trouvais en ma chambre une seconde persécution pire que la première, et qui me fait à présent émerveiller que je ne suis consumé de tristesse. »

Quelle énergie de langage et quelle merveilleuse éloquence dans la naïve peinture de ces souffrances si stoïquement supportées ! C'est tout un drame et des plus émouvants que le récit de cette lutte de l'inventeur contre les difficultés sans cesse renaissantes. Aussi le lecteur n'aura pas regret à la longueur de nos citations d'autant plus que cet artisan ou cet artiste du 16ᵉ siècle est un éminent écrivain. Puis en nos temps de découragements si prompts, d'impatiences déraisonnables et d'ambitions prématurées, il semble des plus utiles de montrer ce que peut l'opiniâtre tenacité de la volonté humaine et au prix de quels efforts elle arrive à son but. L'exemple de Palissy est un mémorable exemple qu'on ne saurait trop rappeler aux jeunes gens en leur montrant, dans sa grandeur et sa simplicité, cette persévérance qu'on peut qualifier *d'héroïque* encore que le résultat ne soit pas d'un ordre très-élevé, puisqu'il n'a pas trait directement à l'art, à la morale ou à la religion.

II

Enfin, après dix-huit ou vingt années de ces terribles épreuves, Palissy vit ses efforts couronnés d'un plein succès. Il put couvrir ses poteries de cet émail jaspé qui leur donne tant de prix et de son atelier sortirent nombre de vases, statuettes, bassins, plats, ustensiles divers, modelés de sa main devenue si habile, et qu'il appelait du titre collectif de *rustiques figulines*, du mot latin *figulina* qui signifie tout genre de poteries. Ces *figulines*, aujourd'hui si recherchées des amateurs et payées au poids de l'or, les seigneurs de la Saintonge dès lors se les disputèrent pour orner leurs parcs et leurs châteaux et les firent bientôt connaître au loin. Le célèbre connétable de Montmorency, ce rude guerroyeur, qui avait à un haut degré le goût des belles choses, chargea Palissy de la décoration de son château d'Ecouen, construit par l'architecte Jean Bullant et enrichi déjà des sculptures de Jean Goujon. « Dorénavant, comme l'a dit un biographe [1], le sort de Palissy et celui de son ingrate famille étaient assurés, » et plus qu'assurés : c'était la large aisance, la richesse même et la complète sécurité qui pour l'artiste remplaçaient l'angoisse et la détresse des mauvais jours si lui-même il n'eût été de nouveau l'artisan de son malheur.

« Palissy, dit M. Louis Audiat [2], fut une des âmes honnêtes que séduisit un prétexte de réforme. Homme de mœurs pures, il vit uniquement dans les premiers apôtres du calvinisme quelques chrétiens de la primitive église. L'ardeur qu'ils montrèrent, la foi qui les animait, le nom de Dieu qu'ils invoquaient sans cesse, la régula-

[1] Serret : — *Biographie universelle.*

[2] L. Audiat. — *Bernard Palissy ; sa vie et ses ouvrages.* 1 vol. Didier, éditeur.

rité de vie de trois ou quatre néo-convertis qui contrastait avec les déportements d'un plus grands nombre de catholiques, inévitables dans une agglomération de dix à quinze mille âmes, et faut-il le dire? peut-être les persécutions qui les assaillirent et qu'ils supportèrent avec l'orgueil et le courage des néophytes frappèrent le modeste artisan et lui firent illusion. »

Du reste, d'après ce que nous apprend un écrivain du temps « surtout les peintres, horlogers, imagiers, orfèvres, libraires, imprimeurs et autres qui, en leurs métiers, ont quelque noblesse d'esprit (et non moins de vanité souvent) furent les premiers à se laisser surprendre [1]. »

Bernard Palissy, comme beaucoup d'autres à cette époque, se laissant séduire aux déclamations perfides des prédicants, ne voyait que la réforme des abus, et il se fût indigné sans doute à la pensée d'une apostasie. « On ne peut trouver chez Palissy, dit M. L. Audiat, un seul mot montrant que d'abord il avait vu dans un changement de religion une rupture avec l'église catholique... Fait étrange! Les noms de Luther et de Calvin ne se trouvent pas dans les livres de maître Bernard.... Aussi fournit-il un argument de plus à ceux qui prétendent que maître Bernard n'a jamais été réellement hérétique, mais seulement un de ces hommes modérés qui ont des sympathies pour un parti sans s'y enrôler, et en temps de révolution, souffrent même pour des opinions qu'ils n'ont pas. »

---

[1] Florimond de Rémond : — *Histoire de la naissance, progrès et décadence de l'hérésie.*

Malheureusement, cette illusion n'est guère possible quand on a lu certains passages des écrits de l'illustre céramite ; comme aussi, d'après divers témoignages contemporains, on ne peut douter que Palissy qui, « d'abord ne croyait point aller si loin, » prêtant une oreille trop docile aux conseils du prêtre apostat Hamelin, et des comte et comtesse de Marennes, Antoine de Pons et Anne de Partenay, en vint, après abjuration du catholicisme, à se déclarer ouvertement et obstinément huguenot. La tenacité, qui était le fond de son caractère, et sans doute aussi l'orgueil du sectaire le firent s'opiniâtrer de plus en plus et ne lui permirent pas de reculer. « Il est clair, dit M. Audiat, que, avec la coupe émaillée qui décida la vocation du peintre verrier, dans les fourgons d'Antoine de Pons se trouva le protestantisme qui fit de Palissy un adepte et une victime. »

Mais victime qu'on est moins tenté d'excuser sinon de plaindre quand on voit son entêtement pour les idées nouvelles, c'est à dire pour l'erreur volontairement embrassée et non point sucée avec le lait, et son zèle à la propager dans la Saintonge où « dit M. Serret, l'un des premiers, il se fit protestant et contribua beaucoup à la fondation de l'église réformée de Saintes. » « L'évêque de Saintes, Tristan de Bizet, dit de son côté M. Audiat, faisait tout son possible pour arrêter les ravages de l'hérésie... Il parcourait son diocèse, exhortant, rassurant par sa pensée les âmes fermes, raffermissant les chancelantes et arrêtant la hardiesse des huguenots. Efforts impuissants ! Au siége même de l'évêché, Palissy rassemblait dans sa maison quelques dévots et, en l'ab-

sence de tout ministre, prêchait et lisait la Bible. » Cela
résulte de certain passage d'un des ouvrages de Bernard
Palissy qui se désigne évidemment lui-même quand il
dit : « Il y eut en cette ville un artisan, pauvre et indi
gent à merveilles, lequel avait un si grand désir de
l'avancement de l'Evangile.... qu'il assembla, un dimanche au matin, neuf ou dix personnes, et parce qu'il
était mal instruit ès-lettres, il avait tiré quelques passages
du vieux et nouveau Testament, les ayant mis par écrit.
Et quand ils furent assemblés, il leur lisait les passages
ou autorités. »

Maintenant qu'on vienne nous vanter la probité, la
sincérité, l'honnêteté de Palissy, il est difficile de ne pas
songer au mot sévère de l'Évangile, « sepulcres blan-
chis, » quand on voit dogmatiser avec cette outrecui-
dance, s'ériger en théologiens, en réformateurs et cen-
seurs de l'Eglise, des hommes qui n'avaient en rien
qualité pour cela et dont la présomption ne pouvait être
égalée que par leur ignorance. Ils ne s'opiniâtreront
jusqu'à la fin sans doute qu'à cause de cette ignorance
même qui n'empêche pas chez eux d'ailleurs, s'ils tiennent la plume, la manie des citations bibliques. « Mais,
dit fort bien M. Audiat, les psaumes faisaient le plus
clair de leur nouveau savoir religieux. »

Ajoutons qu'en bien des endroits, les sectaires ne se
bornaient point à de simples prédications, témoin ce
fait entre beaucoup. « Le 1er mai 1562, après la cène
publiquement célébrée en grande pompe sur la place de
la Bousserie, à la Rochelle, les calvinistes se ruent dans
les églises, pillent reliquaires et vases sacrés dont plusieurs s'enrichirent, renversent les autels, brisent les

images, fouillent les tombeaux et dispersent au vent les cendres des morts. Les religieux sont contraints de fuir. Vingt ou trente qui revinrent furent massacrés. Six ans plus tard, toutes les églises elles-mêmes, excepté la seule chapelle de sainte Marguerite, furent démolies. .... Il en fut de même dans toute la province. »

Comment s'étonner après cela de l'irritation des catholiques, et qu'armés pour la défense de leur religion, la vraie et antique religion, ils se soient laissé entraîner parfois aux représailles ? N'avaient-ils point été trop provoqués par ces excès et ces violences qui, par toute la France, accumulaient des ruines ? « Les mille figures du grand portail de Saint-Etienne de Bourges furent criblées d'arquebusades. Le chœur splendide de Saint-Jean de Lyon fut démoli, et aussi les basiliques vénérables de Saint-Just et de Saint-Irénée. Les fonts baptismaux étaient livrés aux plus vils usages, les vases sacrés profanés, les images du Christ et de la Vierge traînées dans la boue.... Les reliques de saint Martin de Tours et de saint Irénée furent jetées au Rhône et à la Loire. La statue de Jeanne d'Arc fut renversée du haut du pont d'Orléans.... A Fléac, un prieuré de Chanceladais fut complètement ruiné, et, dit Florimond de Rémond, « on » joua au ramponneau avec des têtes de prêtres. [1] »

Voilà ce que faisaient alors les disciples de Luther et de Calvin, et ce qu'il est utile de rappeler pour ces gens qui, soit ignorance, soit mauvaise foi, déclament si volontiers et si haut contre l'intolérance des catholiques. On sera moins surpris alors que Bernard Palissy, plus

---

[1] L. Audiat : *Bernard Palissy.*

connu à cette époque comme ardent sectaire que comme artiste, ait attiré sur lui la persécution. Incarcéré à Saintes, il se vit intenter une action criminelle devant le parlement de Bordeaux; mais grâce à l'intervention énergique du connétable de Montmorency, Palissy fut rendu à la liberté. « A sa recommandation, dit M. Audiat, Catherine, aimant les arts comme une Médicis, fit délivrer à maître Bernard le brevet d'*Inventeur des rustiques figulines du Roi*... Désormais le potier faisait partie de la maison du roi; il échappait à la juridiction du parlement de Bordeaux. »

Appelé l'année suivante à Paris, Palissy fut chargé par Catherine de travaux importants dans les jardins et résidences royales. Il était logé au Louvre avec ses deux fils qui l'aidaient dans ses travaux et dut à cette position privilégiée d'échapper au massacre de la Saint-Barthélemy (24 août). Catherine sans nul doute avait donné des ordres pour qu'il fût protégé. Bien des années après, il fut moins heureux, alors que la faction des Seize dominait dans la capitale, et par ses violences risquait de compromettre et de déshonorer ce grand mouvement catholique et populaire de la Ligue si ridiculement calomnié par certains historiens. L'un des Seize, Mathieu de Launay, fit arrèter Palissy jeté dans un cachot de la Bastille «et noté pour être conduit au *spectacle public*. On comprend le sens mystérieux de cette terrible expression, » dit M. Serret. Mais Mayenne, l'un des admirateurs de l'éminent artiste, fit ajourner l'exécution à laquelle s'opposa non moins vivement Henri III. Le roi cependant n'osa pas faire mettre en liberté Palissy qui mourut dans sa prison (1589), et ce qui est plus triste, obstiné dans son erreur, s'il est vrai, comme l'affirme d'Aubigné, sans doute un peu suspect, qu'il ait répondu à Henri III, venu dans la prison pour essayer de le convertir, fut-ce par la crainte en lui déclarant que, s'il ne cédait, il courait risque du bûcher :

« Les guisards, tout votre peuple, ni vous ne sauriez contraindre un potier à fléchir le genou devant des statues, parce que je sais mourir. »

Dans cette réponse que certains biographes nous vantent comme magnanime n'y a-t-il pas surtout l'entêtement de l'orgueil, et aussi une sorte d'insolente bravade vis-à-vis du prince qui n'en persista pas moins dans sa bienveillance et sut empêcher l'exécution?

Outre les ouvrages qu'il a publiés, Palissy ouvrit en 1575, à Paris, un cours public, le premier de ce genre, où il convia tous les érudits de la capitale, dit un biographe, à venir entendre dans ses leçons l'exposé de ses théories sur les pierres, les fontaines, les métaux, etc. Quoique le prix d'entrée fût assez élevé (un écu) le succès fut tel que Palissy continua son cours les années suivantes, et ce ne fut que vers l'année 1584 que ces leçons si goûtées des auditeurs cessèrent. « La gloire d'avoir le premier en France inauguré le grand enseignement public, dont les institutions modernes de la Sorbonne et du collége de France, du Muséum etc., ne sont que la continuation agrandie et perfectionnée, revient sans conteste à Palissy. »

Le *sans conteste* de M. Serret me paraît bien affirmatif car, depuis plusieurs siècles, sur la montagne Sainte-Geneviève et dans le quartier de l'Université, combien ne comptait-on pas de chaires et de professeurs ?

PARMENTIER

S'il est des hommes qui méritent qu'on honore leur
mémoire et que leur nom, par exemple, inscrit à l'entrée d'une voie publique, rappelle incessamment leur
souvenir aux contemporains comme plus tard à la postérité, ce sont ceux-là surtout qui ont rendu à la patrie,
que dis-je ? à l'humanité, des services dont le bienfait
leur survit, et se fera sentir peut-être après des siècles.
Parmentier fut de ces hommes, lui, dont on a pu dire
avec toute justice :

« Un ardent amour pour l'humanité était le génie qui
inspirait Parmentier ; dès qu'il voyait du bien à faire
ou des services à rendre, il s'animait ; les moyens d'exécution se présentaient en foule à son esprit et ne lui
laissaient plus, pour ainsi dire, de repos ; il sacrifiait
tout pour satisfaire sa passion : il interrompait les
études qu'il aimait le mieux pour s'employer en faveur
des infortunés ; sa porte était ouverte à toutes les solli-
citations, et pour concilier ses travaux littéraires avec
cette facilité qui dérobe des heures si précieuses à
l'homme occupé, il était tous les jours au travail à trois
heures du matin [1]. »

Si le savant mérite qu'on le loue, qu'on l'exalte, c'est

---

[1] De Silvestre. *Notice biographique sur Parmentier.* — 1815.

assurément quand il donne à ses travaux, souvent si pénibles, un but pratique qui doit tourner à l'utilité de tous. Mais sans insister davantage sur ces considérations, venons au récit qui, en faisant connaître l'homme, permettra de mieux l'apprécier encore.

Parmentier (Antoine-Augustin), né à Montdidier en 1737, perdit, tout enfant encore, son père qui laissait à peu près sans fortune sa veuve, personne aussi distinguée par le cœur que par l'esprit et qui se dévoua tout entière à l'éducation de l'orphelin. Ne pouvant, par son manque de ressources, le placer dans un collége, elle s'efforça d'y suppléer en se chargeant elle-même de son instruction, aidée dans cette tâche par un vénérable ecclésiastique qui apprit à l'enfant les éléments du latin. Le jeune Augustin lui dut des leçons de vertu plus précieuses encore et qu'il n'oublia jamais.

Leurs efforts à tous deux, à la mère comme au bon prêtre, eurent leur récompense dans la docilité et l'intelligence de l'élève qui, pressé par le désir d'être utile à sa famille entra, vers 1755, en qualité d'aide chez un apothicaire de la ville où il resta une année. Il partit alors pour Paris, appelé par un parent, pharmacien également et qui lui offrait une place dans sa maison. Deux années suffirent au jeune homme pour ses études, et, en 1757, il se trouva pourvu d'une commission de pharmacien dans les hôpitaux de l'armée du Hanovre. Son infatigable activité, comme son zèle scrupuleux, dans l'accomplissement de ses devoirs, le firent remarquer par le chef du service, Bayen, qui appela sur lui l'intérêt de Chamousset, intendant général des hôpitaux. Parmentier, nommé pharmacien en second, se

montra digne de ce choix, héroïque de dévouement dans
une épidémie qui fit alors de grands ravages dans l'armée. Il ne s'épargna pas non plus dans les ambulances
et sur le champ de bataille même, puisqu'à cinq reprises différentes, il tomba aux mains de l'ennemi, cinq
fois dépouillé par les hussards prussiens qu'il considé-
rait, disait-il gaiement ensuite, comme de très-habiles
valets de chambre. La dernière fois, sa captivité qui se
prolongea tourna du moins au profit de la science. La
chimie, à cette époque, encore peu connue en France,
comptait en Allemagne de nombreux et zélés représen-
tants et entre tous, Meyer, pharmacien célèbre de
Francfort-sur-Mein. Parmentier, interné dans la ville,
fit la connaissance de ce savant, et bientôt la communauté de goûts créa entre eux une intimité dont le
jeune Français aurait pu profiter pour devenir le gendre
et le successeur de Meyer. Mais pour cela il eût fallu renoncer à la patrie et Parmentier, tels grands que fussent
les avantages à lui offerts comme compensation, ne put
se résigner à pareil sacrifice.

De retour en France, tout en continuant ses lectures
et ses expériences, il suivit les cours du célèbre natura-
lite de Jussieu, comme ceux de Rosselle et Rollet. Aussi,
en 1766, il emportait d'emblée au concours la place
d'apothicaire adjoint de l'hôtel des Invalides ; et, six
années après, les administrateurs lui témoignèrent leur
satisfaction en le nommant apothicaire en chef. Mais ce
titre était à vrai dire honorifique ; car, depuis l'origine
de l'établissement, les Sœurs de la charité avaient la
direction en chef de la pharmacie, et ce privilége, dont,
sans nul doute, elles avaient su se montrer dignes, elles

tenaient à le conserver, malgré toute leur estime pour Parmentier, longtemps leur subordonné. Celui-ci dut céder et se contenter de l'honneur du titre, d'ailleurs avec un assez beau traitement et son logement aux Invalides que les administrateurs voulurent lui conserver. La position n'était point faite pour déplaire ; mais une sinécure ne convenait en aucune façon au caractère de Parmentier, et il lui répugnait de toucher les émoluments d'une place qu'en réalité il ne remplissait pas. A défaut de fonctions officielles, il s'imposa à lui-même des devoirs et résolut de consacrer ses loisirs à des études ayant une utilité générale pratique.

C'est ainsi qu'à propos d'un concours ouvert par l'Académie de Besançon sur les moyens de combattre et d'atténuer une disette, il établit, par un Mémoire qui fut couronné, qu'il était facile d'extraire de l'amidon un principe nutritif plus ou moins abondant. Les recherches qu'il fit pour ce Mémoire l'amenèrent à s'occuper de la *pomme de terre*, cette solanée précieuse à laquelle son nom méritait de rester attaché ainsi que le proposait François de Neuchâteau qui voulait qu'on appelât ce nouveau légume : *Parmentière*.

J'ai dit *nouveau*, et cependant la pomme de terre, originaire du Pérou où par les indigènes qui s'en nourrissaient elle était nommée *papas*, importée en Europe pendant le XVe siècle, était cultivée en Italie dès le XVIe. Introduite en France par les Anglais, à la suite des guerres de Flandre, on la connaissait dans nos provinces méridionales et, grâce à Turgot, elle se cultivait dans le Limousin et l'Anjou, mais avec peu de zèle, et on l'employait tout au plus, non sans défiance, à la nourriture des bestiaux. Des préjugés, répandus par la fausse science, pire que l'ignorance, faisaient considérer cette substance comme nuisible pour l'homme, capable d'engendrer la lèpre, disait-on d'abord. Quand cette première et grossière erreur eut perdu son crédit, de vieux praticiens déclarèrent que cette nourriture malsaine engendrait des fièvres pernicieuses. De là, l'espèce d'interdit jeté sur cet aliment, la répulsion qu'il inspirait et que Parmentier, dont la conviction, fondée sur l'expérience, était tout autre, résolut de combattre énergiquement. Dès l'année 1778, il publiait, dans ce but, un opuscule ayant pour titre : *Examen chimique de la pomme de terre*, et qui, attaquant victorieusement les erreurs accréditées, affirmait que ce tubercule tant calomnié pouvait fournir un aliment non moins sain qu'agréable et que le bon marché rendrait des plus précieux. L'ouvrage fut accueilli favorablement par la partie éclairée du public, mais n'ébranla point les préventions aveugles et d'autant plus opiniâtres de la multitude. Parmentier comprit qu'à l'appui de sa thèse il fallait la preuve visible, l'argument décisif tiré du fait palpable et de l'expérience publique.

« Il obtint du gouvernement la permission de faire une grande expérience dans la plaine des Sablons, dit M. de Silvestre ; Paris étonné vit pour la première fois la charrue sillonner cinquante-quatre arpents d'un sol qui, par sa mauvaise qualité, avait été condamné à une stérilité immémoriale ; il vit bientôt ce même sol se couvrir de verdure et de fleurs et enfin produire abondamment ces racines précieuses.

« Aucune précaution ne lui avait échappé ; profondément occupé de son sujet, il cherchait également à tirer les moyens d'exécution de la nature des choses et des dispositions d'esprit, de la bizarrerie même des hommes qu'il voulait déterminer à le seconder. Il avait demandé des gendarmes pour garder sa plantation, mais il avait exigé que leur surveillance ne s'exerçât que pendant le jour seulement ; ce moyen eut tout le succès qu'il avait prévu. Chaque nuit, on volait de ces tubercules dont on aurait méprisé l'offre désintéressée et Parmentier était plein de joie au récit de chaque nouveau larcin qui assurait, disait-il, un nouveau prosélyte à la culture ou à l'emploi de la pomme de terre. »

Un autre moyen ne lui avait pas moins réussi ; lorsqu'il vit son champ en pleine floraison, il composa des plus belles fleurs un gros bouquet qu'il porta à Versailles pour en faire hommage au Roi qui, l'un des premiers, avait encouragé et facilité son entreprise. Louis XVI, en remerciant l'agronome, détacha du bouquet une tige, c'est-à-dire, une fleur dont il para gaiement sa boutonnière, et les courtisans aussitôt de l'imiter à l'envi, en demandant des semences pour faire cultiver la plante dans leurs terres. L'enthousiasme gagna les provinces et Parmentier bientôt ne put suffire aux demandes, encore que par un adroit calcul et pour donner plus de prix au cadeau il ne le distribuât qu'avec parcimonie. Ainsi un grand seigneur lui ayant envoyé une voiture à trois chevaux avec force sacs de blé pour les faire remplir de pommes de terre, l'agronome ne remit au voiturier que quelques tubercules dans un sac à argent.

On raconte encore qu'il donna aux Invalides un grand

dîner composé uniquement de pommes de terre, mais
auxquelles l'art du cuisinier avait substitué la forme et
la saveur des mets les plus exquis ; les liqueurs mêmes
étaient fabriquées avec de l'eau-de-vie tirée de la racine.

Cette fois, le préjugé était vaincu : la pomme de terre,
il faudrait dire la *Parmentière*, triomphant de toutes
les résistances, se voyait partout accueillie avec empressement, fêtée, et ce qui valait mieux, cultivée. Elle
servit puissamment à combattre la disette réelle ou factice dans les premiers temps de la Révolution. Et cependant, voyez ce qu'il en est des préjugés populaires ;
comme dit le latin :

Uno avulso, non deficit alter.

Lors des élections qui eurent lieu quelques années
après, certaines gens trouvèrent moyen de faire écarter
le bienfaiteur du peuple qui leur était suspect : « Un
homme à la vérité que le Roi avait honoré de ses bontés,
auquel il destinait le cordon de Saint-Michel, et dont il
voulait, suivant l'expression même du bon Louis XVI,
lire les ouvrages de préférence à tous ceux qui lui seraient offerts. » Les orateurs hostiles à Parmentier
criaient à l'envi :

— Ne lui donnez pas vos voix, il ne nous ferait manger que des pommes de terre, *c'est lui qui les a inventées.*

Et Parmentier ne fut pas nommé.

On peut admirer que cet homme de bien, à cause de
ses antécédents, privé de ses places et pensions, n'ait
pas été, de plus, l'une des victimes de la Terreur ; mais

le besoin qu'on avait de ses services sans doute le fit épargner. Puis, des amis prévoyants, quand la crise devint plus menaçante, prirent soin de le faire envoyer dans le Midi pour une mission spéciale. La nécessité, le besoin pressant d'une réorganisation des hôpitaux militaires le firent appeler à Paris, et il eut en même temps à surveiller les salaisons de la marine et la confection du biscuit de mer. Membre de l'Institut en 1796, et du Conseil des hospices en 1801, il remplit, en 1803, les fonctions d'inspecteur-général du service de santé. Ses occupations si nombreuses ne le détournaient aucunement des études pratiques ; on lui dut de nombreuses et importantes améliorations dans les divers services aussi bien que dans l'industrie, et en particulier celle de la panification, dont il publia un excellent manuel : *le Parfait Boulanger*, comme plus tard un nouveau *Code Pharmaceutique* généralement adopté. Pendant le blocus continental, il reconnut et proclama les avantages du sirop de raisin, comme pouvant suppléer au sucre devenu trop rare. Ce fut là sa dernière découverte ; il était presque septuagénaire quand il commença ses expériences à ce sujet, et peut-être il ressentait les premières atteintes de la maladie de poitrine à laquelle il devait succomber après en avoir souffert de longues années.

Comme il arrive, hélas ! souvent avec l'imperfection humaine, Parmentier eut parfois les défauts de ses qualités, et dit un consciencieux biographe déjà cité : « Il portait le désir du bien à un excès qui devenait parfois condamnable ; blâmant avec trop peu de ménagement certaines mesures administratives qu'il jugeait désastreuses, il avait paru dans ses derniers temps morose et frondeur. » Dans la vie privée, une certaine brusquerie de manières, qui contrastait avec la bonté de son cœur et sa bienveillance naturelle, l'avait fait nommer par quelques-uns le *bourru bienfaisant*. Titre mérité, car souvent l'homme qui s'était retiré d'auprès de lui, certain de n'avoir pas son appui, recevait, peu de jours après, la grâce sur laquelle il ne comptait plus et que Parmentier, radieux, s'empressait de venir apporter lui-même.

Jusque sur le lit de douleur où le clouait la maladie, il se préoccupait du bien à faire, et peu de jours avant sa mort, il disait à ses deux neveux qui lui prodiguaient leurs soins affectueux et dont il s'efforçait, en multipliant ses sages instructions, d'exciter l'émulation :

« Ne pouvant plus travailler, je voudrais faire l'office de la pierre à aiguiser qui ne coupe pas, mais qui dispose le fer à couper. »

« Parmentier, dit M. Mouchon, dans son intéressante Notice [1], avait atteint sa soixante-dixième année lorsqu'il rendit son âme à Dieu. C'était en 1813 (17 décembre) alors que l'étoile de Napoléou commençait à pâlir. Plus heureux que ce grand monarque, il s'endormit dans le sein de l'éternité sans avoir eu à déplorer aucun de ces affreux revers qui déjouent toutes les combinaisons du génie et laissent les grandes conquêtes infructueuses. C'est que, comme l'a judicieusement fait observer M. Ottavé, loin d'avoir agité un flambeau qui éblouit, il a répandu une lumière qui vivifie et qui féconde. »

L'illustre Cuvier, qui l'avait longtemps connu, nous fait, de son confrère à l'Istitut, ce remarquable portrait :

---

[1] Lyon, in-8°.

« Cette longue et continuelle habitude de s'occuper du bien des hommes avait fini par s'empreindre jusque dans son air extérieur ; on aurait cru voir en lui la bienfaisance personnifiée. Une taille élevée et restée droite jusqu'à ses derniers jours, une figure pleine d'aménité, un regard à la fois noble et doux, de beaux cheveux blancs comme la neige, semblaient faire de ce respectable vieillard l'image de la bonté et de la vertu : sa physionomie plaisait surtout par ce sentiment de bonheur né du bien qu'il avait fait ; et qui, en effet, aurait mieux mérité d'être heureux que l'homme qui, sans naissance, sans fortune, sans grandes places, sans même une éminence de génie, mais par sa seule persévérance dans l'amour du bien a peut-être autant contribué au bien-être de ses semblables qu'aucun de ceux sur lesquels la nature et le hasard avaient accumulé tous les moyens de les servir [1], »

Parmentier comptait de nombreux amis dans le clergé de Paris ; on le voit par ses rapports relatifs aux indigents, et « dans lesquels, comme le dit M. Huzard [2], il s'est plu à rendre justice aux respectables curés de Saint-Roch, de Sainte-Marguerite, de Saint-Étienne-du-Mont, du Saint-Esprit, etc. » Il avait été lié particulièrement naguère avec le savant et vertueux abbé Dicquemare, dont on nous saura gré de parler avec quelques détails, et qu'il avait en quelque sorte révélé à ses concitoyens.

Se trouvant au Havre avec le corps d'armée dont il

---

[1] Cuvier. *Eloges*, t. Ier.

[2] Huzard. *Notice lue à la Société philanthropique.*

faisait partie, il s'informa de l'abbé Dicquemare qu'il connaissait par quelques-uns de ses écrits. Il lui fut répondu qu'il n'y avait personne de ce nom dans la ville, sinon certain original qui passait sa vie à satisfaire une curiosité extravagante.

« Vous ressemblez, Messieurs, dit Parmentier, à ces Abdéritains de La Fontaine, pour lesquels Démocrite était un insensé. Ignorants du trésor que vous possédez, vous prenez pour de la folie cette généreuse passion de la science qui détache de toutes les préoccupations vulgaires. »

Il se fait aussitôt indiquer la demeure de Dicquemare et s'y rend, non pas seul, mais accompagné du général et de tout son état-major, pour témoigner hautement par cet honneur de l'estime que tous faisaient du savant abbé que ses compatriotes, les honnêtes marchands et bourgeois du Havre, commencèrent dès lors à regarder avec d'autres yeux.

Dicquemare, à tous égards méritait ces sympathies. Prêtre dès l'âge de vingt et un ans, son goût pour les sciences naturelles l'avait conduit à Paris d'où, après quelques années d'études, il revint au Havre, pressé de joindre la pratique à la théorie. On lui dut la découverte de faits neufs et curieux, par exemple sur la reproduction des actenies ou anémones de mer, et sur leur propriété de faire pressentir par le degré de leur extension l'état futur de l'atmosphère; ils sont ainsi des baromètres naturels. Ses observations sur les méduses, sur le grand poulpe et les limaces de mer, sur les tarets si funestes pour les navires et les digues dont ils percent le bois, en révélant des faits très-singuliers, ne furent pas moins utiles. On lui dut aussi un Mémoire précieux sur la maladie des huîtres qui se manifestait dès lors dans la baie de Cancale.

Rien ne coûtait à ce savant pour arriver à la découverte de la vérité et l'on comprend que de placides bourgeois, tout occupés de leur négoce et fort soucieux du bien-être, prissent pour de la manie, pour une espèce de démence, ce zèle poussé jusqu'à l'abnégation héroïque et aussi l'audace voisine de la témérité. L'étude des animaux sans vertèbres occupait Dicquemare tout particulièrement ; « or, d'après ce qu'on raconte, non content d'avoir chez lui toute une ménagerie de ces êtres singuliers, il passait souvent des heures entières plongé dans l'eau pour le mieux observer, ou s'enfonçait dans la mer la tête la première pour les poursuivre dans leurs retraites. Il nous apprend qu'il a fréquemment nagé autour d'orties marines aussi grosses que la tête de l'homme, ou de celles qui ont des membres longs comme le bras et qu'il a vivement ressenti leurs piqûres. La fureur des tempêtes ou les ténèbres de la nuit pouvaient seules l'arracher du rivage de la mer et du milieu des rochers. »

Divers écrits et surtout les nombreux Mémoires, au nombre de plus de soixante-dix, publiés dans le *Journal de Physique*, de 1772 à 1789, firent connaître au monde savant ce courageux lettré et lui méritèrent le beau surnom de *Confident de la Nature*. Les distinctions les plus honorables vinrent le chercher dans sa retraite, au milieu de ses livres et... de ses bêtes. Il fut élu membre correspondant de l'Académie et de plusieurs sociétés, et l'Assemblée générale du clergé de France, en 1786, par l'organe de son président, se plut à rendre un hommage public au mérite de ce prêtre éminent par sa science comme par sa vertu. Dicquemare ne pouvait se refuser à ces témoignages élevés de sympathie ; mais quoique peu fortuné, il ne voulut en aucune façon accepter les pensions ou les bénéfices qui lui étaient offerts par le gouvernement. Il mourut, pauvre sans doute, après avoir souffert de longues années, consolé par sa foi que le spectacle des merveilles de la nature n'avait fait qu'affermir ; consolé un peu aussi par la science qu'il cultiva jusqu'à la fin, et dont il mourait victime et martyr ; car la maladie qui le conduisit au tombeau n'était que l'épuisement résultant de ses fatigues incessantes et de ses prodigieux travaux.

Ce savant naturaliste cultivait aussi les arts ; il trouvait dans la peinture un agréable délassement de ses graves études. Dans la chapelle de l'hôpital du Havre, se voient, dit-on, cinq tableaux de lui, et qui sont remarquables par l'élégance et la pureté du dessin.

PASCAL

Joseph de Maistre, qu'on peut taxer parfois sans doute
d'exagération, m'a fort l'air de parler raison quand il
dit de Pascal : « Quoique je ne veuille pas déroger à son
mérite réel qui est très-grand, il faut avouer aussi qu'il
a été trop loué, ainsi qu'il arrive, comme on ne saurait
trop le répéter, à tout homme dont la réputation appartient à une faction.... On nous répète sérieusement, au
XIXe siécle, les contes de Madame Perrier sur la mira-
culeuse enfance de son frère ; on nous dit, avec le
même sang-froid, qu'avant l'âge de seize ans, il avait
composé « sur les sections coniques un petit ouvrage qui
» fut regardé alors comme un prodige de sagacité [1] »,
et l'on a sous les yeux le témoignage authentique de
Descartes, qui vit le plagiat au premier coup d'œil, et
qui le dénonça, sans passion comme sans détour, dans
une correspondance purement scientifique. »

« ... Je dis de plus que le mérite littéraire de Pascal
n'a pas été moins exagéré. Aucun homme de goût ne
saurait nier que les *Lettres* provinciales ne soient un fort
joli libelle.... Je n'en crois pas moins que la réputation
dont il jouit est due de même à l'esprit de faction inté-

---

[1] *Discours sur la vie et les ouvrages de Pascal.*

ressé à faire valoir l'ouvrage... Madame de Grignan, au milieu même de l'effervescence contemporaine, disait déjà en bâillant : *C'est toujours la même chose !* et sa spirituelle mère l'en grondait.

« .... En général, un trop grand nombre d'hommes, en France, ont l'habitude de faire, de certains personnages célèbres, une sorte d'apothéose après laquelle ils ne savent plus entendre raison sur ces divinités de leur invention. Pascal en est un bel exemple [1]. »

Ce dernier paragraphe, il faut bien l'avouer, va tout droit, que l'auteur y ait ou non songé, à l'adresse d'un de nos contemporains illustres qui, quoique nullement janséniste, a manqué tout à fait de sang-froid quand il s'est agi de juger Pascal. A la vérité, il s'en servait comme d'un argument pour la cause glorieuse qu'il avait à cœur de faire triompher, et c'est là son excuse. Prenant au sérieux et à la lettre « les contes de Madame Perrier » Chateaubriand nous dit, non sans quelque emphase : « Il y avait un homme qui, à douze ans, avec des *barres* et des *ronds*, avait créé les mathématiques ; qui, à seize, avait fait le plus savant traité des coniques qu'on eût vu depuis l'antiquité ; .... qui à cet âge où les autres hommes commencent à peine de naître, ayant achevé de parcourir le cercle des connaissances humaines, s'aperçut de leur néant, et tourna ses pensées vers la religion, qui, depuis ce moment jusqu'à sa mort, arrivée dans sa trente-neuvième année, toujours infirme et souffrant, *fixa la langue que parlèrent Bossuet et Racine*, donna le modèle de la plus parfaite

---

[1] Joseph de Maistre : *De l'Eglise gallicane.*

plaisanterie comme du raisonnement le plus fort (ni l'un ni l'autre certes !); enfin qui, dans les courts intervalles de ses maux, résolut par abstraction un des plus hauts problèmes de géométrie, et jeta sur le papier *des pensées qui tiennent autant du Dieu que de l'homme :* cet *effrayant* génie se nommait Blaise Pascal. »

Chateaubriand, qui sacrifiait si volontiers à la phrase, le fait ici par trop aux dépens de la judicieuse critique. Le génie de Pascal, apprécié à sa juste valeur, n'a rien d'effrayant et, sans jeter bas la statue de Blaise, il suffit pour sa gloire d'un piédestal ordinaire, bien loin de l'exhausser sur une colonne qui va se perdre dans les nues. La part qui lui reste comme écrivain est encore assez belle. Le volume des *Pensées*, son véritable titre aux yeux de la postérité, quoique dans sa plus grande partie il ne se compose que de fragments et de notes jetées sur le papier un peu au hasard, étonne souvent par la sagacité, la profondeur, la soudaineté de la pensée, comme par la vigueur et la puissance de l'expression. C'est l'éclair qui luit tout à coup au milieu des ténèbres et qui frappe la vue, quand on prétend le fixer, d'un prompt éblouissement. Les premiers chapitres, les seuls complets et terminés, dont, bien plus que des *Provinciales*, on pourrait dire qu'ils ont contribué à fixer la langue, supposé, ce que je ne crois pas, qu'une langue pût être fixée, c'est-à-dire immobilisée, ces chapitres, arrivent parfois à la plus haute éloquence. Il y a là nombre de passages toujours cités avec succès et qu'on peut citer encore, celui-ci par exemple :

« Un homme dans un cachot, ne sachant si son arrêt est prononcé, n'ayant plus qu'une heure pour l'apprendre, et cette heure suffisant, s'il sait qu'il est donné, pour le faire révoquer; il est contre la nature qu'il emploie cette heure-là, non à s'informer si cet arrêt est donné, mais à jouer et à se divertir. C'est l'état où se trouvent ces personnes [1], avec cette différence que les maux dont ils sont menacés sont bien autres que la simple perte de la vie et un supplice passager que ce prisonnier appréhenderait. Cependant ils courent sans souci dans le précipice, après avoir mis quelque chose devant leurs yeux pour s'empêcher de le voir et ils se moquent de ceux qui les en avertissent. » (Ch. 1er.)

Cela sans doute est remarquable, admirable, comme l'expression d'une vérité saisissante, formulée avec un rare bonheur; mais ce passage, et quelques autres aussi frappants, doivent-ils nous faire nous exclamer « *que ce sont là des pensées qui tiennent plus du Dieu que de l'homme.* » Autant dire comme Madame Perrier : « *que chez aucun peuple et dans aucun temps il n'a existé de plus grand génie que Pascal.* » « Exagération risible, dit avec raison de Maistre, qui nuit à celui qui en est l'objet au lieu de l'élever dans l'opinion. »

Pascal (Blaise), né à Clermont le 19 janvier 1623, était fils d'Etienne Pascal, président de la cour des avocats et de Antoinette Begon. Il mourut à Paris, le 19 août 1662. D'après ce que Mme Perrier rapporte : « Lorsque M. le curé le bénit avec le saint ciboire, il dit : « Que Dieu ne » m'abandonne jamais ! » Ce qui fut comme sa dernière parole. »

____

[1] Les Indifférents.

PERGOLÈSE

—

Stabat mater dolorosa,
Juxtà crucem lacrimosa
Dùm pendebat filius, etc.

Qui n'a tressailli, qui n'a pleuré à l'audition de ces strophes sublimes que rend plus émouvantes une musique qu'un maître français qualifie en ces termes : «Le *Stabat,* dit Grétry, me paraît réunir tout ce qui doit caractériser la musique d'église dans le genre pathétique.» Puis, appréciant dans son ensemble le génie du grand compositeur auquel on doit tant de beaux chants religieux : deux *Messes,* un *Miserere,* un *Laudate,* deux *Lœtatus,* un *Salve Regina,* etc., Grétry ajoute :

« Pergolèse naquit et la vérité fut connue. L'harmonie a fait depuis lui des progrès étonnants dans ses labyrinthes infinis. Les exécutants, en se perfectionnant, ont permis aux compositeurs de déployer la richesse des accompagnements, mais Pergolèse n'a rien perdu. La vérité de déclamation qui caractérise ses chants est indestructible comme la nature [1]. »

Pergolèse, séduit par ce mirage souvent fatal aux jeunes artistes, s'était d'abord essayé au théâtre, mais

[1] *Essais sur la musique.*

avec peu de succès, malgré le mérite de ses opéras accueillis avec beaucoup de froideur ou même sifflés, à l'exception d'un seul, la *Serva padrona*, la Servante maîtresse, applaudie du vivant de l'artiste comme les autres le furent après sa mort. Une malveillance dont la cause nous échappe lui rendit presque toujours le public du théâtre indifférent ou même hostile, au point que, lors de la représentation de son opéra d'*Olimpiade*, à Rome, non-seulement l'ouvrage fut outrageusement sifflé, mais le pauvre compositeur, qui dirigeait en personne l'orchestre, subit le plus grossier affront : une orange, lancée par une main connue peut-être, vint le frapper à la tête. Ce ne fut pas tout. Un artiste d'un talent bien inférieur, appelé Duni, ayant, à quelque temps de là, fait représenter sur le même théâtre un opéra *seria*, intitulé *Nerone*, se vit applaudi avec enthousiasme. Bien plus, la coterie, lâche autant que cruelle, dont Pergolèse était victime, en haine de celui-ci, prodigua ses éloges à Duni et voulut le couronner publiquement. Mais l'auteur; de *Nerone*, par un sentiment de généreuse équité qui l'honore plus que ses ouvrages, loin de se prêter à ces misérables calculs, déclara hautement qu'il n'était point digne de cette ovation, méritée bien plutôt par ce Pergolèse qu'on traitait trop injustement en s'obstinant à méconnaître son génie.

Pergolèse rebuté, découragé, renonça pour toujours au théâtre auquel mieux eût valu qu'il ne songeât jamais car nous compterions en plus grand nombre encore ses beaux chants d'église où son talent triomphe et qui ont rendu son nom populaire. Sa vie fut trop courte et ne lui permit pas de multiplier les chefs-d'œuvre ; mais

ceux qu'il a laissés suffiront à sa gloire. N'eût-il écrit
que le *Stabat* et le *Salve Regina*, il serait immortel. Ces
deux magnifiques compositions aussi bien que la can-
tate d'*Orphée* furent composées par lui à Pouzzoles et,
pour ainsi dire un pied dans la tombe ; car déjà malade
de la phthisie pulmonaire à laquelle il devait succomber, par l'ordre des médecins il avait quitté Lorette
pour chercher un climat plus doux, et accepté l'hospitalité que lui offrait, au pied du mont Vésuve, un généreux Mécène, le comte de Montdragonne. C'est là que
mourut le grand artiste, âgé de trente-trois ans à peine
(1737) ; il était né le 3 janvier 1704, à Jesi, dans les .
États-Romains.

Le poëte eût pu dire de Pergolèse tout aussi bien que
de Cimarosa :

> Chantre mélodieux, né sous le plus beau ciel,
> Au nom doux et fleuri comme une lyre antique,
> Léger Napolitain, dont la folle musique
> A frotté tout enfant les deux lèvres de miel,
>
> . . . .
>
> O maître, tu gardas à travers ton délire
> Un cœur toujours sensible et plein de dignité.
> Oui, ton âme fut belle ainsi que ton génie [1].

[1] Barbier, *Il Pianto*,

POUSSIN (NICOLAS)

« Les vies des hommes célèbres sont de tous les genres d'histoire celui qui offre la plus attrayante lecture. La curiosité, excitée par le bruit qui s'est fait autour de ces personnages, veut les voir de plus près et contempler à son aise ceux qui par leurs talents, leurs vertus, leurs vices, ont contribué au progrès, à la grandeur des nations ou précipité leur décadence. Cette lecture convient par-dessus tout aux premières années de la vie, quand le cœur, candide et ardent au bien, croit volontiers à la vertu et, se passionnant pour tout ce qui est beau, noble, grand, héroïque, aspire à l'imiter. C'est alors que nous choisissons pour amis et pour témoins de nos actions un Aristide, un Cimon, un Épaminondas... On se modèle à leur exemple et l'on voudrait à tout prix, comme eux, semer la carrière de la vie de ces fleurs de gloire et de vertu, etc. »

Ce fragment de la préface du beau livre de Quintana [1] m'a paru ne pouvoir être mieux placé qu'en tête

---

[1] *Vidas de los Espanoles celebres.*

de la biographie de notre Poussin, qui ne fut pas seulement un éminent artiste, mais un grand et noble caractère, un homme dont la vie, heureusement plus connue dans ses détails que celle de Le Sueur, peut, elle aussi, être proposée en exemple.

Poussin (Nicolas) naquit aux Andelys (Normandie), le 15 juin 1594, d'une famille noble, originaire de Soissons, mais déchue à la suite des guerres civiles. Son goût pour les arts se manifesta de bonne heure, et il reçut quelques leçons d'un peintre de Beauvais, nommé Quentin Varin. Mais l'adolescent sentait d'instinct l'insuffisance de cet enseignement ; aussi, à peine âgé de dix-huit ans, il quitta les Andelys, sans demander ou attendre le consentement de son père, un tort grave qu'il devait cruellement expier plus tard ; arrivé à Paris, grâce à la connaissance qu'il fit d'un jeune gentilhomme du Poitou, amateur des arts, il trouva moyen de vivre tout en continuant ses études. Il eut successivement pour maîtres deux artistes médiocres, Ferdinand Elle, de Malines, et le Lorrain Lallemand, dont, paraît-il, l'enseignement ne laissait pas moins à désirer que les tableaux. Par bonheur, toujours grâce à son ami le gentilhomme, Poussin fit la connaissance d'un mathématicien aux galeries du Louvre, possesseur d'une très-belle collection de gravures d'après Raphaël et Jules Romain, et même de quelques dessins originaux de ces maîtres, et qui les mit généreusement à la disposition du jeune artiste. « La pureté de correction du premier et la fierté de dessin du second, dit un biographe, devint l'objet des études de Poussin : ce fut véritablement là sa première école et la source où

il puisa, suivant Bellori, le lait de la peinture et la vie
de l'expression. »

Malheureusement il s'interrompit au milieu de ces
fructueuses études par condescendance pour son ami
qui, retournant en Poitou, l'invita à l'accompagner
dans sa famille, en lui offrant l'hospitalité, avec l'espoir
qu'il trouverait à s'occuper dans le château d'une façon
utile et intéressante. Mais il en fut tout autrement que
le jeune artiste n'avait pensé « et le Poussin, dit
M. Bouchitté [1], fut exposé en cette circonstance à des
humiliations que quelques artistes et beaucoup de gens
de lettres avaient éprouvées avant lui, dans un siècle et
chez une nation qui ne faisait que de naître à l'amour
des arts et à la culture littéraire. La mère du jeune
gentilhomme avait peu de goût pour les tableaux,
l'âge de son fils lui laissait, avec la libre disposition de
sa fortune, la direction de la maison ; elle jugea utile
d'occuper le Poussin de soins domestiques, sans lui
laisser le temps de cultiver la peinture. »

On comprend que pareil emploi ne pouvait convenir
à l'artiste blessé dans son affection comme dans sa
dignité. Préférant la misère à cette hospitalité trop
différente de celle qu'on lui avait promise, il quitta le
château un matin, et, en attendant qu'il lui fût possible de regagner Paris, il se mit à parcourir la province, s'aidant pour subsister du produit de travaux
qu'il n'obtenait pas sans peine. C'est ainsi qu'il peignit
divers paysages pour le château de Clisson, une *Bac-
chanale* pour celui de Chaverny (1616-1620) ; et *saint*

---

[1] *Histoire de Poussin,* 2ᵉ édit., Didier, éditeur.

François et saint Charles Borromée, pour les Capucins de Blois. Mais, sans doute, les prix furent bien modiques, inférieurs même à son talent en germe, puisque, résolu, coûte que coûte, à revenir à Paris, où il pouvait espérer trouver des ressources plus sérieuses, Poussin prit le parti de se mettre en route à pied, le bâton à la main, faute d'argent pour payer la voiture, à la vérité assez chère à cette époque.

Aujourd'hui que les communications sont si multipliées, si faciles, on a peine à s'imaginer combien pénible et long était alors un pareil voyage et ce qu'il fallut d'énergie, presque d'audace au jeune artiste pour l'entreprendre et l'achever dans les conditions où il se trouvait. Citons à ce sujet une belle page du dernier historien de Poussin, qui est de celles qu'on ne rencontre pas fréquemment, soit dit en passant, chez les biographes modernes :

« Lorsque nous voyons le jeune homme de vingt ans, parcourant, triste et pensif et peut-être sous les haillons de la misère, la route qui sépare le Poitou de Paris, nous ne pouvons nous empêcher de faire des réflexions amères et en même temps consolantes sur la destinée de l'homme. Quelle est donc cette force qui à son insu l'anime et le soutient malgré ses défaillances ? Quel est ce guide qui, sans lui révéler le mystère de son avenir, dirige ses pas, cachant ses sages desseins sous les dehors du hasard et soutenant l'espérance au milieu des alternatives de la faiblesse et du courage ? Quelle main invisible s'étend sur le pauvre voyageur, affermit ses pas chancelants, et prépare dans un obscur avenir la sécurité après les inquiétudes, la gloire après les épreuves, le libre et sûr essor de la pensée, après les laborieuses incertitudes du génie encore inexpérimenté? Cette force est le génie lui-même auprès duquel la cause suprème a placé, dans sa prévoyance, la constance qui le soutient et la confiance qui l'anime ; ce guide, c'est la Providence qui, partout invisible et partout présente, mesure l'énergie à l'épreuve, fortifie le faible contre l'obstacle, et ménage les évènements pour que rien ne se perde du génie fécond dont elle a doué sa créature [1] ».

Mais eu dépit de son courage, Poussin arrivait à Paris dans un état d'épuisement et de souffrance qui ne fit que s'aggraver. Tombé tout-à-fait malade, il fut heureux que sa famille, instruite de sa triste position, rappelât aux Andelys l'enfant prodigue, après lui avoir pardonné sa fuite précipitée, son seul tort, au reste ; car sa conduite, dans sa vie errante, n'avait eu rien que de digne d'un gentilhomme et d'un chrétien. Le repos, la tranquillité d'esprit, les bons soins rendirent bientôt la force et la santé au jeune homme, qui prolongea néanmoins, pendant plus d'une année, son séjour aux Andelys. Mais ses loisirs, sans doute, ne furent pas perdus pour la méditation comme pour l'étude, et ces paysages plantureux de la Normandie, les campagnes si vertes, les grands horizons avec la mer parfois dans le lointain, les troupeaux magnifiques durent plus d'une fois exercer ses pinceaux.

L'année écoulée, Poussin, avec l'assentiment de sa famille, cette fois, repartit pour Paris qui, dans ses

----

[1] Bouchitté, *Histoire de Poussin.*

espoirs secrets, ne devait être qu'une étape vers la ville, objet alors de tous les désirs des jeunes artistes, et vers laquelle Poussin, plus qu'aucun d'eux, aspirait avec une ardeur passionnée, comme s'il eût eu le pressentiment qu'elle deviendrait pour lui une patrie : j'ai nommé Rome. Aussi, après un séjour assez court à Paris, il profita d'une occasion favorable pour se rendre à Florence, d'où, sans doute, il comptait aller plus loin. Une circonstance restée inconnue l'arrêta et le ramena en France, mais sans qu'il abandonnât son premier projet. Deux années après, nous le retrouvons à Lyon se dirigeant vers l'Italie. Le manque de ressources suffisantes, après l'acquit d'une dette qui absorba toutes ses économies, le força de rétrograder vers Paris.

Grâce à des amis, il obtint là un asile, à titre de professeur de dessin sans doute, dans le collége dit de Laon, où il se rencontra avec Philippe de Champaigne, plus jeune que lui de quelques années, et qu'il aida fraternellement de ses conseils. Poussin cependant était lui-même parfaitement ignoré lorsqu'une circonstance heureuse commença d'attirer l'attention sur le jeune homme. A l'occasion de la canonisation de saint Ignace et de saint François-Xavier, les Jésuites, voulant ajouter à l'éclat des fêtes par la représentation des miracles de leurs illustres patrons, firent appel aux artistes. Poussin se distingua entre tous ; il peignit à la détrempe six grands sujets, exécutés en autant de jours, et dans lesquels déjà se révélait son génie. Aussi le succès fut-il grand ; on ne se lassait pas surtout d'admirer, d'exalter la prestesse de l'exécution et l'étonnante facilité dont le peintre avait fait preuve. Mais celui-ci, avec une sagacité rare et une raison au-dessus de son âge, sut comprendre qu'il y avait là un écueil « et que ces promesses faciles d'un pinceau qui semble ne pas rencontrer d'obstacles, se terminent souvent par des résultats dont beaucoup ne s'élèvent pas au-dessus de la médiocrité. » Aussi, loin de s'enivrer de ces premières louanges et de céder à un dangereux entraînement, il ne songea qu'à se compléter par de plus sérieuses études, et de nouveau tourna les yeux vers Rome, cette terre promise qu'enfin il allait lui être permis d'entrevoir, c'est-à-dire d'atteindre.

Les tableaux exposés chez les Jésuites avaient été fort goûtés par un poète italien très-célèbre alors, le cavalier Marini, qui désira connaître le peintre, et il fut si satisfait de sa conversation et de ses manières qu'il lui offrit l'hospitalité dans son hôtel en attendant qu'il pût l'emmener avec lui à Rome, où il ne devait pas tarder à retourner. En effet, son départ même fut plus prompt qu'il ne l'avait pensé, et Poussin, retenu par certains travaux, ne put l'accompagner, à son grand regret ; mais le cavalier lui fit promettre de venir le retrouver prochainement dans la capitale du monde chrétien, afin qu'il pût présenter l'artiste au nouveau pape, Urbain VIII, son ami d'enfance.

Le tableau de *la Mort de la Vierge*, destiné à l'église Notre-Dame, et pour lequel Poussin était resté à Paris, complètement terminé, l'artiste se mit en route pour l'Italie, tout de bon cette fois, et arrivé à Rome, il s'y vit reçu aussi bien qu'il pouvait l'espérer. Malheureusement, peu de temps après, l'état de santé du cavalier Marini le força de partir pour Naples et il y mourut au bout de quelques semaines. Avant son départ, cependant, il avait eu soin de recommander tout particulièrement le jeune Français au cardinal Barberini, neveu du Pape ; mais le cardinal, presque aussitôt, avait dû quitter Rome pour se rendre en France et en Espagne en qualité de légat du Saint-Siége. Ces circonstances, que nul n'eût pu prévoir, mirent Poussin dans une position critique qui lui rappelait ses plus mauvais jours. Sans protecteurs, sans amis, sans argent, dans une ville étrangère dont il ne savait pas encore la langue, il eut grand'peine dans les premiers temps à trouver le placement de quelques tableaux à des prix dérisoires. On cite entre autres deux batailles, toiles grandes d'au moins deux pieds, qui lui furent payées au prix de sept écus chacune. Par bonheur, il ne tarda pas à faire connaissance avec des artistes, aussi peu fortunés que lui, sans doute, mais plus anciennement établis dans la ville, et comme lui, pleins de feu et d'ardeur, le peintre Algardi, depuis l'Algarde, et le sculpteur Duquesnoy, dit le Flamand, dont les modèles d'enfants ornent tous les ateliers. Les trois artistes s'entr'aidèrent autant qu'ils purent ; mais les ressources de chacun étaient plus que bornées, et cette intimité presque fraternelle leur fut surtout utile et avantageuse au point de vue du progrès de leur art par l'échange continuel d'idées et la communauté des études, auxquelles ne manquait pas le conseil intelligent. Poussin, en dépit des obstacles résultant de sa situation précaire, marchait à son but avec une héroïque persévérance : il copiait sans relâche les antiques, dont il s'efforçait de s'assimiler les plus beaux types, s'instruisait dans l'anatomie, etc. Il put aussi profiter des conseils du Dominiquin, dont il s'était déclaré hardiment et généreusementl'admirateur et le partisan, alors que, dans Rome, la foule des amateurs et des jeunes peintres ne jurait que par le Guide.

La situation de l'artiste cependant était loin de s'améliorer sous certains rapports ; car, c'est à peu près vers cette époque qu'il écriviat au commandeur Cassiano del Pozzo, qui fut son zélé protecteur et son ami :

« Après avoir reçu de vous et des vôtres tant de bienfaits, je crains bien que vous me taxiez d'indiscrétion... Mais réfléchissant que tout ce que vous avez fait pour moi vient des sentiments de bonté et de générosité qui vous animent, et ne pouvant, à cause d'une incommodité qui m'est survenue, aller chez vous en personne, je me suis enhardi à vous écrire pour vous supplier de venir à mon secours ; car je suis presque toujours malade et n'ai d'autre ressource pour subsister que mes ouvrages.»

Le commandeur envoya 40 écus romains à l'artiste ce secours et l'arrivée prochaine du cardinal Barberini lui permettaient d'espérer de meilleurs jours, si son état maladif ne se fût aggravé par suite d'un évènement dont les conséquences auraient pu être plus sérieuses encore. Des difficultés étant survenues entre la cour de Rome et celle de France, il en résulta une vive irritation dans la ville contre les étrangers. Poussin, qui jusqu'alors avait continué de s'habiller à la française, se vit en butte, près des Quatre-Fontaines, à une agression armée de la part de quelques soldats ; l'un d'eux lui porta un coup d'épée qu'heureusement Poussin put parer avec son carton ; mais peu s'en fallut, la lame ayant glissé, qu'il n'eût deux doigts de la main enlevés ou mutilés, ceux précisément qui lui servaient à tenir le crayon. Il n'échappa pas sans peine à une nouvelle attaque et à la poursuite acharnée de son adversaire par une fuite précipitée.

L'émotion de cette scène, et cette course violente provoquèrent une rechute ou une aggravation du mal et l'artiste, forcé de s'aliter, se trouvait dans une situation des plus fâcheuses, « lorsqu'un de ses compatriotes, Jean Dughet, qui était cuisinier d'un sénateur romain, le tira de son misérable logement pour le recueillir dans sa maison où sa femme et lui le soignèrent avec une affectueuse sollicitude, comme ils auraient fait de leur fils. Sous ce toit hospitalier, il recouvra la santé et, six mois après, il épousa leur fille aînée, Marie Dughet qui avait été, elle aussi, un peu sa garde-malade [1]. » Les noces furent célébrées à la fête suivante de Saint-Luc, patron et protecteur des peintres. La dot que Poussin reçut, quoique modeste, lui permit d'acheter une petite maison sur le mont Pincius d'où l'on découvre les plus beaux aspects de Rome. Aussi il s'y plut tellement qu'il s'y fixa pour toujours et ne l'eût pas échangée contre le plus magnifique palais dans un autre quartier.

Poussin, heureux au sein d'une famille selon son cœur, put dès lors se livrer en toute sécurité au travail, et, dans un intervalle de dix ans qui s'écoula depuis son mariage jusqu'au voyage en France, il fit un grand nombre de tableaux dont plusieurs comptent parmi ses meilleurs : la *Peste des Philistins*, la *Manne*, le *Frappement du rocher*, la *Première suite des sacrements*, faite pour

[1] Maria Graham, *Mémoires sur la vie de Poussin*

le commandeur del Pozzo, mais qui semblait devoir mieux convenir au cardinal de Richelieu que les tableaux de *Bacchanales* peints pour lui dans le même temps.

Par les noms de ces amateurs on juge que Poussin n'était plus un débutant; déjà, en effet, sa renommée s'était répandue en France où le prônaient chaleureusement des protecteurs et amis, et entre tous M. de Chantelou à qui était destiné ce superbe tableau de la *Manne*, nommé plus haut, et qu'on voit maintenant au Louvre.

Ce fut le même M. de Chantelou qui fut chargé, à cette époque, par M. Sublet de Noyers, surintendant des bâtiments du roi, de décider Poussin à revenir en France, ce à quoi le grand artiste répugnait singulièrement ainsi qu'il s'en exprime dans une lettre à M. de Chantelou du 15 janvier 1638 :

« Pour la résolution que monseigneur de Noyers désire de moi, il ne faut point s'imaginer que je n'aie été eu grandissime doute de ce que je devais répondre : car, après avoir demeuré l'espace de quinze ans entiers dans ce pays-ci, assez heureusement, mêmement m'y étant marié, en l'espérance d'y mourir, j'avais conclu de moi-même de suivre le dire italien : *Chi sta bene, non si muove* (qui se trouve bien ne change pas). Mais, après avoir reçu une seconde lettre de M. Lemaire à la fin de laquelle il y en a une jointe de votre main, qui a servi à m'ébranler, mêmement à me résoudre de prendre le parti qu'on m'offre (etc.). »

Mais, dans le post-scriptum même de cette lettre, il paraît retirer cette adhésion, et il ne fallut rien moins qu'une nouvelle et pressante missive de M. de Noyers, et une lettre même du roi Louis XIII, non moins honorable pour le sujet que pour le prince, pour faire cesser toutes les hésitations de Poussin ; et M. de Chantelou [1], venu à Rome sur ces entrefaites, le ramena en France avec lui (1640). L'artiste avait à cette époque quarante-sept ans.

Au fond du cœur cependant, il ne quittait pas sa chère Italie et Rome sans espoir de retour, bien au contraire, puisqu'il n'avait voulu prendre d'engagement que pour cinq ans, malgré les avantages de sa nouvelle position si grands qu'ils fussent et auxquels il ne faisait pas volontiers le sacrifice de sa tranquillité et de son indépendance. On peut croire surtout que, sous ce dernier rapport, il n'adhéra qu'à contre-cœur et comme forcé et contraint, à la clause du contrat formulée en ces termes dans la lettre de M. de Noyers : « Il reste à vous dire une seule condition qui est que vous ne peindrez pour personne que par ma permission ; car je vous fais venir pour le Roi et non pour les particuliers, ce que je ne vous dis pas pour vous exclure de les servir, mais j'entends que ce ne soit que par mon ordre. »

Cependant l'accueil que reçut l'artiste dépassa de beaucoup son espérance et même toutes les promesses qui lui avaient été faites, et prouve qu'aux yeux de ses contemporains, il était déjà le Poussin de la postérité. Voici comment lui-même, dans une lettre au commandeur del Pozzo nous raconte son arrivée :

« Reçu très honorablement à Fontainebleau, dans le

---

[1] Conseiller maître d'hôtel du roi, depuis intendant de la maison, domaines et finances de Monsieur, frère de Louis XIV.

palais d'un gentilhomme auquel M. de Noyers, secrétaire d'État, avait écrit à ce sujet, j'ai été traité splendidement. Ensuite, je suis venu dans la voiture du même seigneur à Paris. A peine y fus-je arrivé, que je vis M. de Noyers qui m'embrassa cordialement en me témoignant toute la joie qu'il avait de mon arrivée.

» Je fus conduit le soir, par son ordre, dans l'appartement qui m'avait été destiné. C'est un petit palais, car il faut l'appeler ainsi. Il est situé au milieu des Tuileries. Il est composé de neuf pièces en trois étages sans les appartements d'en bas qui en sont séparés. Il y a en outre un beau et grand jardin rempli d'arbres à fruits, avec une grande quantité de fleurs, d'herbes et de légumes ; trois petites fontaines, un puits, une belle cour dans laquelle il y a d'autres arbres fruitiers ; j'ai des points de vue de tous côtés, et je crois que c'est un paradis.

» En entrant dans ce lieu, je trouvai le premier étage rangé et meublé noblement, avec toutes les provisions dont on a besoin, même jusqu'à du bois et un tonneau de bon vin vieux de deux ans.

» J'ai été fort bien traité pendant trois jours, avec mes amis, aux dépens du Roi. Le jour suivant, je fus conduit par M. de Noyers chez Son Éminence le cardinal de Richelieu, lequel, avec une bonté extraordinaire, m'embrassa et, me prenant par la main, me témoigna d'avoir un très-grand plaisir de me voir.

» Trois jours après, je fus conduit à Saint-Germain, afin que M. de Noyers me présentât au Roi, lequel était indisposé, ce qui fut cause que je n'y fus introduit que le lendemain matin, par M. Le Grand (Cinq-Mars), son favori. Sa Majesté, remplie de bonté et de politesse, daigna me dire les choses les plus aimables et m'entretint pendant une demi-heure en me faisant beaucoup de questions. Ensuite, se tournant vers les courtisans, elle dit : *Voilà Vouet bien attrapé!* Puis Sa Majesté m'ordonna de grands tableaux pour les chapelles de Saint-Germain et de Fontainebleau. Lorsque je fus retourné dans ma maison, on m'apporta, dans une belle bourse de velours, deux mille écus en or ; mille écus pour mes gages, et mille écus pour mon voyage, outre toutes mes dépenses. Il est vrai que l'argent est bien nécessaire en ce pays-ci où tout est si cher. »

En lisant cette lettre, si naïvement charmante et qu'on aurait regret à ne pas reproduire en entier, on partage l'émotion de Poussin et l'on est touché de ces attentions si délicates, non moins que de ces honneurs singuliers qui témoignent chez les illustres protecteurs d'une estime si haute de l'art et de l'artiste. Il fallait à notre peintre au moins autant de raison que de génie pour garder son sang-froid, et ne pas se trouver étourdi de cette faveur soudaine et éclatante, à l'exemple du pauvre Vouet « qui, dit M. Bouchitté, dans la prospérité, ne sut conserver ni la modestie, ni le désintéressement convenables. » Ce qui explique et justifie le mot autrement cruel de Louis XIII. Mais Poussin était un caractère d'une meilleure trempe et bien lui en prit ; car il ne devait pas tarder à avoir la preuve, par une expérience personnelle, de ce qu'il avait appris par la lecture et la réflexion, c'est que, dans le monde, à la cour surtout, il ne faut que peu se fier aux apparences flatteuses et qu'alors précisément que la fortune vous rit davantage, on doit s'attendre de sa part à quelque méchant retour.

Tout cependant pour l'instant souriait à Poussin, pour qui la France était le vrai pays de Cocagne, comme il le dit si bien dans sa jolie lettre de remerciement à M. de Chantelou : « Monsieur et patron, mardi dernier, après avoir eu l'honneur de vous accompagner à Meudon et y avoir été joyeusement, à mon retour, je trouvai que l'on descendait en ma cave un muids de vin que vous m'aviez envoyé. Comme c'est votre coutume de faire regorger ma maison de biens et de faveurs, mercredi, j'eus une de vos gracieuses lettres par laquelle je vis que particulièrement vous désiriez savoir ce qu'il me semblait dudit vin. Je l'ai essayé avec mes amis aimant le piot (oh ! oh ! grave Poussin !) ; nous l'avons trouvé très-bon, et je m'assure, quand il sera rassis, qu'on le trouvera excellent. Du reste, nous vous servirons à souhait, car nous en boirons à votre santé, quand nous aurons soif, sans l'épargner ; aussi bien, je vois que le proverbe est véritable qui dit : « *Qui chapon mange, chapon lui vient.* Mêmement, hier, M. de Costage m'envoya un pâté de cerf si grand que l'on voit bien que le pâtissier n'en a retenu sinon les cornes. Je vous assure, monsieur, que désormais je ne manquerai pas à commencer par le dimanche de me réjouir, comme je fis le dimanche passé, afin que la semaine suivante soit ce qu'on dit, que *toute l'année est au pays de Cocagne.* Je vous suis le plus obligé homme du monde, comme aussi je vous suis le plus dévotieux serviteur de tous vos serviteurs. »

Tout cela n'est-il pas dit le plus agréablement du monde et assaisonné du pur sel attique. Voilà certes un homme heureux ; joignez à cela le bonheur de l'inspiration ; car Poussin, n'ayant pas tardé à reprendre ses pinceaux, fit, pour le noviciat des Jésuites, son tableau de *saint François-Xavier réssuscitant une jeune fille*, un chef-d'œuvre, quoique l'artiste eût été fort pressé de l'exécuter, tant à cause de l'époque fixée que par la multitude et la diversité de ses autres occupations. Bien qu'il fût convenu, avant son départ, qu'on ne l'occuperait en France qu'à peindre « des tableaux et des plafonds, » on ne laissa pas de lui demander diverses autres choses, des dessins pour tapisseries, des frontispices pour livres, etc. Aussi se plaint-il assez vivement à son protecteur et ami : « Vous m'excuserez, monsieur, si je parle si librement ; mon naturel me contraint de chercher et aimer les choses bien ordonnées, fuyant la confusion qui m'est aussi contraire et ennemie comme est la lumière, les ténèbres. »

Et, tout en menant de front ces travaux et d'autres plus sérieux, il lui fallait donner la meilleure part de son temps aux études de la grande galerie du Louvre, pour laquelle surtout il avait été appelé. Mais ses projets, qui avaient fait rejeter les plans de l'architecte du roi, Lemercier, contrariaient fort aussi le peintre Fouquières, chargé de peindre dans la galarie des vues de France ; il en résulta contre Poussin des hostilités qui furent pour lui une source incessante d'ennuis et de déboires auxquels ne fut pas étranger sans doute Vouet, qui ne pouvait lui pardonner le mot de Louis XIII.

Ajoutons qu'il avait aussi à souffrir du climat qui était alors ce que nous le voyons aujourd'hui, hélas ! témoin cette lettre au commandeur del Pozzo :

LETTRE DE POUSSIN AU COMMANDEUR DEL POZZO.

« 14 mars 1642.

« Telles sont les variations de ce climat. Il y a quinze jours, la température était devenue extrêmement douce : les petits oiseaux commençaient à se réjouir dans leurs chants de l'apparence du printemps ; les arbrisseaux poussaient déjà leurs bourgeons ; et la violette odorante, avec la jeune herbe, recouvraient la terre qu'un froid excessif avait rendue, peu de temps auparavant, aride et pulvérulente. Voilà qu'en une nuit un vent du nord, excité par l'influence de la lune rousse (ainsi qu'ils l'appellent dans ce pays), avec une grande quantité de neige, viennent repousser le beau temps qui s'était trop hâté, et le chassent plus loin de nous certainement qu'il ne l'était en janvier. Ne vous étonnez donc pas si j'ai abandonné les pinceaux, car je me sens glacé jusqu'au fond de l'âme. »

Malgré les égards dont il était toujours l'objet de la part de ses illustres protecteurs, Poussin commença à tourner les yeux vers Rome, où il avait joui tant d'années d'une paix profonde et de la pleine liberté d'un travail selon son goût et à ses heures. Aussi ne tarda-t-il pas à solliciter la permission, qu'il n'obtint pas sans peine, de faire un voyage en Italie, pour en ramener sa femme qu'il y avait laissée peut-être avec intention. Tout probablement aussi qu'il partait avec l'arrière-pensée, s'il était possible, de rester là-bas ; ce qui n'eût pas été facile, cependant, après les bienfaits et les honneurs dont l'avaient comblé le roi, comme le cardinal. Mais les évènements se chargèrent, bientôt après, de lui rendre sa liberté. Poussin arrivait à Rome vers la fin de septembre 1642. Un mois après, il apprenait la mort de Richelieu, que le roi suivit de près dans la tombe, et M. de Noyers était éloigné des affaires. Poussin s'affermit complètement dans sa résolution de ne plus quitter sa petite maison du *monte Pincio;* ce ne fut pas pourtant sans quelques combats.

> Car qui n'a dans la tête
> Un petit grain d'ambition ?

« Je vous assure, écrit-il à M. de Chantelou, que, dans la commodité de ma petite maison et dans le peu de repos qu'il a plu à Dieu de me prolonger, je n'ai pu éviter un certain regret qui m'a percé le cœur jusqu'au vif ; en sorte que je me suis trouvé ne pouvoir reposer ni jour ni nuit ; mais à la fin, quoi qu'il m'arrive, je me résous de prendre le bien et de supporter le mal. »

II

Poussin, établi de nouveau à Rome, reprit ses habitudes de vie régulière et laborieuse qui lui permirent de produire des tableaux en si grand nombre, malgré la correction et la conscience qu'il apportait dans son travail, que M. Dussieux, l'auteur des *Artistes français à l'étranger*, n'a pas catalogué moins de deux cent quatre-vingt-quatre tableaux et esquisses dans les principales galeries de l'Europe ; les musées français en comptent quarante, en outre des collections particulières.

La vie de Poussin, concentrée dans sa famille et dans son atelier, n'était pas seulement celle d'un artiste supérieur passionné pour son art, et toujours préoccupé du mieux possible ; c'était celle d'un bon père de famille comme d'un sage, d'un philosophe, mais d'un philosophe chrétien.

Il n'avait pas eu d'enfants de sa femme ; mais il devint comme le père adoptif de ses deux jeunes beaux-frères Gaspard et Jean Dughet, qu'il éleva avec un soin particulier et dont il fit des artistes distingués, de Gaspard dit le Guaspre surtout. A propos du premier, une curieuse lettre de Poussin prouve, avec son esprit vif et fin, sa sollicitude pour ses parents. Elle est datée du 1er avril 1663, à l'époque des difficultés entre la France et la cour de Rome, par suite de l'insulte faite à l'ambassadeur par la garde corse, incident qui troublait toutes les têtes, beaucoup de gens voyant déjà les Français aux portes de Rome. Poussin écrit à M. de Chantelou :

« Une chose me fâche, qui est la peine que vous avez prise d'employer la faveur de M. de Colbert, que vous devez réserver pour les occasions urgentes, à la réquisition de mon fou de beau-frère qui, s'imaginant qu'ayant dessus sa porte les armes du Roi, il serait à couvert de tout danger, posé qu'il arrive du désordre en cette ville par notre nation, sans que jamais il m'en ait communiqué une seule parole, étant sa coutume de faire toutes choses assez témérairement et sans conseil ; il m'a confié d'avoir écrit comme pour lui de cette sauve-garde à un sien ami, le sieur Vinot. Je ne sais comment cela est allé jusqu'à vous : j'en suis innocent. Je vous supplie d'excuser l'ignorance de ce pauvre garçon insensé de la peur que lui et beaucoup d'autres ont des armes françaises qui, si elles venaient à paraître ici près, on trouverait plusieurs morts sans blessures. »

Si, dans cette lettre, l'artiste fait preuve d'esprit et de sens, dans une autre au même, il montre comment la juste fierté et la franchise peuvent se concilier avec les égards dus à l'amitié. M. de Chantelou, ayant vu chez un autre amateur, M. Pointel, des tableaux de Poussin qui lui semblaient préférables aux siens, eut la faiblesse d'en concevoir quelque jalousie, et le tort plus grand d'en écrire à Poussin dans des termes dont celui-ci eût pu être blessé. L'artiste répond en termes dignes, mais sans aucune amertume : « Il est aisé pour moi de repousser le soupçon que vous avez que je vous honore moins que quelques autres personnes et que j'ai moins d'attachement pour vous que pour elles... Je n'en veux pas dire davantage ; il faudrait sortir des termes de l'attachement que je vous ai voué. Croyez certainement que j'ai fait pour vous ce que je ne ferais pour personne vivante, et que je persévère toujours dans la volonté de vous servir de tout mon cœur. Je ne suis point homme léger ni changeant d'affections ; quand je les ai mises en un sujet, c'est pour toujours. Si le tableau de *Moïse trouvé dans les eaux du Nil*, que possède M. Pointel, vous a charmé lorsque vous l'avez vu, est-ce un témoignage pour cela que je l'ai fait avec plus d'amour que les autres ? Ne voyez-vous pas bien que c'est la nature du sujet et votre propre disposition qui sont cause de cet effet, et que les sujets que je traite pour vous doivent être représentés d'une autre manière ? C'est en cela que consiste tout l'artifice de la peinture. Pardonnez ma liberté si je dis que vous vous êtes montré précipité dans le jugement que vous avez fait de mes ouvrages. Le bien juger est très-difficile si l'on n'a en cet art grande théorie et pratique jointes ensemble. Nos appétits n'en doivent pas juger seulement, mais aussi la raison. »

Cette noble fierté s'unissait chez l'artiste à la modestie en même temps qu'au désintéressement et à l'esprit de justice : « Il était si régulier, dit Félibien, à ne prendre que ce qu'il croyait lui être légitimement dû, que, plusieurs fois, il a renvoyé une partie de ce qu'on lui donnait, sans que l'empressement qu'on avait pour ses tableaux et le gain que quelques particuliers y faisaient lui donnât l'envie d'en profiter. Aussi on peut dire de lui qu'il n'aimait pas tant la peinture pour le fruit et pour la gloire qu'elle produit que *pour elle-même et pour le plaisir d'une si noble étude et d'un exercice si excellent* [1] » .

Que ces idées diffèrent de celles qui ont cours aujourd'hui et sont le mobile de la plupart des artistes !

A propos de l'envoi de son portrait à M. de Chantelou (29 août 1650), il lui écrit : « Il n'y a non plus de proportion entre l'importance réelle de mon portrait et l'estime que vous voulez bien en faire, qu'entre le mérite de cette œuvre et le prix que vous y mettez ; je

---

[1] *Entretiens sur les Peintres.*

trouve des excès dans tout cela. Je me promettais bien
que vous recevriez mon petit présent avec bienveillance,
mais je n'en attendais rien davantage et ne prétendais
pas que vous m'en eussiez de l'obligation. Il suffirait
que vous me donnassiez place dans votre cabinet de
peintures sans vouloir remplir ma bourse de pistoles,
c'est une espèce de tyrannie que de me rendre tellement
redevable envers vous que jamais je ne puisse m'acquitter. »

La modération de ses désirs assurait ainsi la pleine
indépendance de son génie à l'artiste toujours assez
riche, grâce à la simplicité de sa vie dont nous trouvons
une preuve dans cette jolie anecdote racontée par Félibien : « M. Camille Massimi, qui depuis a été cardinal,
étant allé lui rendre visite, il arriva que le plaisir de la
conversation l'arrêta jusqu'à la nuit. Comme il voulut
s'en aller et qu'il n'y avait que Le Poussin qui le conduisait avec la lumière à la main, M. Massimi, ayant
peine à le voir lui rendre cet office, lui dit qu'il le
plaignait de n'avoir pas seulement un valet pour le
servir.

« Et moi, répartit Poussin, je vous plains bien davantage, monseigneur, de ce que vous en avez plusieurs. »

Voici, racontée par Bellori, une autre anecdote d'un
genre différent, mais curieuse aussi : Un jour, il se
promenait au milieu des ruines avec un étranger dési-
reux d'emporter dans sa patrie quelque précieux fragment : — Je veux, lui dit Poussin, vous donner la plus
belle antiquité que vous puissiez désirer.

Puis il ramassa dans l'herbe un peu de sable, des
restes de ciment mêlés à de petits morceaux de porphyre

et de marbre presque réduits en poudre, et les donnant
à son compagnon, il lui dit :

— Seigneur, emportez cela et dites : Cette poussière
est l'antique Rome.

Un riche amateur lui montrant un tableau de sa
façon, il lui dit :

— Il ne manque à l'auteur pour être bon peintre que
d'être moins riche.

On lui demandait quel fruit il avait recueilli de son
expérience ?

— Celui de pouvoir vivre avec tout le monde.

Poussin, grâce à sa vie régulière, avait joui longtemps, quoique assez peu robuste, d'une bonne santé ;
mais en 1657, les infirmités, triste suite de l'âge, commencèrent à se faire sentir ; il eut une première atteinte
de paralysie et il écrivit à M. de Chantelou : « Si la
main me voulait obéir, je pourrais, je crois, la conduire
mieux que jamais ; mais je n'ai que trop d'occasions de
dire ce que disait Thémistocle en soupirant, sur la fin de
sa vie, que l'homme décline et s'en va lorsqu'il est prêt
à bien faire. Je ne perds pas le courage pour cela ; car
tant que la tête se portera bien, quoique la servante
soit débile, il faudra que celle-ci observe les meilleures
et les plus excellentes parties de l'art qui sont du
domaine de l'autre. »

Grâce à cette énergie de volonté, Poussin continua
de travailler et, presque jusqu'à la fin de sa vie, il tint
les pinceaux, malgré le tremblement de sa main ; les
tableaux de cette dernière période, qu'on ne peut appeler de déclin, parmi lesquels se trouvent les *Quatre sai-
sons*, ne sont inférieurs à aucun des précédents et peut-

être ils les surpassent par la poésie sublime, surtout les derniers, cet *Hiver* ou ce *Déluge* qu'on a si justement appelé le *Chant du cygne*.

Au commencement de l'année 1664, Poussin perdit sa femme, sa chère Marie Dughet. La lettre par laquelle il annonce ce malheur à son ami et qu'il lui fallut dix jours pour écrire ou dicter, tant il était déjà malade lui-même, est des plus touchantes ; c'est bien le cœur qui parle : «.... Quand vous connaîtrez la cause de mon silence, non-seulement vous m'excuserez, mais vous aurez compassion de mes misères. Après avoir, pendant neuf mois, gardé dans son lit ma bonne femme malade d'une toux et d'une fièvre d'étisie qui l'ont consumée jusqu'aux os, je viens de la perdre quand j'avais le plus besoin de son secours. Sa mort me laisse seul, chargé d'années, paralytique, plein d'infirmités de toutes sortes, étranger et sans amis ; car en cette ville il ne s'en trouve point. Voilà l'état auquel je suis réduit ; vous pouvez vous imaginer le demeurant.

« Me voyant dans un semblable état, lequel ne peut durer longtemps, j'ai voulu me disposer au départ. J'ai fait pour cet effet un peu de testament par lequel je laisse plus de 10,000 écus à ces pauvres parents qui demeurent aux Andelys. Ce sont gens grossiers et ignorants qui, ayant après ma mort à recevoir cette somme, auront grand besoin du secours d'une personne honnête et charitable. Dans cette nécessité, je vous viens supplier de leur prêter la main. »

Au mois de janvier 1665, il écrit à Félibien : « Il y a » quelque temps que j'ai abandonné les pinceaux, ne

» pensant plus qu'à me préparer à la mort ; j'y touche
» du corps, c'est fait de moi. »

Ses pressentiments ne le trompaient pas ; la même
année, il suivait sa femme dans la tombe (29 novembre
1665).

Est-il besoin d'ajouter que l'artiste qui avait dû à la
religion tant de belles inspirations et qui toujours s'efforça de conformer sa vie à ses saints enseignements,
ainsi qu'en témoignent les biographes et mieux encore
sa correspondance, ne se démentit pas à la dernière
heure et que sa mort fut conforme à sa vie : « L'artiste
qui avait si souvent médité sur des sujets religieux, dit
son dernier historien (d'après une lettre de J. Dughet)
mourut en chrétien, et les prêtres appelés pour sanctifier
ses derniers moments mêlèrent aux pieux accents de la
religion les larmes que leur arrachait la mort d'un si
grand homme. »

« Il n'y a peut-être jamais eu de particulier plus profondément regretté que Nicolas Poussin, dit un biographe étranger dont le témoignage n'est pour nous que
plus précieux. La douce vivacité de sa conversation, la
tendre bienveillance avec laquelle il traitait ses amis et
ses parents, la modestie de son caractère qui l'empêchait
de blesser personne, et enfin la manière facile et l'abandon avec lequel il parlait de son art, rendaient sa
société inestimable soit qu'on le considère comme
peintre ou comme simple particulier. Sa mort causa une
sensation générale dans Rome, sa patrie adoptive ; tous
les amis de l'art se réunirent pour accompagner ses
restes à l'église *Santo-Lorenzo in Lucina* où il fut ense-

veli et où l'on voit deux inscriptions latines en son honneur [1]. »

Voici le portrait que Félibien nous a laissé de son ami
et qu'il semble intéressant de pouvoir comparer avec
celui qu'on voit au Louvre, peint par Poussin lui-même:
« Son corps était bien proportionné, sa taille haute et
droite ; l'air de son visage, qui avait quelque chose de
noble et de grand, répondait à la beauté de son esprit
et à la bonté de ses mœurs. Il avait, il m'en souvient, la
couleur du visage tirant sur l'olivâtre, et ses cheveux
noirs commençaient à blanchir lorsque nous étions à
Rome. Ses yeux étaient vifs et bien fendus, le nez
grand et bien fait, le front spacieux et la mine résolue...
Il disait assez volontiers ses sentiments ; mais c'était
toujours avec une honnête liberté et beaucoup de grâce.
Il était extrèmement prudent dans toutes ses actions,
retenu et discret dans ses paroles, ne s'ouvrant qu'à ses
amis particuliers. »

Le 18 juin 1851, une statue de Poussin, due à une
souscription nationale, a été érigée aux Andelys. Il
n'arrivera plus aux étrangers, dit un journal à cette
occasion, ce qui arriva naguères à un voyageur anglais
que la gloire de Poussin avait attiré aux Andelys. Ce
voyageur, ne voyant aucun monument, aucune inscription qui lui rappelât le grand peintre, s'adressa au premier bourgeois qu'il vit passer et lui demanda la maison de Poussin.

— La maison de Poussin, reprit le bourgeois, je ne
crois pas que *ce monsieur* ait jamais demeuré dans la

---

[1] Maria Graham, *Mémoires sur la vie de Poussin.*

ville ; car j'y suis établi moi-même depuis longtemps et
je n'en ai jamais entendu parler.

Voilà la gloire humaine !

III

Plus heureux avec Poussin qu'avec Lesueur, nous
n'avons point été dans l'embarras quant aux renseignements biographiques, trop rares pour le dernier, et
qu'il nous fallait au préalable examiner ou discuter.
Pour le Poussin, au contraire, les matériaux abondent
parfaitement authentiques et qui nous font connaître
cet homme illustre dont la vie est si pleine d'enseignements de toute manière qu'on n'a point à s'étonner que
les médailles données aux lauréats de l'École des Beaux-
Arts soient frappées à son effigie. Le précieux trésor de
la *correspondance* de Poussin nous a permis de contrôler
et de compléter les autres renseignements, puisés d'ailleurs aux meilleures sources et, tout en choisissant avec
le regret de laisser de côté bien des passages fort tentants
tants pour la citation, notre biographie s'est étendue
plus sans doute que nous ne l'avions pensé. Aussi
serons-nous forcé d'être plus court dans notre appréciation artistique et nous insisterons moins sur le détail.
L'homme étant bien connu par ses actions, et surtout
par sa correspondance, il est plus facile de porter un
jugement d'ensemble et cependant motivé sur son
œuvre, et d'être assez complet et précis, même en s'en
tenant aux grandes lignes.

« Prompt à concevoir, habile à bien choisir, Le Pous-

sin ne pouvait manquer de bien réussir dans ses entre-
prises... Comme un peintre savant, il ennoblissait, par
la sublimité de ses pensées, les sujets les plus communs;
il les traitait avec beaucoup d'élégance ; un jugement
solide accompagnait tout ce qu'il faisait. Excellent dessinateur, grand historien, grand poète, sage compositeur, ne mettant pas une seule figure qu'il n'en connût
la nécessité, grand paysagiste, personne n'a mieux
connu les différentes affections de l'âme et les divers
effets de la nature... Son pinceau, libre et hardi dans
sa touche, retranchait, ajoutait à son gré et même cor-
rigeait l'antique. »

Ainsi s'exprime d'Argenville auquel on ne peut qu'applaudir. Le maître n'est pas seulement admirable dans
la composition savante, dans l'habile exécution, il réussit merveilleusement parfois dans les expressions, témoin
le tableau de la *Résurrection d'une jeune Fille par saint
François-Xavier*, qu'on admire dans le salon d'honneur,
au Louvre, en regrettant qu'il soit placé si haut ; car il
mériterait bien plus que telle ou telle toile, qui n'a de
valeur que par l'exécution, de briller au premier rang.
Quelle vérité et quel pathétique dans la scène rendue
avec tant d'énergie malgré la sévère et sobre exécution!
Rien de trop, mais aussi rien de moins. Et l'on sent
que la soudaineté de l'improvisation, que l'illumination
du génie n'a pas plus manqué ici que la forte méditation
qui, dans le recueillement de la solitude, la prépare. Que
de grandeur et tout à la fois de sagesse et de simplicité!
Quel calme et quelle sublime confiance dans la figure
du saint ! Quelle vivacité et quelle variété d'expressions
sur les traits des assistants ! Que dire surtout de la

figure de la mère sur laquelle on voit si étonnamment
confondues les impressions de la joie et de la douleur
au plus haut degré, et entre lesquelles son cœur est
partagé, mais de façon à ce qu'on sente bien que la première a le dessus !

Poussin est admirable pour rendre avec toute leur
énergie certaines expressions, mais sans jamais faire
grimacer les figures, et l'on comprend qu'il ne faisait
que transporter sur la toile ce qu'il avait observé dans
la nature. « Comme Léonard de Vinci, sa coutume était
d'écrire et de dessiner dans un livre qu'il portait sur lui
tout ce qu'il remarquait. »

Dans ce superbe tableau du *Jugement de Salomon*, on
ne sait ce qu'il faut admirer davantage, ou la figure du
juge au regard perçant et formidable dans son impassi-
bilité, attestant le calme de la justice, ou les têtes des
deux mères si fortement contrastées, presque trop : l'une,
type horrible avec son masque émacié et verdâtre, type
affreux de la laideur méchante, envieuse, haineuse ;
l'autre, suppliante, désolée, mais noble et belle autant
qu'il est permis d'en juger, car elle se perd un peu dans
la demi-teinte. Faut-il blâmer le maître à ce sujet
comme à propos du *Germanicus mourant*, qui fait dire à
d'Argenville : « A l'exemple de Timanthe, qui a su couvrir le visage d'Agamemnon dans le sacrifice d'Iphigé-
nie, n'osant pas outrer les ressources de l'art, en
essayant d'exprimer sur la toile l'excès de la douleur et
de la joie de ce père ; Le Poussin, dans la *Mort de Germanicus*, a su de même couvrir le visage d'Agrippine,
sa femme, comme il a déjà été remarqué. Ces deux
hommes célèbres se sont frustrés l'un et l'autre en s'ef-

forçant d'atteindre à la perfection de pouvoir exprimer les grandes passions. »

Le tableau de *saint François-Xavier* prouve que chez Poussin ce n'était ni timidité ni impuissance. Et combien d'autres toiles encore on pourrait citer, où les expressions sont étonnantes encore par la vérité comme par la vivacité : la *Femme adultère, Ananie et Saphire, l'Aveugle de Jéricho,* etc. Dans ce dernier tableau, avec quel art merveilleux, sur les figures des nombreux assistants dans l'attente du miracle, ce sentiment énergique de la curiosité se diversifie mélangé chez quelques-uns avec l'espérance joyeuse, chez les autres avec l'anxiété, avec la crainte provenant d'une basse jalousie ! Et l'aveugle sur les yeux duquel pèse encore ce terrible bandeau de la cécité, et qui, de ses mains étendues et hésitantes, cherche à tâtons son point d'appui, quelle superbe figure ! Comme cela est peint, dessiné, modelé! Quelle correction et quelle beauté mais sans rien pourtant qui sente la convention ! La tête du Christ laisse à désirer, comme caractère et comme noblesse, dans ce tableau, ainsi que dans plusieurs autres parmi les tableaux que nous connaissons. Le maître fut plus heureux, ce semble, dans les deux belles séries des *sept Sacrements,* popularisées par la gravure et qui, pour la gravité de la composition, le style, les expressions, sont si dignes d'un peintre chrétien.

Toutefois, pour l'onction habituelle, au moins pour la profondeur et l'énergie de l'accent religieux, j'ose dire que Poussin n'a pas égalé Lesueur, auquel il doit céder aussi dans les sujets gracieux. Je ne puis, toujours sincère dans mes plus grandes admirations mêmes,

partager l'opinion de la plupart des biographes et des
critiques, qui veulent que, dans ce genre encore, Poussin triomphe et reste égal à lui-même. Non, dans les
Bacchanales et autres sujets mythologiques, je lui trouve
une certaine pesanteur, une certaine lourdeur, et ses
nudités sont loin d'être aussi chastes que celles du
peintre de l'hôtel Lambert, dont elles n'ont pas, tant
s'en faut, le coloris ravissant. Le malheur même a
voulu, supposé que ce fût un malheur, que pour la
plupart des tableaux en ce genre, le coloris se soit
complètement dénaturé, poussant tantôt au noir, tantôt
au bleu foncé, à la teinte vert-de-gris, quand il s'est
conservé si parfaitement dans certaines autres toiles du
maître, le *Ravissement de saint Paul*, par exemple, le
Moïse sauvé des eaux, la *Manne*, ce chef-d'œuvre qui est
bien le tableau que voulait faire Poussin, d'après sa
lettre à Jacques Stella :

« J'ai trouvé une certaine distribution pour le tableau
de M. de Chantelou et certaines attitudes naturelles,
qui font voir dans le peuple juif la misère et la faim où
il était réduit, et aussi la joie et l'allégresse où il se
trouve, l'admiration dont il est touché, le respect et la
révérence qu'il a pour son législateur ; avec un mélange
de femmes, d'enfants et d'hommes, d'âges et de tempé-
raments différents, choses qui, comme je le crois, ne
déplairont pas à ceux qui les sauront bien lire. »

Mes observations relatives au coloris pourraient également s'appliquer à la plupart des paysages de Poussin,
si merveilleusement conservés, le *Diogène*, l'*Eurydice*,
la *Grappe*, ce paysage aux vastes horizons, peint d'une
façon si hardie et si sûre par la main de ce septuagé-

naire paralytique à demi. On pourrait presque dire que Poussin n'est jamais plus admirable que dans ses paysages, si majestueusement poétiques, parce qu'il s'inspirait dans ces œuvres plus librement, plus directement de la nature, et qu'entre elle et lui ne s'interposait pas le modèle antique, comme cela lui arrivait souvent, fût-ce à son insu, pour ses tableaux d'histoire, qui parfois donnent l'idée du bas-relief et dont les personnages, ainsi que dans la *Rebecca*, par l'immobilité de leurs attitudes comme par la perfection trop égale de leurs formes semblables, ont un peu l'air de statues. J'imagine que si l'on venait à retrouver quelque tableau d'Apelles, Zeuxis ou Protogènes, il se rapprocherait de ce modèle.

Il y a du vrai, quoique non peut-être sans quelque exagération dans ces réserves de d'Argenville : « Cette étude particulière des figures et des bas-reliefs antiques, en lui acquérant un dessin très-correct et de beaux contours, lui avait donné en même temps un coloris faible et une manière dure et sèche qui tenait encore du marbre... On pourrait souhaiter que le Poussin eût moins négligé la partie du clair-obscur et du coloris. La nature, souvent consultée, aurait donné à ses figures cet air de vérité et de vivacité qui y manque (oh ! pas toujours, monsieur l'Aristarque). On les trouve souvent plus dures que délicates ; ses draperies sont toutes d'une même étoffe, avec trop de plis. Pouvait-il ignorer que l'objet de la peinture, qui diffère de celui de la sculpture, est de ne pas suivre si servilement l'antique et de sortir enfin du marbre ? Si au lieu de regarder simplement les tableaux du Titien, du Giorgione, du Corrége,

il les eût copiés plusieurs fois de suite, son coloris serait
devenu meilleur, et il aurait profité des avantages que
donne à un tableau un clair-obscur bien entendu. »

En regard de ce jugement, qui tempère les éloges
précédents par trop de restrictions peut-être, mettons,
comme correctif et comme contre-poids, celui d'un juge
non moins compétent et que je cite volontiers, parce
que dans son enthousiasme sincère vibre l'accent de la
conviction, et que, quoique peintre, il se garde de
l'admiration étroite et exclusive.

« On pourrait le comparer à Turenne ; l'un fut peintre, comme l'autre fut général : tous les deux, profonds
dans leur art, durent leur talent et leur renommée à de
longs travaux et à de longues années ; tous les deux,
dédaignant la fortune, n'eurent jamais pour objet
qu'une gloire plus solide que brillante ; ils se ressemblent même par la figure : un air de simplicité, je ne
sais quoi d'austère et de bon fait le caractère de leur
physionomie.

« Le Poussin est le plus sage des peintres, et sans
contredit un des plus savants : ses tableaux sont remplis de pensées ; et plus on a de dignité et d'élévation
dans l'âme, mieux on sent ses idées et plus elles en font
naître de nouvelles... Souvent il a joint à la beauté, à
la grandeur, une sorte de grâce sage et sévère, qui ne
porte point les sens vers la volupté, mais qui plaît
beaucoup à l'âme. Ses femmes ont toujours un air
d'élévation et de vertu qui attache, inspire le respect,
mais qui ne charme pas.

« ... Eh ! qui prouve comme lui que l'âme seule a
place au premier rang dans la peinture ? Qui prouve

comme lui qu'une main adroite peut n'y être souvent qu'un instrument inutile ? C'est d'une main paralytique et tremblante qu'il a peint plusieurs chefs-d'œuvre dont nous venons de parler (*le Déluge* entre autres); chefs-d'œuvre fait pour donner des leçons à tous les poètes de l'univers ; que dis-je ? Sans ce faible instrument il pouvait leur dicter assez d'idées pour servir de matière à des poèmes entiers. Un sentiment profond, calme, élevé, est la source du style noble et sublime du Poussin ; génie neuf et la gloire de sa patrie : c'est un des hommes qui ont possédé plus de grandes parties de la peinture, et il est placé par beaucoup de gens à côté de Raphaël même [1]. »

Une anecdote en terminant :

« J'ai souvent admiré, dit Bonaventure d'Argonne, l'amour extrême que cet excellent peintre avait pour la perfection de son art. A l'âge où il était, je l'ai rencontré parmi les débris de l'ancienne Rome, et quelquefois dans la campagne et sur les bords du Tibre, qu'il dessinait et qu'il remarquait le plus à son goût. Je l'ai vu aussi rapportant dans son mouchoir des cailloux, de la mousse, des fleurs, et d'autres choses semblables, qu'il voulait peindre exactement d'après nature.

« Je lui demandai un jour par quelle voie il était arrivé à ce haut point d'élévation qui lui donnait un rang si considérable entre les plus grands peintres d'Italie : il me répondit modestement :

« — Je n'ai rien négligé ! »

Une parole à méditer, jeunes artistes, ou plutôt jeunes gens, car pour toutes les carrières elle est vraie !

[1] Taillasson. *Observations sur quelques grands peintres.*

LA QUINTINIE (JEAN)

La Quintinie est une nouvelle preuve d'un fait que
plusieurs fois déjà nous avons pris plaisir à constater, et
que nous sommes heureux d'avoir l'occasion de rappeler : c'est que la gloire, la renommée la plus flatteuse
n'est pas, comme on paraît trop souvent le croire, le
privilége exclusif de certaines carrières, par exemple,
les armes, les belles-lettres ou les beaux-arts ; mais elle
récompense volontiers aussi les efforts persévérants de
l'homme de talent et parfois du génie qui, entraîné par
sa vocation, choisit, de préférence à tant d'autres faites
pour le tenter, la profession en apparence la plus modeste. Qu'est-ce, en effet, que La Quintinie ? Un simple
horticulteur ou dans un style moins moderne, un *jardinier*, et ce jardinier, élevant son métier à la hauteur
d'un art, a mérité de compter parmi les hommes célèbres du règne de Louis XIV, le règne du grand roi. Puis
encore, l'exemple de La Quintinie prouve que ce noble
travail de la terre honore autant que pas un autre celui
qui l'exerce, et que, pour la bêche quitter même l'une
des professions dites libérales, ce n'est pas déchoir,
mais s'élever dans l'estime de tout homme judicieux
qui, avec le héros de l'antiquité, comprend que

« ce n'est pas la profession qui honore l'homme, mais l'homme la profession. »

En effet, La Quintinie (Jean), né à Chabannais (Angoumois), en 1626, après avoir fait ses études à Poitiers, vint à Paris où il se fit recevoir avocat ; et, d'après un contemporain, l'abbé Lambert, « une éloquence natu- » relle, accompagnée des autres talents qui forment les » grands orateurs, le fit briller dans le barreau, et lui » concilia l'estime des premiers magistrats. »

L'un de ces derniers, M. Tamboneau, président en la chambre des comptes, conçut pour lui une telle estime qu'il le pria de se charger de l'éducation de son jeune fils, en accompagnant sa demande des offres les plus avantageuses. Soit que la profession d'avocat, malgré de brillants débats, ne tentât que médiocrement La Quintinie, soit que sa situation de fortune, voisine de la gène, ne lui permît pas d'attendre, ou ce qui semble plus probable, qu'il pensât trop modestement de lui-même, il n'hésita point à accepter, et le président n'eut qu'à s'en féliciter pour son fils et pour lui-même.

« Quoique le précepteur fît sa principale occupation du soin qu'il devait à l'éducation de son jeune élève, dit l'abbé Lambert, cependant comme son emploi lui laissait bien des moments de libres, il les consacra tous à l'étude de l'agriculture pour laquelle il avait une forte inclination. Columelle, Varron, Virgile, et généralement tous les autres auteurs anciens et modernes, qui ont écrit sur cette matière, furent les sources dans lesquelles ce grand homme puisa ce fonds de science qui l'a mis en état de porter au plus haut degré de perfection l'art dans lequel il a exercé. L'avantage qu'eut La Quin-

tinie d'accompagner son jeune élève en Italie lui procura
de nouvelles lumières. Aucun des beaux jardins de Rome
et des environs qui ne lui offrît quelque objet digne d'attention, et sur lequel il ne fît de savantes et utiles
observations. Il ne lui manquait plus que de joindre la
pratique à la théorie, et c'est ce qu'il fit, dès qu'il fut de
retour en France. M. Tamboneau, qui ne cherchait que
les occasions de l'obliger, se fît un plaisir de lui abandonner le jardin de sa maison (nouvellement construite
à l'entrée de la rue de l'Université), en lui permettant
d'y faire tous les arrangements qu'il jugerait les plus
convenables. »

La Quintinie ne trompa point la confiance que lui
témoignait le propriétaire, et sur le terrain qu'il pouvait
disposer à son gré, il créa un grand et beau jardin en
plein rapport au bout de peu d'années, et qui joignait,
suivant le précepte du poète, l'agréable à l'utile. Si les
fleurs récréaient la vue, proche de la maison, elle
n'était pas moins réjouie par les carrés de superbes légumes, ou les fruits magnifiques qui mûrissaient à
quelque distance. Tout en s'occupant des plantations
nouvelles, l'habile horticulteur avait profité de ces travaux divers pour des observations et des expériences
qui lui furent par la suite du plus grand profit. « Ainsi,
dit M. Louvet, il constata qu'un arbre transplanté ne
reçoit point de nourriture pour les racines qu'on lui a
laissées, qui se sèchent et se pourrissent ordinairement;
mais que tout le suc nourricier qu'il tire lui vient uniquement des nouvelles racines qu'il a poussées depuis
qu'on l'a planté, d'où il suit qu'on doit débarrasser un
arbuste qu'on transplante du plus grand nombre des ra-

cines qu'il possède avant de le mettre en terre. La Quintinie s'aperçut aussi que tout arbre fruitier, par une sorte d'inclination naturelle, porte toute sa sève sur les grosses branches et donne dès lors peu de fruits, et que par le retranchement de ces grosses branches, la sève vient dans les petites qui donnent du fruit. A ces découvertes, il en joignit beaucoup d'autres, qu'il consigna dans un Traité publié seulement après sa mort. »

Le jardin de l'hôtel Tamboneau, ouvert obligeamment aux amateurs distingués, fit connaître La Quintinie de la plupart d'entre eux, et en particulier du prince de Condé qui, après l'avoir entretenu avec un singulier plaisir, voulut recevoir de lui des leçons de son art.

La Quintinie ne fut pas moins bien accueilli lors d'un voyage qu'il fit en Angleterre. Présenté au roi Jacques II, celui-ci conçut une telle estime pour ses talents, que, voulant le retenir dans l'île, il lui fit les propositions les plus brillantes ; mais l'offre de tous ces avantages et d'une pension considérable qui équivalait à une fortune, ne purent tenter La Quintinie qui ne pouvait se résigner, en vue même des plus magnifiques espérances, à dire pour toujours adieu à la patrie. Il revint en France où l'attendait la récompense, où l'attendaient la fortune et le bonheur. Louis XIV avait entendu parler de lui par le prince de Condé et quelques-uns des grands seigneurs de son entourage. Désirant compléter par un potager les jardins et le parc de Versailles, il fit venir La Quintinie et le chargea de tracer ce potager sur un assez mauvais terrain ayant servi autrefois de jardin, et qu'on avait abandonné comme trop peu fertile. Ce fut ce sol discrédité pourtant que l'on mit à la disposition de

La Quintinie et dont il tira si bon parti, que le roi le
chargea de créer un autre potager plus vaste et qui pût
suffire à tous les besoins, lui laissant d'ailleurs lui-même
choisir l'emplacement. Le choix de La Quintinie était
fait déjà, lorsqu'un caprice de la cour vint contrarier
ses projets. Au retour d'une grande chasse, le roi s'arrêta dans un endroit qui parut des plus agréables aux
dames, et plusieurs d'entre elles de s'écrier que ce lieu
serait excellent pour le potager, dont il était beaucoup
parlé depuis quelque temps, et le prince, par une regrettable condescendance, en dépit de sa première décision, donna l'ordre à La Quintinie d'établir là son potager, pour lequel on ne pouvait mettre à sa disposition
que trente-six arpents et d'un terrain des plus médiocres, tel même, que La Quintinie nous dit : « Qu'il était
de la nature de ceux qu'on ne voudrait rencontrer nulle
part. »

Il ajoute : « La nécessité de faire un potager dans une
situation commode pour les promenades et la satisfaction du Roi a déterminé l'endroit où il est placé et
qu'occupait auparavant, pour la plus grande partie, un
étang fort profond ; il a fallu remplir la place de cet
étang, pour lui donner même une superficie plus haute
que celle du terrain d'alentour ; ce que l'on a fait au
moyen de sables enlevés pour faire la pièce d'eau voisine, et dont il n'a pas fallu moins de dix à douze pieds
de profondeur ; mais pour avoir des terres qui fussent
propres à mettre au-dessus de ces sables et les avoir
promptement (sans une dépense trop excessive), on a été
obligé de prendre de celles qui étaient les plus proches.
Or, en les examinant sur le lieu, je trouvai qu'elles

étaient une espèce de terre franche qui devenait en bouillie ou en mortier quand, après de grandes pluies, l'eau y séjournait beaucoup et se pétrifiaient, pour ainsi dire, quand il faisait sec... J'eus, dès la première année, à essuyer le plus grand mal qui me pouvait arriver, car il survint de si grandes et de si fréquentes averses d'eau que tout le jardin paraissait être devenu un étang, ou au moins une mare bourbeuse, inaccessible et surtout mortelle, et pour les arbres qui en étaient déracinés, et pour toutes les plantes potagères qui en étaient submergées ; il fallut chercher un remède convenable à un si grand inconvénient. »

La Quintinie sut le trouver, et par une suite d'aménagements des plus ingénieux, la création d'un aqueduc entre autres où s'écoulaient les eaux, et la disposition toute nouvelle des carrés en dos de bahu (dos d'âne), il réussit au-delà même de ce qu'il avait espéré : « Mes carrés avec leurs plantes, dit-il, et mes plates-bandes avec leurs arbres se conservèrent dans le bon état où je les souhaitais et contribuèrent à la conservation et au bon goût de tout ce que j'y pouvais élever. »

Par une sorte de miracle, à force de persévérance et d'industrie, La Quintinie, sur ce sol si rebelle, avait créé un véritable paradis terrestre, que nous décrit ainsi un témoin oculaire :

> Quel plaisir fut de voir les jardins pleins de fruits
> Cultivés de sa main, par ses ordres conduits ;
> De voir les grands vergers du superbe Versailles,
> Ses fertiles carrés, ses fertiles murailles,
> Où, d'un soin sans égal, Pomone, tous les ans,
> Elle-même attachait ses plus riches présents !

Là brillait le teint vif des pêches empourprées,
Ici le riche émail des prunes diaprées ;
Là des rouges pavis le duvet délicat ;
Ici le jaune ambré du roussâtre muscat :
Tous fruits dont l'œil sans cesse admirait l'abondance,
La beauté, la grosseur, la discrète ordonnance ;
Jamais sur leurs rameaux également chargés,
La main si sagement ne les eût arrangés [1].

D'après ce qu'on raconte, c'était un des grands plaisirs du Roi de se promener dans ce jardin : « Louis XIV, dit Pluche, après avoir entendu Turenne ou Colbert, Racine ou Boileau, s'entretenait avec La Quintinie et se plaisait souvent à façonner un arbre de sa main. »

La Quintinie mettait à profit ces conversations pour faire sa cour au Roi. Connaissant que la figue était son fruit de prédilection, il mit tous ses soins à en perfectionner la culture, et dans son livre [2] il lui consacre de nombreux paragraphes et ne lui ménage pas les éloges : « Les bonnes figues mettent ici d'accord toutes ces contestations ; elles emportent le prix, sans contredit, comme étant sûrement le fruit le plus délicieux qu'on puisse avoir en espalier. » Dans le chapitre qui précède, cependant, c'est la prune qui semblait avoir toutes les préférences de notre horticulteur : « Peu de gens se sont avisés de se déclarer sur ceci en faveur des bonnes prunes, je ne dis pas de toutes sortes de prunes, mais seulement de quatre ou cinq sortes des meilleures ; et

---

[1] Perrault, *Epître à La Quintinie.*
[2] *Instructions pour les jardins fruitiers.* 2 vol. in-4°, 1690.

c'est peut-être faute d'avoir éprouvé de quelle délicatesse, de quel goût et de quel sucre elles y viennent (sur
les espaliers), non-seulement en comparaison de celles
de plein vent, mais aussi en comparaison de tous les
autres fruits. »

Il est des artistes dont la vie est toute dans leurs
œuvres, et pour leur propre bonheur, sinon pour notre
plaisir, n'offre que peu ou point d'épisodes ; ainsi
La Quintinie ne fut distrait par aucun évènement de
ses paisibles occupations. La faveur du Roi, dont il
jouissait discrètement, ne lui suscita point de jalousie.
Louis XIV, qui l'avait nommé, par un brevet spécial
(25 août 1687), directeur général des jardins fruitiers et
potagers de toutes les demeures royales, avait pris soin
de lui faire bâtir une maison des plus commodes, en
augmentant successivement son traitement.

On aime cette bienveillance du monarque pour « son
jardinier, » et l'on est touché de voir celui qu'on nous
a représenté maintes fois comme si superbe, dire au
lendemain de la mort de La Quintinie à la veuve :

« Madame, nous venons de faire une perte que nous
ne pourrons réparer. » (1688.)

En outre du potager de Versailles, La Quintinie avait
tracé celui de Chantilly pour le prince de Condé, celui
de Rambouillet pour le duc de Montausier, celui de
Vaux pour Fouquet, de Sceaux pour Colbert.

Dans les heures de loisir que lui laissait la saison
d'hiver en particulier, il s'occupait de la rédaction du
grand ouvrage dont il a été parlé, qu'il put terminer
avant sa mort, mais n'eut pas la satisfaction de voir
publié ! Les biographes, en général, reprochent à l'écri-

vain d'être incorrect et diffus ; par nos courtes citations,
on a pu voir que le style de La Quintinie ne manque
pas de certaines qualités, et prouve qu'on parle toujours
bien de ce qu'on aime.

Le portrait que l'auteur fait du bon jardinier ne nous
paraît pas moins bien touché : « En cas qu'on soit satisfait de l'extérieur, il en faut venir aux preuves essen-
tielles du mérite... C'est-à-dire qu'on vienne à savoir
premièrement qu'il est homme sage et honnête en
toutes ses maximes de vivre, qu'il n'a point une avidité
insatiable de gagner, qu'il rend bon compte à son
maître de tout ce que son jardin produit, sans en rien
détourner pour quelque raison que ce puisse être, qu'il
est toujours le premier et le dernier à son ouvrage ;
qu'il est propre et curieux dans ce qu'il fait, que ses
arbres sont bien taillés, bien émoussés, ses espaliers
bien tenus, qu'il n'a point de plus grand plaisir que
d'être dans ses jardins, et principalement les jours de
fêtes, si bien qu'au lieu d'aller ces jours-là en débauche
ou en divertissement, comme il est assez ordinaire à la
plupart des jardiniers, on le voit se promener avec ses
garçons, leur fait remarquer en chaque endroit ce qu'il
y a de bien et de mal, déterminant ce qu'il y aura à
faire dans chaque jour ouvrier de la semaine, ôtant
même les insectes qui sont de dégât, etc., etc. »

Après ce portrait du jardinier je ne saurais mieux
terminer que par cet *éloge du jardinage* dû à Pluche, le
savant et ingénieux auteur du *Spectacle de la nature* :

« Généralement tous, tant que nous sommes, nous
naissons jardiniers ; la culture des fleurs et des fruits
est notre première inclination. Nous nous partageons

sur tout le reste : le goût de l'agriculture est le seul qui nous réunisse, et quelque diversité que les besoins de la vie et les usages de la société puissent mettre dans nos occupations ordinaires, nous nous souvenons tous de notre premier état. L'homme innocent avait été destiné, dès le commencement, à cultiver la terre ; nous n'avons point perdu le sentiment de notre ancienne noblesse. Il semble au contraire que tout autre état nous avilisse et nous dégrade. Dès que nous pouvons nous affranchir ou respirer quelques moments en liberté, une pente secrète nous ramène tous au jardinage. Le marchand se croit heureux de pouvoir passer du comptoir à ses fleurs. L'artisan, qu'une dure nécessité attache toujours au même endroit, orne sa fenêtre d'une caisse de verdure. L'homme d'épée et le magistrat soupirent après la vie champêtre. Il y a au moins quelques mois dans l'année où ils quittent la Cour, la ville et les affaires pour jouir des charmes de leur terre. Tous alors parlent jardinage : la plupart se piquent d'en savoir les plus belles opérations. Il n'y a qu'un goût faux et une délicatesse dépravée qui rougisse de cultiver un jardin. »

A cette dernière phrase en particulier on ne peut qu'applaudir de tout cœur et des deux mains.

RACINE ET BOILEAU

———

I

La biographie de ces illustres poètes se trouve partout, nous ne pouvons songer à la refaire. Il nous suffira de la résumer, pour l'ensemble des faits, en la complétant par quelques anecdotes intéressantes, tirées des écrits contemporains, et aussi par des fragments curieux de la correspondance des deux amis.

Racine était né à la Ferté-Milon, le 21 décembre 1639. Il eut une éducation fortement classique et les auteurs grecs mêmes lui étaient familiers presque comme ceux de la langue maternelle.

Quelque temps hésitant, comme Boileau, sur sa vocation, il fut entraîné vers la poésie lyrique d'abord, et dramatique ensuite. Ses deux premières pièces, les *Frères ennemis* et l'*Alexandre* ne pouvaient faire espérer *Andromaque* et les autres chefs-d'œuvre, compris cette *Phèdre* à laquelle le public, la cabale aidant, eut la sottise de préférer une méchante pièce de Pradon. Racine, sensible à l'excès à la critique, et dont peut-être aussi le découragement, en le tournant vers la religion, éveillait les scrupules, renonça au théâtre. Ses scrupules d'ailleurs on les comprend, quand on voit, en dépit de la forme épurée, quelle large part est faite à la passion dans les pièces du poète, l'un des plus réservés cependant entre les auteurs dramatiques. Le thème est toujours à peu près le même, celui que Bourdaloue dénonçait du haut de la chaire à propos des romans et des comédies, et qui ferait croire que nous ne sommes en ce monde, nous hommes, nous chrétiens, que pour ce misérable rôle de Céladons.

Sa résolution prise, Racine se maria et dès lors ne vécut plus que de la vie de famille et d'étude : s'il fit plus tard *Esther* et *Athalie*, ce fut pour complaire à Mme de Maintenon et au Roi que, tout en gémissant sur ses fautes, il aimait avec une sorte de passion. Aussi combien amère lui fut cette soudaine disgrâce qui succéda pour lui à la faveur éclatante dont si longtemps il avait joui ! Le mécontentement de Louis XIV eut pour cause la lecture d'un *Mémoire sur les misères du peuple*, rédigé par Racine à la prière, dit-on, de la marquise de Maintenon qui aurait eu cependant l'imprudence et le tort de ne pas taire le nom de l'auteur.

Il n'est point exact d'ailleurs de dire que Racine mourut de chagrin puisqu'il succomba aux suites d'une opération nécessitée par une affection déjà ancienne, opération qui ne put empêcher et peut-être précipita la catastrophe (22 avril 1699). Ajoutons que, pendant tout le temps de la maladie, le roi fit chaque jour prendre des nouvelles du poète et que sa pension de 2,000 livres fut continuée à sa veuve.

Venons aux anecdotes. Voici, sur Racine et sa femme, une page curieuse, mais que je n'ai pu, s'il faut l'avouer, lire sans quelque dépit. J'ai peine à comprendre que le poète pût se plaire dans la société de cette ménagère qu'on ne saurait excuser d'une singulière étroitesse d'esprit ou de sots préjugés. Une femme bas-bleu ne serait point assurément notre idéal, mais qu'est-ce qu'une créature ensevelie si profondément dans la prose de la vie et qui n'a pas, si peu que ce soit, l'instinct des choses d'art, le sentiment de la poésie ? Quoi ! la poésie pour elle c'est pis que la langue des Hurons ! Que Louis Racine trouve moyen de faire de cela un mérite à sa mère, on ne peut l'en blâmer, et il agit en bon fils, mais moi, qui ne suis pas tenu aux mêmes égards, je trouve la bonne dame.... Non, je ne dirai pas le mot qui semblerait trop dur peut-être ; j'imagine néanmoins que l'intelligent lecteur sera de mon avis, et qu'il pensera de la.... défunte ce que j'en pense moi-même d'après ce que nous apprend Louis Racine.

« Sa compagne sut par son attachement à tous ses devoirs de femme et de mère et par son admirable piété, le captiver entièrement, faire la douceur du reste de sa vie, et lui tenir lieu de toutes les sociétés auxquelles il venait de renoncer.

« .....La religion avait uni ces deux époux quoiqu'aux yeux du monde ils ne parussent point faits l'un pour l'autre. (Très bien jusqu'ici, mais le reste :) L'un n'avait jamais eu de passion plus vive que celle de la poésie ; *l'autre porta l'indifférence pour la poésie jusqu'à ignorer toute sa vie ce que c'est qu'un vers ;* et m'ayant entendu parler, il y a quelques années, de rimes masculines et féminines, elle m'en demanda la différence : à quoi je répondis qu'elle avait vécu avec un meilleur maître que moi. Elle ne connut ni par les représentations, ni par la lecture, les tragédies auxquelles elle devait s'intéresser ; elle en apprit seulement les titres par la conversation. »

Son indifférence pour la fortune n'était pas moindre et parut un jour inconcevable à Boileau. « Mon père, dit L. Racine, rapportait de Versailles une bourse de mille louis présent du roi, et trouva ma mère qui l'attendait dans la maison de Boileau à Auteuil. Il courut à elle et l'embrassant.

— Félicite-moi, lui dit-il, voici une bourse de mille louis que le Roi m'a donnée.

« Elle lui porta aussitôt des plaintes contre un de ses enfants qui depuis deux jours ne voulait point étudier.

— Une autre fois, reprit-il, nous en parlerons : livrons-nous aujourd'hui à notre joie.

« Elle lui représenta qu'il devait en arrivant faire des reprimandes à cet enfant, et continuait ses plaintes lorsque Boileau qui, dans son étonnement, se promenait à grands pas, perdit patience et s'écria :

« Quelle insensibilité ! peut-on ne pas songer à une » bourse de mille louis ?

« On peut comprendre qu'un homme, quoique passionné pour les amusements de l'esprit, préfère à une femme, enchantée de ces mêmes amusements et éclairée sur ces matières, une compagne uniquement occupée du ménage, ne lisant de livres que ses livres de piété, ayant d'ailleurs un jugement excellent, et étant d'un très bon conseil en toutes occasions. On avouera cependant que la religion a dû être le lien d'une si parfaite union entre deux caractères si opposés : la vivacité de

l'un lui faisant prendre tous les évènements avec trop
de sensibilité, et la tranquillité de l'autre la faisant paraître presque insensible aux mêmes évènements. »

J'en demande pardon à Louis Racine, mais la poésie,
telle qu'on doit le comprendre, n'est point, et à Dieu
ne plaise ! un simple amusement de l'esprit, lui-même
il en a donné la preuve dans son poème sur la *Religion*.
Madame Racine eût pu n'être pas moins pieuse, moins
attachée à ses devoirs de mère de famille, tout en se
rendant capable de s'entretenir avec son mari de ce
qu'elle savait lui être le plus cher. Qu'elle n'ait pas
compris que c'était pour elle un bonheur autant qu'un
devoir de tâcher d'être de moitié dans toutes ses affections, c'est ce qui fait très peu d'honneur à son intelligence de femme et de chrétienne, je pourrais dire à son
cœur. N'y aurait-il point un brin de jansénisme là-
dessous ?

A quelque temps de là, Racine fut nommé historiographe du roi en même temps que Boileau. Lors de
leur première campagne, celui-ci, apprenant que Louis
XIV s'était si fort exposé qu'un boulet de canon avait
passé à quelques pas du prince, alla vers lui et lui dit :

— Je vous prie, sire, en ma qualité de votre historien,
de ne pas me faire finir sitôt mon histoire.

Quelque agrément qu'il pût trouver à la cour, Racine
y mena toujours une vie retirée, partageant son temps
entre quelques amis et ses livres. Sa plus grande satisfaction était de revenir passer quelques jours dans sa
famille, et lorsqu'il se retrouvait à sa table avec sa
femme et ses enfants, il disait qu'il faisait meilleure
chère qu'aux tables des grands.

Il revenait un jour de Versailles pour goûter ce plaisir, lorsqu'un écuyer de M. le Duc (le prince de Condé) vint lui dire qu'on l'attendait à dîner à l'hôtel.

— Je n'aurai point l'honneur d'y aller, lui répondit-il : il y a plus de huit jours que je n'ai vu ma femme et mes enfants qui se font une fête de manger aujourd'hui avec moi une très belle carpe ; je ne puis me dispenser de dîner avec eux.

L'écuyer lui représenta qu'une nombreuse compagnie, invitée au repas de M. le Duc, se faisait aussi une fête de l'avoir et que le Prince serait mortifié s'il ne venait pas ; « une personne de la cour qui m'a raconté la chose, dit Louis Racine, m'a assuré que mon père fît apporter la carpe, qui était d'environ un écu, et que la montrant à l'écuyer, il lui dit :

— Jugez vous-même si je puis me dispenser de dîner avec ces pauvres enfants qui ont voulu me régaler aujourd'hui et n'auraient plus de plaisir s'ils mangeaient ce plat sans moi. Je vous prie de faire valoir cette raison à Son Altesse sérénissime.

« L'écuyer la rapporta fidèlement, et l'éloge qu'il fit de la carpe devint l'éloge de la bonté de mon Père. »

Racine disait un jour à son fils :

« Je ne vous dissimulerai point que, dans la chaleur
» de la composition, on ne soit quelquefois content de
» soi ; mais, et vous pouvez m'en croire, lorsqu'on jette
» le lendemain les yeux sur son ouvrage, on est tout
» étonné de ne plus rien trouver de bon dans ce qu'on
» admirait la veille ; et quand on vient à considérer,
» quelque bien qu'on ait fait, qu'on aurait pu mieux
» faire, et combien on est éloigné de la perfection, on

» est souvent découragé. Outre cela, quoique les ap-
» plaudissements que j'ai reçus m'aient beaucoup
» flatté, la moindre critique, quelque mauvaise qu'elle
» ait été, m'a toujours causé plus de chagrin que toutes
» les louanges ne m'ont fait plaisir. »

Ce langage sans doute paraîtra bien étrange, et
même assez ridicule à beaucoup de jeunes lettrés
aujourd'hui si contents de la prose facile qu'ils bro-
chent, *currente calamo* et à tant la ligne, pour les journaux et que leur modestie ne trouve inférieure à aucune
autre, fût-ce à celle de Fénelon ou Pascal.

Racine était très porté à la raillerie « la piété qui
avait éteint en lui la passion des vers (et pourquoi donc?)
sut aussi modérer son penchant à la raillerie. » Il sut
aussi profiter sous ce rapport des conseils de Boileau
qui, plus d'une fois, avait eu à souffrir des vivacités de
son ami.

Certain jour qu'ils discutaient ainsi à propos de littérature, Racine, emporté par son humeur, ne ménagea
point les épigrammes et parfois presque sanglantes à
son ami. Au moment de se séparer, Boileau dit avec un
grand calme à son interlocuteur :

— Avez-vous eu dessein de me fâcher ?

— A Dieu ne plaise! répondit Racine.

— Eh bien ! vous avez donc eu tort, car vous m'avez
fâché.

Dans une autre discussion du même genre, Boileau,
pressé par une argumentation victorieuse, mais rail-
leuse et ironique, ne put s'empêcher de dire :

— Eh bien ! oui, j'ai tort, mais j'aime mieux avoir
tort que d'avoir orgueilleusement raison.

Le même Boileau disait, à propos des sentiments religieux que Racine avait toujours gardés profondément gravés au fond du cœur et qui « le retinrent contre ses penchants dans les temps même les plus impétueux de sa jeunesse :

« La raison conduit ordinairement les autres à la foi ; c'est la foi qui a conduit M. Racine à la raison. »

Après la disgrâce de Racine, le roi défendit à Mme de Maintenon de le recevoir, mais celle-ci, l'ayant aperçu un jour dans les jardins de Versailles, s'écarta de sa suite et gagna une allée solitaire où le poète averti vint la rejoindre. Dès qu'il l'aborda d'un air profondément triste et découragé, elle lui dit :

« Pourquoi vous laisser abattre ? Ne suis-je pas la cause de votre malheur ? Il est de mon intérêt comme de mon honneur de réparer le mal que j'ai fait. Votre fortune devient la mienne. Laissez passer ce nuage, je ramènerai le beau temps.

— Non, non, madame, répondit le poète, jamais vous ne le ramènerez pour moi.

— Et pourquoi donc ? Chassez de telles pensées. Doutez-vous de mon cœur ou de mon crédit ?

— Non assurément, madame, je sais quel est votre crédit et les bontés que vous avez pour moi : mais j'ai une tante qui m'aime d'une façon bien différente. Cette sainte fille demande tous les jours à Dieu pour moi des disgrâces, des humiliations, des sujets de pénitence, et elle aura plus de crédit que vous encore.

A ce moment, on entendit, à quelque distance dans une allée, un piétinement de chevaux.

— Vite, vite, cachez-vous, dit la marquise, c'est le roi qui se promène.

Racine s'enfonça dans un bosquet et depuis ils ne se revirent plus.

« On s'était enfin aperçu que sa maladie était causée par un abcès au foie ; et quoiqu'il ne fût plus temps d'y apporter remède, on résolut de lui faire l'opération. Il s'y prépara avec une grande fermeté et en même temps il se prépara à la mort. Mon frère s'étant approché pour lui dire qu'il espérait que l'opération lui rendrait la vie :

— Et vous aussi, mon fils, lui répondit-il, voulez-vous faire comme les médecins et m'amuser ? Dieu est le maître de me rendre la vie ; mais les frais de la mort sont faits.

« Il en avait eu toute sa vie d'extrêmes frayeurs que la religion dissipa entièrement dans sa dernière maladie.... l'opération fut faite trop tard, et trois jours après il mourut (21 avril 1699) après avoir reçu ses sacrements avec de grands sentiments de piété. » (Mémoires de Louis Racine).

Il fut tel du reste, à cette heure suprême, qu'il s'était montré pendant toute sa maladie où par sa patience il édifia tout ceux qui connaissaient la vivacité de son caractère. Ses douleurs étaient parfois très-aiguës, il les reçut de la main de Dieu avec autant de douceur que de soumission. Tourmenté pendant trois semaines d'une cruelle sécheresse de langue et de gosier, il se contentait de dire :

— J'offre à Dieu cette peine : puisse-t-elle expier le plaisir que j'ai trouvé souvent aux tables des grands !

« Lorsqu'il fut persuadé que sa maladie finirait par la

mort, il chargea mon frère d'écrire à M. de Cavoie pour le prier de solliciter le paiement de ce qui lui était dû de sa pension, afin de laisser quelque argent comptant à sa famille. Mon frère fit la lettre et vint la lui lire :

— Pourquoi, lui dit-il, ne demandez-vous pas aussi le paiement de la pension de Boileau ? Il ne faut point nous séparar. Recommencez votre lettre et faites connaître à Boileau que j'ai été son ami jusqu'à la mort.

« Lorsqu'il fit à celui-ci son dernier adieu, il se leva sur son lit autant que pouvait lui permettre le peu de forces qu'il avait et lui dit en l'embrassant.

— Je regarde comme un bonheur pour moi de mourir avant vous. » (*Mémoires de Louis Racine*).

On voit que chez ces hommes le caractère était à la hauteur du talent.

II

BOILEAU

Boileau (Nicolas) naquit à Paris le 1er novembre 1636. Onzième enfant de Gilles Boileau, greffier du conseil de la grande chambre, il eut pour mère Anne Denielle, seconde femme du dit Gilles morte l'année suivante, 1637, à l'âge de vingt-trois ans. Après avoir fait ses études classiques au collége d'Harcourt, il étudia le droit et fut reçu avocat. Mais sa répugnance invincible pour cette profession la lui fit bientôt abandonner pour suivre les cours de théologie en Sorbonne ; et par suite il obtint un bénéfice, le prieuré de saint Paterne qui rapportait 800 livres par

an. Tout occupé plus tard de poésie, il résigna son bénéfice, et ce qui fait honneur à la délicatesse de sa conscience, restitua toutes les sommes perçues par lui pendant neuf ans. Ses premières satires, déjà connues par
de nombreuses copies, ne parurent imprimées que vers
1665, et l'on sait avec quel succès. Louis XIV fit au poète
une pension de 2,000 livres, il voulut qu'il fût de l'Académie et le nomma comme Racine son historiographe.
Boileau, dont la vieillesse fut affligée par de cruelles
infirmités, supportées avec une résignation toute chrétienne, mourut à Auteuil, le 17 mars 1711.

Le satirique se félicitait, d'après ce que Louis Racine
nous apprend, de la pureté de ses ouvrages. « C'est une
grande consolation, disait-il, pour un poète qui va mourir de n'avoir jamais offensé les mœurs. »

Il était de bonne foi assurément quand il parlait
ainsi ; à vrai dire cependant il est plus d'un vers soit
dans les *Satires*, soit dans le *Lutrin*, que, sans pruderie,
on voudrait pouvoir effacer. La Satire des *Femmes* en
particulier, encore que rien n'y choque précisément et
grossièrement la licence, est une diatribe effrénée
contre le mariage et le moraliste chrétien ne saurait
excuser le poète. Sans doute, Boileau y fait preuve d'un
admirable talent, mais aux dépens de la justice, et il
calomnie de parti pris le sexe dont il ne montre que les
défauts et les vices, admettant à peine quelques rares
exceptions :

> Il en est jusqu'à trois que je pourrais nommer,

dit-il, alors que soit dans la famille, soit dans le cloître,
on comptait par centaines, ou plutôt par milliers les

pieuses, les saintes femmes qui donnaient alors l'exemple de toutes les vertus.

Comment Boileau, si grand admirateur des anciens, quand il écrivait ces pages injurieuses, ne s'est-il pas une seule fois rappelé cet adorable vers de Virgile qui lui eût fait tout d'abord jeter au feu son brouillon :

Incipe, parve puer, risu cognoscere matrem.

Legouvé, qui n'était pas un Virgile, n'a pas été mal inspiré par son cœur, lui, quand il a dit :

Tombe aux pieds de ce sexe à qui tu dois ta mère.

Il faut dire, à la décharge de Despréaux, qu'il n'avait point connu la sienne, puisqu'il la perdit, comme on l'a vu, dès l'âge le plus tendre.

A la Satire des *Femmes* nous préférons la plupart des autres comme aussi les *Épîtres*, *A mes Vers*, l'*Éloge du Vrai*, *A mon jardinier*, etc., où l'auteur fait preuve, dans sa langue savamment correcte, d'un esprit si fin comme d'un incomparable bon sens. L'*Art Poétique*, dont tant de vers sont devenus proverbes, semble plus admirable encore au point de vue de la forme, et l'on ne peut souscrire qu'avec de grandes réserves à l'arrêt de feu Sainte-Beuve, le déclarant, au point de vue littéraire, un *Code abrogé* ! Abrogé pour quelques parties sans doute, mais non pour la plupart des autres et en particulier quant aux règles du goût formulées dans un langage qui donne tout à la fois l'exemple avec le précepte. Ce poème, quoi qu'en aient dit les jeunes, bien vieillis aujourd'hui, subsiste et subsistera tant qu'en France un public d'élite ne manquera pas aux chefs-d'œuvre.

On peut regretter aussi chez Boileau trop de bienveil
lance pour l'école de Port-Royal, témoin son épitre à
Arnault comme ces vers qui terminent la pièce adressée
à la présidente de Lamoignon pour la remercier de l'envoi du portrait de Bourdaloue :

> Enfin, après Arnault, ce fut l'illustre en France
> Que j'admirai le plus et qui m'aima le mieux.

Boileau excellait au jeu de quilles et on le vit souvent abattre toutes les neuf d'un seul coup de boule.

« Il faut avouer, disait-il à ce sujet assez plaisam-
ment, que j'ai deux grands talents aussi utiles l'un que
l'autre à la société et à l'état : l'un de bien jouer aux
quilles, l'autre de faire bien les vers. »

Il n'avait pas l'extrême sensibilité de Racine pour les
critiques, au contraire. Lorsqu'il avait donné au public
un nouvel ouvrage et qu'on venait lui dire que les critiques en parlaient fort mal :

— Tant mieux, répondait-il avec beaucoup de sens,
les mauvais ouvrages sont ceux dont on ne parle point.

Boursault, dans ses lettres, rapporte cette curieuse
conversation sur les bénéfices avec un abbé qui en possédait plusieurs et qui disait gaîment à Boileau :

— Hé ! cela est bien bon pour vivre !

— Je n'en doute point, répondit le poète ; mais pour
mourir, monsieur l'abbé, pour mourir ?

M. de Cavoye un des grands seigneurs de la cour, et
fort lié avec Racine et Boileau, s'amusait parfois, paraît
il, à jouer des tours aux deux poètes.

« La veille de leur départ pour la première campagne,

M. de Cavoye s'avisa, dit-on, de demander à mon père, dit Louis Racine, s'il avait eu l'attention de faire ferrer ses chevaux à forfait. Mon père, qui n'entend rien à cette question, lui en demande l'explication.

— Croyez-vous donc, lui dit monsieur de Cavoye, que quand une armée est en marche, elle trouve partout des maréchaux ? Avant que de partir, on fait un forfait avec un maréchal de Paris qui vous garantit que les fers qu'il met aux pieds de votre cheval y resteront six mois.

« Mon père répond (ou plutôt on lui fait répondre) : — C'est ce que j'ignorais, Boileau ne m'en a rien dit ; mais je n'en suis pas étonné, il ne songe à rien.

« Il va trouver Boileau pour lui reprocher sa négligence. Boileau avoue son ignorance, et dit qu'il faut promptement s'informer du maréchal le plus fameux pour ces sortes de forfaits. Ils n'eurent pas le temps de chercher. Dès le soir même, M. de Cavoye raconta au Roi le succès de sa plaisanterie. Un fait pareil, quand il serait véritable, ne ferait aucun tort à leur réputation.»

Autre anecdote :

Un jour, après une marche fort longue, Boileau très-fatigué se jeta sur un lit en arrivant sans vouloir souper. M. de Cavoye, qui le sut, alla le voir après le souper du Roi, et lui dit avec un air consterné qu'il avait à lui apprendre une fâcheuse nouvelle. « Le roi, ajouta-t-il, n'est point content de vous, il a remarqué aujourd'hui une chose qui vous fait grand tort dans son esprit.

— Et quoi donc ? s'écria Boileau fort alarmé.

— Je ne puis me résoudre à vous le dire ; je ne saurais affliger mes amis.

Boileau insiste. Après l'avoir laissé quelque temps dans l'inquiétude, M. de Cavoye lui dit du ton le plus sérieux :

— Puisqu'il faut vous l'avouer, le Roi a remarqué.... que vous vous teniez tout de travers à cheval.

— Si ce n'est que cela, répondit Boileau, laissez-moi dormir.

Racine et Boileau s'entretenaient un jour avec madame de Maintenon... La conversation tomba d'aventure sur la poésie burlesque qui naguère avait eu tant de vogue. Boileau, qui l'avait peu ménagée dans ses écrits, ne tint pas dans cette circonstance un autre langage :

— Heureusement, dit-il, ce misérable goût est passé et on ne lit plus Scarron même dans les provinces.

Il oubliait qu'il s'adressait à la veuve du dit Scarron, Racine se hâta de couper court en parlant d'autre chose ; mais dès qu'ils furent seuls, il dit à son ami :

— Comment parlez-vous ainsi devant elle ? Ignorez-vous l'intérêt qu'elle y prend ?

— Hélas ! non, mais c'est toujours la première chose que j'oublie quand je la vois.

Malgré la remontrance de son ami, Boileau quelque temps après eut une distraction semblable au lever du roi. On s'entretenait de la mort du comédien Poisson :

— C'est une perte, dit Louis XIV, il était bon comédien.

— Oui, reprit Boileau, pour faire un Don Japhet ; il ne brillait que dans ces misérables pièces de Scarron.

Racine l'avertit par un signe de sa maladresse, puis, en particulier, il lui dit :

— En vérité, je n'oserai plus paraître à la cour avec

vous, si vous continuez d'être imprudent à ce point.

— J'en suis tout honteux, répondit Boileau ; mais quel est l'homme à qui il n'échappe une sottise ?

Boileau ne savait ni dissimuler ni flatter. Il eut cependant par hasard quelques saillies assez heureuses. Un jour le roi lui demandant son âge, il répondit :

— Je suis venu au monde un an avant votre Majesté pour annoncer les merveilles de son règne.

A une certaine époque, l'affectation de substituer le mot de *gros* à celui de *grand* régnait à Paris comme en quelques provinces où l'on disait un gros chagrin pour un grand chagrin : Le roi demandant à Boileau ce qu'il pensait de cet usage, le poète répondit :

— Je le condamne parce qu'il y a bien de la différence entre Louis le Gros et Louis le Grand.

Quelques jours après la mort de Racine, Boileau vint à la cour où depuis longtemps il ne paraissait plus, et comme il parlait au roi de l'intrépidité chrétienne avec laquelle Racine avait vu la mort s'approcher :

— Je le sais, répondit le roi, et j'en ai été étonné, il la craignait beaucoup cependant, et je me souviens qu'au siége de Gand vous étiez le plus brave des deux.

Le roi tenait par hasard sa montre à la main ; en la montrant au poète, il lui dit :

— Souvenez-vous que j'ai toujours une heure par semaine quand vous voudrez venir.

Boileau cependant ne retourna jamais à la cour.

— Qu'irais-je y faire ? répondait-il à ses amis qui le pressaient à ce sujet, je ne sais plus louer.

Dans un âge avancé déjà, il donna une nouvelle édition de ses ouvrages qu'il revit avec tout le soin dont il

était capable. Un ami le trouvant occupé de ce travail,
il lui dit :

— Je suis presque honteux de m'occuper encore de
rimes, et de toutes ces niaiseries du Parnasse, quand je
ne devrais songer qu'au compte que je vais aller rendre
à Dieu.

Pourtant on a toujours vu en lui le chrétien autant
que le poète. Un jour il fut invité à dîner chez le duc
d'Orléans, depuis régent. C'était un vendredi, sur la
table cependant on ne servit que du gras. Boileau,
refusant successivement tous les plats qu'on lui présentait, ne mangeait que du pain.

« Il faut bien, lui dit le prince, que vous en preniez
votre parti et fassiez comme tout le monde ; le cuisinier
a oublié que c'était maigre.

— Monseigneur, répondit le poète en s'inclinant, vous
n'avez qu'à frapper du pied et les poissons sortiront de
terre tout aussitôt.

Cette spirituelle allusion au mot de Pompée plut au
prince qui ne pouvait s'empêcher d'admirer cette fermeté de caractère chez le poète ; il ne le laissa point
dîner avec du pain seulement, et le maigre ne se fit pas
attendre.

Monsieur Lenoir, chanoine de Notre-Dame, confes-
seur ordinaire de Boileau, l'assista pendant sa dernière
maladie. Tout en se préparant à la mort en chrétien
sérieux, il conservait quelque chose de l'humeur du
poète. M. le Verrier, son ami, crut le distraire par la
lecture d'une tragédie médiocre qui dans sa nouveauté
faisait beaucoup de bruit. Après avoir entendu le premier acte, Boileau dit au lecteur :

— Eh ! mon ami, ne mourrai-je pas assez promptement? Les Pradons et les Cottin dont nous nous sommes moqués dans notre jeunesse étaient des soleils auprès de ceux-ci.

Quelqu'un lui demandant ce qu'il pensait de son état, il répondit par ce vers de Malherbe :

Je suis vaincu du temps, je cède à ses outrages.

Un moment avant sa mort, il vit ou plutôt il entendit entrer M. Coutard qu'il reconnut à sa voix : Il dit en lui serrant la main :

— Bonjour et adieu, mon ami ; mais l'adieu sera bien long.

Peu d'instants après il expira, laissant par testament presque tous son bien aux pauvres.

« La compagnie qui suivit son convoi, et dans laquelle j'étais, dit L. Racine, fut fort nombreuse, ce qui étonna une femme du peuple à qui j'entendis dire :

— Il avait, à ce qu'il paraît, bien des amis, on assure pourtant, qu'il disait du mal de tout le monde. »

En terminant, détachons de la correspondance si intéressante de Racine et Boileau quelques pages qu'on aura plaisir et profit à lire :

RACINE A BOILEAU.

Au camp devant Namur, 3 juin 1692.

« .... Les grenadiers du régiment des gardes françaises et ceux des gardes suisses se sont entre autres extrêmement distingués. On raconte plusieurs actions

particulières que je vous redirai quelque jour, et que
vous entendrez avec plaisir : mais en voici une que je
ne puis différer de vous dire et que j'ai ouï conter au
roi :

» Un soldat du régiment des fusiliers, qui travaillait
à la tranchée, y avait posé un gabion ; un coup de canon
vint qui emporta son gabion : aussitôt il en alla poser
à la même place un autre, qui fut sur le champ emporté
par un autre coup de canon. Le soldat, sans rien dire,
en prit un troisième et l'alla poser ; un troisième coup
de canon emporta ce troisième gabion. Alors le soldat
rebuté se tint en repos ; mais son officier lui commanda
de ne point laisser cet endroit sans gabion. Le soldat
dit :

— J'irai, mais j'y serai tué.

« Il y alla, et, en posant son quatrième gabion eut le
bras fracassé d'un coup de canon. Il revint soutenant
son bras pendant avec l'autre bras, et se contenta de
dire à son officier :

— Je l'avais bien dit.

« Il fallut lui couper le bras qui ne tenait presque à
rien. Il souffrit cela sans desserrer les dents, et, après
l'opération, dit froidement :

— Je suis donc hors d'état de travailler ; c'est maintenant au roi à me nourrir.

« Je crois que vous me pardonnerez le peu d'ordre
de cette narration ; mais assurez-vous qu'elle est fort
vraie. »

15 juin 1692.

« ... Les ennemis ne soutinrent point, on en tua bien
quatre ou cinq cents, entre autres un capitaine espagnol, fils d'un grand d'Espagne, qu'on nomme le comte
de Lêmos. Celui qui le tua était un des grenadiers à
cheval nommé *Sans-Raison*. Voilà un vrai nom de grenadier. L'Espagnol lui demanda quartier, et lui promit
cent pistoles, lui montrant même sa bourse où il y en
avait trente-cinq. Le grenadier, qui venait de voir tuer
le lieutenant de sa compagnie, qui était un fort brave
homme, ne voulut point faire de quartier et tua son
Espagnol. Les ennemis envoyèrent demander le corps,
qui leur fut rendu, et le grenadier *Sans-Raison* rendit
aussi les trente-cinq pistoles qu'il avait prises au mort
en disant :

— Tenez, voilà son argent dont je ne veux point ; les
grenadiers ne mettent la main sur les gens que pour les
tuer.

« Vous ne trouverez point peut-être ces détails dans
les relations que vous lirez ; et je m'assure que vous les
aimerez bien autant qu'une supputation exacte du nom
des bataillons et de chaque compagnie des gens déta-
chés, ce que M. l'abbé Dangeau ne manquerait pas de
rechercher très curieusement.

« Je vous ai parlé du lieutenant de la compagnie qui
fut tué, et dont *Sans-Raison* vengea la mort. Vous ne
serez peut-être pas fâché de savoir qu'on lui trouva un
cilice sur le corps. Il était d'une piété singulière et avait
même fait ses dévotions le jour d'auparavant. Res-

pecté de toute l'armée par sa valeur accompagnée d'une
douceur et d'une sagesse merveilleuse, le roi l'estimait
beaucoup, et a dit, après sa mort, que c'était un homme
qui pouvait prétendre à tout. Il s'appelait Roquevert.
Croyez-vous que frère Roquevert ne valait pas bien frère
Muce? Et si M. de la Trappe l'avait connu, aurait-il
mis, dans la Vie du frère Muce, que les grenediers font
profession d'être les plus grands scélérats du monde?
Effectivement on dit que dans cette compagnie il y a
des gens fort réglés. Pour moi je n'entends guère de
messe dans le camp, qui ne soit servie par quelque
mousquetaire, et où il n'y en ait quelqu'un qui com-
munie et cela de la manière du monde la plus édifiante.

« ...., Je ne puis finir sans vous dire un mot de M. de
Luxembourg. Il est toujours vis-à-vis des ennemis....
On lui amena avant-hier un officier espagnol qu'un de
nos partis avait pris et qui s'était fort bien battu. M. de
Luxembourg lui trouvant de l'esprit lui dit :

— Vous autres Espagnols, je sais que vous faites la
guerre en honnêtes gens, et je la veux faire avec vous
de même.

« Ensuite il le fit dîner avec lui, puis lui fit voir
toute son armée. Après quoi, il le congédia, en lui
disant :

— Je vous rends votre liberté; allez trouver M. le
prince d'Orange, et dites-lui ce que vous avez vu.

« On a su aussi par un *rendu* qu'un de nos soldats
s'étant allé rendre aux ennemis, le prince d'Orange lui
demanda pourquoi il avait quitté l'armée de M. de
Luxembourg :

— C'est, dit le soldat, qu'on y meurt de faim; mais

avec tout cela ne passez pas la rivière, car assurément
ils vous battront.

« Le roi envoya hier six mille sacs d'avoine et cinq
cents bœufs à l'armée de M. de Luxembourg; et quoiqu'ait dit le déserteur, je vous puis assurer qu'on y est
fort gai, et qu'il s'en faut bien qu'on y meure de faim. »

BOILEAU A RACINE.

1 juin 1693.

« Vous m'avez surpris en me mandant l'empressement qu'ont deux des plus grands princes de la terre.
pour voir des ouvrages que je n'ai pas achevés. En
vérité, mon cher monsieur, je tremble qu'ils ne se soient
trop aisément laissé prévenir en ma faveur; car, pour
vous dire sincèrement ce qui se passe en moi au sujet
de ces derniers ouvrages, il y a des moments où je crois
n'avoir rien fait de mieux; mais il y en a aussi beaucoup où je ne suis point du tout content et où je fais
résolution de ne les jamais laisser imprimer. Oh !
qu'heureux est M. Charpentier qui, raillé, et mettons
quelquefois bafoué sur les siens, se maintient toujours
parfaitement tranquille, et demeure invinciblement
persuadé de l'excellence de son esprit ! Il a tantôt
apporté à l'Académie une médaille de très mauvais
goût, et avant que de la laisser lire, il a commencé par
en faire l'éloge. Il s'est mis par avance en colère sur ce
qu'on y trouverait à redire, déclarant pourtant que,
quelques critiques qu'on y pût faire, il saurait bien ce
qu'il devrait penser là-dessus et qu'il n'en resterait pas
moins convaincu qu'elle était parfaitement bonne. Il a

en effet tenu parole ; et tout le monde l'ayant généralement désapprouvé, il a querellé tout le monde, il a
rougi et s'est emporté ; mais il s'en est allé satisfait de
lui-même. Je n'ai point, je l'avoue, cette force d'âme ; et
si des gens un peu sensés *s'opiniâtraient de dessein formé à
blâmer la meilleure chose que j'aie écrite*, je leur résiste-
rais d'abord avec assez de chaleur ; mais je sens bien
que peu de temps après *je conclurais contre moi, et me
dégoûterais de mon ouvrage.* »

RACINE A SON FILS.

3 octobre 1694.

« ... Il me paraît par votre lettre que vous portez un
peu d'envie à Mademoiselle de La Chapelle de ce qu'elle
a lu plus de comédies et plus de romans que vous. Je
vous dirai, avec la sincérité avec laquelle je suis obligé
de vous parler que j'ai un extrême chagrin que vous
fassiez tant de cas de toutes ces *niaiseries* (le mot est
dur), qui ne doivent servir tout au plus qu'à délasser
quelquefois l'esprit, mais qui ne devraient point vous
tenir autant à cœur qu'elles font. Vous êtes engagé
dans des études très sérieuses, qui doivent attirer votre
principale attention ; et, pendant que vous y êtes
engagé et que nous payons des maîtres pour vous instruire, vous devez éviter tout ce qui peut dissiper votre
esprit et vous détourner de votre étude. Non seulement
votre conscience et la religion vous y obligent, mais
vous-même devez avoir assez de considération pour
moi et assez d'égards pour vous conformer un peu à
mes sentiments pendant que vous êtes dans un âge où
vous devez vous laisser conduire.

» Je ne dis pas que vous ne lisiez quelquefois des choses qui puissent vous divertir l'esprit, et vous voyez que je vous ai mis moi-même entre les mains assez de livres français capables de vous amuser ; mais je serais inconsolable si ces sortes de livres vous inspiraient du dégoût pour des lectures plus utiles et surtout pour les livres de piété et de morale, dont vous ne me parlez jamais, et pour lesquels il semble que vous n'ayez plus aucun goût, quoique vous soyez témoin du véritable plaisir que j'y prends préférablement à toute autre chose. Croyez-moi, quand vous saurez parler de comédies et de romans, vous n'en serez guère plus avancé pour le monde, et ce ne sera point par cet endroit-là que vous serez plus estimé.... Vous jugez bien que je ne cherche pas à vous chagriner et que je n'ai autre dessein que de contribuer à vous rendre l'esprit solide et à vous mettre en état de ne me point faire de déshonneur quand vous viendrez à paraître dans le monde. Je vous assure qu'après mon salut, c'est la chose dont je suis le plus occupé. »

Ce langage dans la bouche de l'auteur *d'Andromaque* et de *Phèdre* est assurément bien digne d'attention.

RAPHAEL (SANZIO)

Mon cadre paraît si vaste que, pour n'être pas entraîné trop loin, j'ai dû me tracer à l'avance des limites
et choisir les plus intéressants dans cette multitude de
personnages qui sollicitaient à la fois mes crayons. Mais
quel que soit mon désir de me restreindre, comment me
borner à la date de la naissance et de la mort pour l'artiste illustre entre tous, dont les plus ignorants savent
le nom, un nom que ceux-là même que, dans les ateliers,
on qualifie des Philistins, ne sauraient prononcer sans
admiration et respect ? Comment ne pas consacrer au
moins quelques pages à ce représentant sublime de l'art
qui, dans une vie trop courte, a exécuté tant d'œuvres
excellentes et de son passage rapide sur la terre a laissé
des traces si glorieuses ?

Un éminent critique de ce temps n'a été que juste
quand il a dit : « Par la richesse, la variété, le bonheur
et l'abondance de la composition, par le sentiment de
la beauté gracieuse dans la forme humaine, par l'étonnante et facile fécondité de son imagination, sans con-
testation possible, Raphaël est le premier. Aussi, d'un
consentement unanime, en a-t-on fait en quelque sorte
l'incarnation de l'art moderne. Il le représente en effet
mieux et plus complètement que personne. Organisation

universelle, intelligente et, le dirai-je, heureuse entre
toutes, il a tout compris, tout senti, tout exprimé. Sa
peinture s'adresse à tous les esprits, à toutes les facultés, à tous les goûts. Plus qu'aucune autre, elle parcourt
dans son étendue entière le clavier de l'âme humaine.
Sensible et gracieuse, elle atteint parfois les plus hauts
sommets de l'art, et toujours revêtue de beauté, elle
séduit facilement l'esprit. C'est dans la réunion extraordinaire des qualités les plus diverses, et dans cette merveilleuse harmonie qu'il faut chercher son originalité
et l'explication de la faveur universelle dont elle jouit [1].»

Cet éloge, si bien formulé et que dans sa très-grande
partie on ne peut qu'approuver, exigerait cependant
certaines réserves. Nous les indiquerons plus tard, mais
d'abord quelques détails biographiques. Ils seront courts,
car dans la vie de Raphaël, si vite abrégée, les plus
grands, on pourrait presque dire, les seuls évènements,
ce sont les œuvres exécutées par lui.

Raphaël naquit, le 6 avril 1483, à Urbino, petite ville
sur le penchant des Apennins, entre les hauts sommets
de ces Alpes italiennes et la mer Adriatique. Son père,
Giovanni Santi, d'où plus tard on a fait Sanzio, appartenait à une famille de condition moyenne et jouissait
d'une certaine aisance qu'il devait sans doute plutôt au
patrimoine dont il avait hérité de ses aïeux, qu'à son
propre talent quoiqu'il fût tout à la fois peintre et
poète, et non pas autant médiocre que le prétend
Vasari. Dans sa chronique rimée en l'honneur du duc
d'Urbin, son protecteur, la verve ne lui fait pas défaut

---

[1] Ch. Clément : — *Michel-Ange, Léonard de Vinci et Raphaël.*

non plus que le jugement ; d'autre part, plusieurs tableaux qui nous restent de lui, une *Annonciation* dans la galerie de Brera, et une *Madone* au Musée de Berlin, etc, le classent parmi les peintres distingués de la pieuse école Ombrienne. C'était en outre un homme d'un grand sens et d'un noble cœur, d'après ce que Vasari nous apprend : « Il savait combien il importe de ne pas confier à des mains mercenaires un enfant qui pouvait contracter des habitudes basses et grossières parmi des gens sans éducation. Aussi voulut-il que ce fils unique fût nourri du lait de sa mère, et pût, dès les premiers instants de sa vie, s'accoutumer aux mœurs paternelles.»

L'heureuse enfance de Raphaël s'écoula donc dans la paix du foyer domestique, où l'exemple s'offrait partout à côté de la leçon, où tout parlait à son cœur et à son intelligence prompte à se développer. Aussi son père, jugeant par des indices non douteux de ses dispositions précoces pour la peinture, mit tout d'abord un crayon dans ses mains et l'initia sans retard aux premiers éléments de l'art. « A l'âge où les impressions sont ineffaçables, dit M. Ch. Clément, il respira au foyer paternel l'enthousiasme mystique qui, dans l'École d'Ombrie, était une religion plutôt qu'une simple tradition d'art. Cet ensemble heureux de circonstances devait être bientôt brisé. » En 1491, Raphaël perdit sa mère, Magia Ciarla, et trois années après, son père (1ᵉʳ août 1494). Un oncle prit soin de l'enfant qui n'avait pas douze ans et dont il devint tout naturellement tuteur. Ce fut lui sans doute qui confia le jeune Sanzio au Pérugin, alors chef de l'école Ombrienne et qui jouissant d'une immense célébrité, dont il avait profité surtout pour s'enrichir, voyait dans son atelier, à Pérouse, les élèves accourir en foule. Le maître était sévère, d'après Vasari, pourtant il ne faut pas qu'il fût trop rude encore à ces jeunes gens, puisque Raphaël demeura sept ou huit années et volontairement sous cette forte discipline et s'assimila tellement la manière du maître qu'il est difficile de distinguer ses premiers ouvrages de ceux du Pérugin. On compte une vingtaine de tableaux de cette époque, qu'on sait, par des renseignements précis, de la main de Raphaël et qui reproduisent les sujets, les types, les dispositions uniformes et symétriques, la raideur dans les attitudes, la maigreur et la sécheresse du dessin comme aussi la pureté, la naïveté et cette beauté en quelque sorte immatérielle qui caractérise dans ses meilleurs ouvrages Le Pérugin bien inférieur au reste, pour la profondeur et la suavité des expressions, la grâce toute céleste des figures, la variété des types, à l'Angelico et même à Gozzoli.

On ne peut trop regretter que Raphaël, quand plus tard, il rompit avec l'enseignement trop absolu du maître et prit une manière plus large, personnelle et originale, n'ait pas gardé davantage souvenir de la tradition ombrienne. Avec la science qu'il avait acquise et la merveilleuse habileté de son pinceau, n'eût-il pas été plus admirable encore si, dans ses tableaux, on sentait plus d'onction, si la radieuse beauté de ses Vierges, était moins humaine et rayonnait d'un caractère plus céleste ? Il le voulait cependant, mais pour cela, je crois, comptait plus sur l'effort de son génie que sur cette aide supérieure que sollicitait avec larmes l'Angelico qui ne peignait, dit-on, ses Christs et ses Vierges qu'à genoux.

« Quant à cette figure, écrit Raphaël à Castiglione en
parlant à la vérité d'une peinture profane, je me tien-
drais pour un grand maître si elle avait seulement la
moitié des mérites dont vous me parlez dans votre lettre;
mais j'attribue vos éloges à l'amitié que vous me portez. Je sais que, pour peindre une belle personne, il me
faudrait en voir plusieurs, et que vous fussiez avec moi
pour m'aider à choisir celle qui conviendrait le mieux ;
mais il y a si peu de bons juges et de beaux modèles
que je travaille d'après une certaine idée que j'ai dans
l'esprit. J'ignore si cette idée a quelque excellence, mais
je m'efforce de la réaliser. »

Raphaël, en quittant Pérouse, se rendit à Florence
attiré surtout parce qu'il avait ouï dire des fameux cartons de la *Guerre de Pise* par Léonard de Vinci et Michel-
Ange. L'impression qu'il reçut de ces chefs-d'œuvre fut
profonde, et la vue de quelques autres ouvrages de ces
maîtres comme de ceux de Fra Bartholomeo, dont il
devint l'ami, amena dans sa manière la révolution dont
nous avons parlé et qui, très heureuse au point de vue de
l'exécution, aurait pu et dû être moins complète sous
d'autres rapports.

Raphaël avait vingt-cinq ans lorsqu'il fut appelé à
Rome par le célèbre architecte Bramante, son parent,
qui le présenta au pape Jules II, dont l'accueil fut des
plus bienveillants. Mais lorsque l'artiste eut exécuté,
dans la salle de la Signature au Vatican, la première
des quatre grandes peintures murales commandées par
le pape, la fameuse *Dispute du saint Sacrement* « composition qui étonne autant qu'elle enchante », dit d'Argenville, le pontife conçut la plus haute idée du peintre

et le prit en très grande affection. Après avoir vu « l'*É-cole d'Athènes*, où les grands hommes disputent sur les sciences humaines, Jules II fit détruire les peintures commencées par d'habiles maîtres pour donner un nouveau champ aux grandes pensées de Raphaël qui, dans la même salle, peignit l'admirable fresque d'*Apollon au milieu des Muses* et celle non moins remarquable de la *Jurisprudence* [1]. »

Le succès de ces œuvres fut immense, et le pape chargea l'artiste de décorer de la même façon une autre grande salle, dite *Salle d'Heliodore* de la plus importante des fresques lesquelles, en outre du *Châtiment d'Heliodore*, représentent la *Messe de Bolsène, Attila et la Délivrance de saint Pierre*. La salle de Charlemagne et la salle de Constantin furent également ornées de grandes peintures dues à Raphaël, mais aidé de ses nombreux élèves [2] ; car, surchargé de travaux, pour ces grandes compositions, le plus souvent dès lors, il se bornait à dessiner des cartons que les jeunes artistes copiaient sous l'œil du maître. Il en fut de même pour les *Loges* qui sont des galeries ouvertes à trois étages autour de la première cour du Vatican, et servent de communication pour plusieurs chambres pendant le conclave. Léon X, qui avait succédé à Jules II comme pape, ne témoignait pas à Raphaël moins d'affection que celui-ci ; ce fut par son ordre que l'artiste, après avoir terminé la salle de Charlemagne, s'occupa des *Loges* dont

---

[1] *Vies des Peintres Italiens.*

[2] La salle de Constantin, sauf deux figures, ne fut peinte qu'après la mort de Raphaël, mais par ses élèves et d'après ses dessins.

la décoration se fit rapidement grâce au zèle du maître
et à l'empressement laborieux des élèves, heureux de
lui témoigner ainsi leur reconnaissance ; car il était
pour tous plein de bonté, de sollicitude affectueuse, tout
en conservant cet air d'autorité nécessaire au respect et
qui se concilie très-bien avec la douceur et l'aimable
condescendance. « Entre ces jeunes gens venus non-
seulement de toutes les contrées de l'Italie, mais de tous
les pays de l'Europe, dit Vasari, il avait su établir une
telle concorde que jamais l'ombre d'une jalousie ne parut les diviser. Sa complaisance à les initier aux mystères de son art était admirable et l'on sentait à son
langage qu'il les aimait comme ses enfants. Aussi lorsqu'il sortait de chez lui pour se rendre auprès du pape,
qui l'avait nommé l'un de ses camériers ou gentils-
hommes de la chambre, il était entouré ou suivi de ses
élèves au nombre de cinquante tous jeunes gens intelligents et vaillants qui lui formaient un brillant cortége.»
On raconte qu'un jour, suivi de cette nombreuse jeunesse, Raphaël, allant aux *Stanze* se rencontra avec
Michel-Ange se rendant solitairement à la chapelle
Sixtine.

« Vous marchez avec une grande suite comme un
général », dit Michel-Ange sur le ton un peu ironique.

— Et vous, vous allez seul comme le bourreau ! répondit vivement Raphaël.

Cependant, malgré la différence des caractères et du
genre de vie des deux artistes, et cette espèce de rivalité
régnant entre eux, on aime à voir qu'ils se rendaient
justice. Raphaël témoignait en toute circonstance de
son admiration pour le génie de Michel-Ange qui,

moins expansif, savait à l'occasion cependant se montrer impartial et loyal, en voici la preuve : « Raphaël d'Urbin, dit Cinelli, avait peint pour Agostino Chigi, dans l'église Santa-Maria-della-Pace, plusieurs grandes figures représentant des prophètes et quelques sibylles, pour lesquelles il avait reçu en à-compte une somme de 500 écus. Le travail terminé, il réclama du caissier d'Agostino le complément du prix auquel il estimait son œuvre. Grand fut l'étonnement du caissier qui croyait la somme payée déjà très suffisante, et il ne répondit rien.

« Faites estimer mon travail par un expert, dit Raphaël et vous verrez si ma réclamation est exagérée.

— Volontiers, répondit Giulio Borghesi (le caissier), qui se rendit aussitôt chez Michel-Ange à qui tout d'abord il avait pensé pour cette expertise, espérant sans doute que la décision du Florentin serait influencée par la rivalité ou par quelque autre sentiment moins honorable. Mais il fut bien déçu. Michel-Ange se rendit à l'église de la Pace avec Borghesi. Celui-ci, le voyant contempler en silence une des sibylles, l'interpella en disant :

« Eh bien, maître, qu'en pensez-vous ?

— Cette tête, répondit Michel-Ange, vaut cent écus.

— Et les autres ? demanda Borghesi désappointé.

— Les autres ne valent pas moins.

« Outre le caissier, il se trouvait d'autres personnes présentes à la scène qui la racontèrent à Agostino Chigi. Ce dernier, lorsque son caissier fut de retour, lui donna l'ordre de porter à Raphaël cent écus pour chacune des cinq têtes, en outre de la somme précé-

demment donnée en disant : « Va remettre cela à Ra-
» phaël en payement des têtes, et sois gracieux avec lui
» de façon à le satisfaire, car s'il voulait encore me
» faire payer les draperies, nous serions ruinés. »

En outre de ses grandes compositions, Raphaël a fait
des portraits fort admirés dont plusieurs se voient au
Louvre, et des tableaux de chevalet la plupart d'un
prix inestimable parce qu'ils sont tout entiers peints de
sa main. Notre Musée possède entre autres chefs-
d'œuvre le *Saint-Michel vainqueur du démon*, la *belle
Jardinière*, la *Vierge au Voile* et la *Vierge de François Ier*
ou *Sainte Famille*. « La *Vierge* de François Ier, dit M.
Ch. Clément, passe avec raison pour l'ouvrage le plus
parfait de Raphaël dans ce genre. Il est impossible en
effet d'imaginer une composition plus riche, plus pleine,
plus heureuse, des types plus purs et plus variés, une
exécution plus irréprochable, plus soutenue, plus soi-
gnée dans les moindres détails... C'est là une de ces
œuvres où l'étude fait sans cesse découvrir de nouvelles
beautés, et, quoique la couleur locale n'en soit pas
agréable, *la Vierge de François Ier* est une de ces
créations, où l'artiste a eu le bonheur de réaliser sa
pensée d'une manière complète. »

A Dieu ne plaise que je veuille contredire l'éminent
critique moi qui ne fais jamais une visite au Louvre
sans m'arrêter quelques instants devant la merveilleuse
toile de Raphaël pour admirer le bonheur de la composition, la beauté des lignes, la suavité et la pureté des
contours, la noblesse des types et la force des expressions. Pourtant, s'il m'est permis de le dire sans témérité, je voudrais quelque chose de plus dans cette admi-

rable scène qui ne me paraît point assez au-dessus de l'humanité. Si élégants que semblent cès anges, je ne suis pas sûr qu'ils soient descendus du ciel, et cette Vierge, dans sa beauté noble et même un peu fière, me paraît plutôt une Matrone illustre, une Cornélie royale, que la divine Mère au pur et doux visage transfiguré par l'amour céleste. Les deux enfants, si délicieusement modelés, sont trop des enfants ordinaires, en particulier celui qui s'élance du berceau et auquel M. Ch. Clément lui-même reproche « un caractère académique qu'il serait inutile de contester. »

On ne peut se le dissimuler, à cet incomparable artiste il a manqué pour être complet, pour être l'idéal du peintre religieux, non pas la conviction profonde, mais la force de volonté, la sagesse résolue et pratique qui mît toujours la conduite en harmonie avec la sévérité des principes. Au comble de la gloire et de la félicité, dans la fleur de la jeunesse, beau, riche, favorisé de tous les dons du ciel et de la terre, et par là même entouré de mille séductions, Raphaël paraît-il, quoique porté à la vertu et convaincu qu'il devait l'exemple alors que tous les regards étaient fixés sur lui, ne sut pas toujours résister à l'attrait du plaisir. Et peut-être ainsi, pour son malheur et pour le nôtre, ne ménageant pas assez ses forces, si continuellement épuisées par la dévorante activité d'un travail sans trêve, il se vit arrêté presque à la moitié de sa magnifique carrière. Quel sujet d'éternel regret !

Toutefois, on aime à pouvoir le dire pour l'honneur de sa mémoire et en s'appuyant de témoignages positifs, la cause de sa mort ne fut pas celle que, d'après une regrettable tradition, ont rapportée trop de biographes. Voici les renseignements communiqués à ce sujet par un contemporain (Missirini) à Longhena et publiés par celui-ci : « Raffaello Sanzio était d'une nature très distinguée et très délicate ; sa vie ne tenait qu'à un fil excessivement tenu quant à ce qui regardait son corps, car il était tout esprit, outre que ses forces s'étaient beaucoup amoindries, et qu'il est extraordinaire qu'elles aient pu le soutenir pendant sa courte vie. Un jour qu'il se trouvait à la Farnésine, il fut mandé par le pape. Craignant d'être en retard, il hâta le pas, et par suite d'une marche rapide, arriva tout en sueur au Vatican. Dans la vaste salle où il s'entretenait avec le pape de la fabrique (construction) de St-Pierre, il ne tarda pas à se refroidir, et pris d'un soudain malaise, dut promptement se retirer. A peine rentré chez lui, il se mit au lit et une fièvre pernicieuse l'emporta en peu de jours. »

Dès les premières atteintes du mal, il ne s'était pas fait illusion sur sa gravité ; aussi témoignant hautement de son repentir pour les égarements auxquels nous avons fait allusion, il attendrit ses amis, ses nombreux élèves par la fermeté de sa mort chrétienne, heureux de la bénédiction du pape qui vint le visiter sur son lit de douleur. Par son testament, il exprimait le désir d'être enterré, comme il le fut en effet, dans une des chapelles du Panthéon, et pour l'entretien et le service de la chapelle, il léguait spécialement une somme de 1,000 écus. Après sa mort, son corps fut exposé dans la salle qui lui servait d'atelier et où se voyait son dernier tableau, la *Transfiguration*

Ses funérailles furent des plus solennelles comme des plus touchantes. « Sa bienveillance avait désarmé la jalousie, dit Calcagnini (son contemporain) ; sa nature douce, aimable, sympathique, lui avait gagné tous les cœurs. Aussi sa mort causa-t-elle des regrets unanimes et un deuil public. Le peuple de Rome suivit ses restes comme il devait faire plus tard pour Michel-Ange et la foule, si indifférente d'ordinaire aux évènements de cette nature, paraissait douloureusement émue. » Ses élèves qui savaient ce qu'ils perdaient, ses amis se montraient inconsolables, et l'un d'eux Castiglione écrivait à sa mère : « Je me trouve en bonne santé, mais il me semble que je ne suis pas dans Rome puisque mon pauvre Raphaël n'y est plus. Que son âme bénie soit au sein de Dieu ! »

REMBRANDT (VAN RYN)

SON HISTOIRE OU SA LÉGENDE

I

Par la toute-puissance de cette fée qu'on appelle
l'imagination, reculons en arrière de deux siècles et
transportons-nous dans l'atelier de Rembrandt qu'on
pouvait bien mieux que le Guerchin appeler le *magicien
de la peinture*. Dans cet atelier où l'on pénètre comme
dans une cave, un jour oblique, tombant d'une seule
croisée latérale, éclaire vivement le milieu de la pièce,
dont le clair-obscur ou l'ombre complète envahissent la
plus grande partie. Au milieu du cercle lumineux,
devant une table où se voient les apprêts d'un frugal
repas, deux personnages sont assis, un homme et une
femme.

De la femme, il ne faut rien dire ; la fraîcheur de la
jeunesse a pu naguère la parer de quelque attrait;
aujourd'hui ce n'est qu'une lourde et commune fla-
mande, dans laquelle les grâces n'ont point à craindre
une rivale.

L'autre personnage, au premier coup d'œil, semblerait
le digne pendant de la *Virago*. Un méchant bonnet de

coton, qui ne fut pas plongé la veille *dans les eaux lustrales*, s'aplatit négligemment sur sa chevelure grisonnante et plus qu'en désordre ; une espèce de surtout, de veste, de houppelande ou plutôt je ne sais quel vêtement étrange qui n'a plus ni nom, ni forme, ni couleur, l'habille au hasard et relève peu majestueusement ses traits qui ne brillent pas par la distinction. Le nez saillant, les lèvres épaisses, les joues pendantes et qui se prononcent dans un ovale irrégulier, donnent au personnage l'air d'un artisan vulgaire ; mais, dans ces traits en apparence grossiers, un observateur attentif sait découvrir d'admirables finesses. Le front élevé et large, le regard sérieux révèlent la supériorité d'une haute intelligence, et l'on s'étonne moins que ce soit là l'original du portrait qu'on voit suspendu à la muraille et qui nous montre cet élégant cavalier, dont la figure jeune et vermeille, avec ses carnations lumineuses, ressort si vivement grâce à sa riche toque de velours et à son pourpoint de même étoffe.

Ce portrait est celui de Rembrandt et le bizarre personnage assis devant la table, c'est encore le grand artiste, mais vieilli par le travail et les années.

C'est l'heure du repas, un repas peu fait pour tenter les gastronomes. Quelques harengs saurs, maigres surtout pour la Hollande, un reste de fromage dont le rat de la fable eut détourné dédaigneusement le museau, voilà le menu du festin, et, dit la chronique qui exagère sans doute, l'ordinaire du logis. L'artiste y fit honneur cependant, mais en quelques minutes et en homme pressé de se remettre à la besogne.

Sur un signe, tous les débris du repas, ainsi que les

assiettes et les verres, disparurent avec la ménagère ;
Rembrandt s'arma d'un tampon chargé d'encre pour
toucher une planche de cuivre placée sur une presse
voisine ; car il tirait lui-même les épreuves de ses gravures dont, calculateur habile, tantôt par la variété savante des teintes, tantôt par quelques égratignures ou
le degré plus ou moins avancé du travail, il faisait
autant d'originaux.

Il achevait de tirer la seconde épreuve, quand on
frappa discrètement à la porte qui, fermée toujours avec
précaution par le maître, ne s'ouvrait pas au premier
venu. Il reconnut la main qui frappait, car il s'empressa de pousser le verrou pour laisser entrer le visiteur, un tout jeune homme, que Rembrandt accueillit
avec un certain sourire familier aux gens de commerce,
en disant :

— Eh bien, as-tu fait de bonnes affaires aujourd'hui?

— Assez, père.

— Ils ont mordu à l'hameçon ?

— Merveilleusement. Comme vous me l'aviez ordonné,
je me suis présenté chez les amateurs en enfant prodigue, ne montrant qu'à la dérobée vos belles épreuves
que je disais avoir emportées à votre insu, mais par ce motif
exigeant le double du prix ordinaire. On me l'a donné
sans débat, à la condition que je continuerais le manége
à mes risques et périls. Voici l'argent.

Rembrandt tendit sa main bientôt remplie par les
florins qu'il comptait avec cette joie morne et ce regard
indéfinissable de l'avare.

— Fort bien, garçon, dit-il à son fils. Tu as plus d'esprit encore que je ne pensais, et si l'étoffe manque pour

faire un artiste, tu feras un excellent marchand. Va déjeuner, ta mère t'attend.

Et le jeune homme sortit.

Quelles leçons d'un père à son fils, s'il est vrai, s'il est possible que Rembrandt n'ait pas reculé devant ces tristes moyens de spéculation !

Son imagination du reste était féconde en expédients pour faire hausser le prix de sa marchandise, malgré l'abondance des produits. Ainsi, pour tenir en éveil la curiosité des amateurs, il variait à l'infini, comme nous l'avons dit, le caractère de ses planches. Quelques-unes aussi sont datées de Venise qu'il n'avait pas vue, à ce qu'on croit. Sans cesse, il annonçait son départ, menaçant de quitter sa patrie pour un motif ou pour un autre, et les amateurs aussitôt d'accourir et d'acheter coûte que coûte.

Mais il s'avisa d'un stratagème bien autrement étrange et digne de l'Israélite le plus retors. Après quelques jours d'une absence apparente, tout à coup une triste nouvelle circule dans La Haye et consterne les amateurs.

— Rembrandt est mort, répète-t-on de tous côtés.

— Est-il vrai ?

— Trop vrai ! on le tient de sa femme elle-même ! Un malheur immense pour l'art ! car, dans la force de l'âge et à l'apogée de son talent, quels chefs-d'œuvre il nous promettait encore ! Laisse-t-il quelques tableaux ?

— Quelques-uns sans doute et des gravures. Mais les amateurs ne manqueront pas et je crois qu'on fera bien de se presser.

— Vous avez raison, on peut toujours faire visite à la veuve, par politesse.

Et les amateurs de se diriger vers la demeure de Rembrandt où l'on trouve la veuve en vêtements lugubres, la larme à l'œil, occupée toutefois à disposer les tableaux et dessins pour la vente prochaine où tout fut enlevé à la surenchère et au quadruple du prix ordinaire. Les moindres ébauches, balayures d'atelier, furent disputées avec acharnement. Bref, on fit maison nette.

Or, quelques jours après, un desdits amateurs, assez connu de l'artiste, jetait, en passant, sur la maison en deuil un regard mélancolique, quand soudain, à l'une des fenêtres, il aperçoit Rambrandt lui-même, aussi bien portant que jamais, la mine florissante et qui lui sourit d'un air un peu narquois.

L'autre n'en croit pas ses yeux qu'il se frotte à deux reprises dans l'éblouissement de cette résurrection inattendue.

Pensant rêver, il entre dans la maison et se trouve face à face avec le prétendu défunt, auquel il ne peut s'empêcher de dire :

— Ah bien ! on vous croyait mort !

— Pas tout à fait, répondit Rembrandt, d'un air malicieusement bonhomme. Pour un revenant, j'ai encore une mine honnête, n'est-ce pas ?

— Heuh ! vous ne ressemblez guère à un convalescent. La maladie ne vous a pas fait maigrir. Mais ! c'était donc une plaisanterie, une mort pour rire ?

— Un joyeux tour, hein, et bien imaginé ?

— Pas pour les amateurs, grommelait entre ses dents le visiteur.

— Bah ! bah ! ils prendront leur revanche, un jour ou l'autre. Ils ont trop d'esprit d'ailleurs pour se fâcher. Vous, par exemple, cher monsieur, vous ne m'en voulez pas certainement et vous êtes ravi que je ne sois pas encore enterré. Allons, pas de rancune et donnez-moi la main ?

— Sans doute, sans doute, murmurait l'honnête compatriote de Rembrandt, c'est fort heureux ; mais la plaisanterie me semble un peu forte.

— Au revoir, mon cher monsieur, au revoir ; et l'avare, riant dans sa barbe, fermait sa porte, tandis que l'amateur courait répandre la nouvelle parmi ses confrères.

Le caractère excentrique de Rembrandt et surtout son talent firent accepter de bonne grâce cette mystification que la morale pourrait qualifier plus sévèrement, et qui, de nos jours, avec une police moins complaisante, conduirait tout au moins son auteur sur les bancs de la correctionnelle.

La lésinerie de Rembrandt, au reste, était chose connue et dont s'égayait la malice de ses élèves, parmi lesquels on comptait Gérard Dow, Van Eyckout, Flinck, etc. Les jeunes gens s'amusaient, dit-on, à peindre des monnaies d'or ou d'argent sur de petits cartons qu'ils semaient ensuite dans l'atelier, bien certains que le maître ne manquerait pas de se baisser pour les ramasser. Et alors les espiègles de rire et Rembrandt de rire lui-même, ce qui valait mieux que de se fâcher. Mais il eût été plus sage encore de profiter de la leçon pour se corriger, et, au lieu d'entasser florins sur florins, de vivre comme Rubens, en artiste et en gentilhomme.

Rembrandt, au contraire, fuyait les réunions choi-
sies, se plaisait dans la familiarité de gens vulgaires,
donnant pour excuse que : « quand il voulait se distraire, il cherchait non le bel esprit mais la liberté. »

Avec cette manière de vivre, l'artiste put amasser une
fortune considérable, mais à quel prix ! et qu'il est
triste de voir, sous la tyrannie de cette honteuse faiblesse, se traîner misérablement jusqu'à la fin une
existence qui pouvait être si noblement remplie. Qu'im-
portent les richesses au milieu de ces privations imposées par la sordide avarice ! Puis, qui dira les terreurs
et les désolations de l'agonie au moment de dire adieu
pour toujours à ce cher trésor si laborieusement amassé,
devant la tombe entr'ouverte et les menaces de l'éternité ? Qui saura les angoisses de cette heure suprême et
l'inquiétude poignante du compte à rendre alors qu'il
faut comparaître devant le juge inexorable les mains
vides, vides de bonnes œuvres, quand on a laissé derrière des coffres qui sont si pleins ?

Après cela, que Rembrandt, homme de génie, fût
merveilleusement doué comme artiste, qu'il ait eu de
l'or au bout de son pinceau, de l'or sur sa palette, qu'il
ait fondu pour ainsi dire, profond alchimiste, à l'aide du
prisme, un rayon de soleil dans le mélange de ses couleurs ! Que nul ne l'égale pour le piquant des effets,
pour les jeux de la lumière et la magie du clair-obscur,
cela n'est douteux pour personne et l'on ne peut trop
admirer en lui la réunion au degré le plus éminent de
ces rares et précieuses qualités. On doit faire ses réserves
toutefois. Rembrandt abuse de son procédé même ; si
l'on ne peut détacher ses regard de certains effets d'une

vérité saisissante, *les Philosophes*, par exemple, il épais-
sit quelquefois tellement les ombres que les personnages
s'en dégagent à peine, ainsi *les pèlerins d'Emmaüs*. Puis,
les qualités d'un ordre supérieur, la noblesse des formes
comme celle de la pensée manquent trop chez Rembrandt. Les expressions sont vives, profondes, origi-
nales ; on sent dans les personnages, avec un souffle de
vie énergique, je ne sais quelle mystérieuse poésie,
grâce à cette atmosphère vague, à la fois éblouissante
et sombre, dans laquelle flottent les figures ; mais l'âme
vulgaire du peintre semble se refléter dans son œuvre
par le dédain des formes épurées, par le mépris de toute
élégance, par la préférence du modèle trivial, même
pour les types les plus saints et les plus augustes. Voyez
son Christ dans *les pèlerins d'Emmaüs*. Et le *bon Samaritain* dans ce tableau qu'un artiste de nos amis qualifie
avec esprit : *une scène de maréchal-ferrant !* Quoi de plus
grotesque que l'énorme turban dont s'est coiffé le principal personnage au profil si peu noble ! Dans les
costumes, au reste, la bizarrerie de Rembrandt tourne
souvent à la mascarade, mais tout passe grâce aux
sorcelleries de son pinceau. On sait que le grand artiste
ne se piquait pas de draper à la romaine. Il avait dans
ses armoires de vieilles hardes, des armures rouillées,
des débris en tous genres et il appelait par moquerie
toute cette friperie : *Mes Antiques.* On regrette, dans les
plus merveilleux chefs-d'œuvre, les écarts de son mauvais goût. Ainsi, dans la délicieuse petite toile du grand
salon au Louvre, cette perle des perles, et dont l'œil ne
se détache jamais sans effort, une des figures fait véritablement tache par sa difformité. Et pourtant devant

cette étonnante peinture, on ne peut résister à la fascination ; un miracle du génie fait oublier cette espèce de
verrue plaquée comme à plaisir sur cette merveille et
l'on resterait là de longues heures en contemplation
comme devant ces splendides portraits où l'artiste se
déploie avec toutes ses magnifiques qualités sans presque
aucun de ses défauts.

II

Ces pages étaient écrites et depuis assez longtemps
déjà, lorsque nous avons lu la biographie de Rembrandt, par M. Ch. Blanc. Le savant et intelligent
auteur de l'Histoire des Peintres, en s'appuyant de
pièces récemment découvertes, déclare calomnieuse
cette accusation d'avarice sordide qui pèse si lourde-
ment sur la mémoire de Rembrandt. On ne peut que
savoir gré à M. Ch. Blanc, de son zèle à réhabiliter la
mémoire du glorieux artiste et s'applaudir avec lui de
sa trouvaille. Mais, quoique ces documents nouveaux
méritent grandement considération suffisent-ils pour la
complète justification de l'illustre Flamand ? J'éprouve
quelque doute à cet égard. Il reste toujours à expliquer
comment s'est établie cette opinion si accréditée et si
fâcheuse pour l'honneur de Rembrandt, opinion adoptée
successivement par tous les biographes et qui maintenant ne serait plus cependant qu'une odieuse et absurde
légende. Pour que le lecteur puisse se prononcer en
connaissance de cause (le procès en vaut la peine, un
procès à la gloire), donnons, après l'accusation, le plai-

doyer, c'est-à-dire un passage intéressant emprunté au sérieux travail de M. Blanc :

« On a dit et répété que Rembrandt était avare...
» Mais ces accusations, légèrement lancées par Hou-
» braken, et qui depuis ont été grossièrement ampli-
» fiées jusqu'au roman, sont démenties et par les lettres
» autographes de Rembrandt, et par divers actes. En
» lisant ces lettres [1] et ces actes, il est impossible de
» croire que ce grand homme ait ouvert son cœur à
» l'ignoble passion de l'argent, du moins à la façon des
» héros de Plaute et de Molière... Rembrandt était si
» peu ménager de son argent, qu'on lui voyait pousser
» dans les ventes publiques à des prix fous les estampes
» rares, les belles épreuves, les dessins ou les tableaux
» des anciens peintres, ou même de ses confrères, et cet
» emploi de sa fortune est prouvé par l'inventaire de
» ses objets d'art, tel qu'il fut dressé en 1656.

» Rembrandt mourut pauvre malgré sa prétendue
» avarice. Ayant perdu sa femme Saskia, en 1642, il
» fut obligé de rendre des comptes à son fils Titus, qui
» était mineur. Mais toute sa fortune se trouvait repré-
» sentée par des objets d'art, et la guerre dans laquelle
» la Hollande était engagée contre l'Angleterre, avait
» déprécié ces sortes de valeurs. Possesseur d'une mai-
» son située dans le Breestraal (quartier des Juifs), à
» Amsterdam, Rembrandt fut exproprié par le subrogé-
» tuteur de son fils ; mais les circonstances étaient si
» désastreuses que l'on dut ajourner la vente de sa

---

[1] Ces lettres ne pourraient en aucun cas faire autorité, car l'Harpagon, le plus Harpagon, s'avoue-t-il, se croit-il même jamais avare?

» maison, faute de trouver un seul acquéreur. Quant à
» ses collections de tableaux, d'estampes, de dessins, de
» bronzes, de plâtres, d'armes et de costumes, elles
» furent inventoriées et vendues à l'encan par la *Chambre*
» *des insolvables*, et ne produisirent guère plus que les
» sommes dues par Rembrandt à divers créanciers dont
» le principal était le bourguemestre Corneille Witzen.
» Après la vente de ses portefeuilles, Rembrandt se
» retira sur le Rosengracht (quai des Roses), à Amster-
» dam. Il y vécut avec une jeune paysanne qu'il avait
» épousée en secondes noces et de laquelle il eut deux
» enfants, qui furent ses uniques héritiers, son fils Titus
» étant mort avant lui. Ainsi tombent ces accusations
» d'avarice dont on a noirci la mémoire de Rembrandt.
» Avare ! si ce grand homme l'eût été, il n'aurait pas
» dépensé sa fortune en objets d'art, il ne se serait pas
» laissé entraîner, dans les ventes, à des enchères fabu-
» leuses; il n'aurait pas été saisi, exproprié; il ne serait
» pas mort insolvable ! »

Ainsi s'exprime M. Ch. Blanc avec une véhémence
d'expressions qui s'explique par le généreux sentiment
qui l'inspire. Mais ne s'exagère-t-il pas, dans sa sympathie pour cette illustre mémoire, la portée des actes
qu'il invoque et que nous n'avons pas malheureusement
sous les yeux. En résulte-t-il bien que Rembrandt est
mort tout à fait pauvre, est mort insolvable ? N'est-ce
pas aller loin ? N'est-ce pas vouloir trop prouver ?
L'existence de cette riche collection de Rembrandt est-
elle un fait bien attesté, bien avéré ou sa dépréciation
serait-elle suffisamment justifiée par les circonstances
qu'on allègue ? Graves questions ! Faudrait-il s'étonner

enfin que Rembrandt eût eu le malheur d'un si triste défaut, d'une si misérable faiblesse, alors que ses œuvres en général, prodigieuses, merveilleuses, au point de vue de l'art, de l'art matériel surtout, ne trahissent guère chez l'homme de génie une grande élévation d'âme, de cœur, de pensée, par l'insuffisance ou la vulgarité des expressions, par la trivialité ou la bizarrerie des types si chers à l'artiste même dans les sujets où la nature humaine ne devait nous apparaître qu'ennoblie, agrandie, transfigurée?

Reconnaissons toutefois, fut-ce au risque de paraître nous contredire nous-même, que cette tradition, si fâcheuse pour la gloire de Van Ryn, peut fort bien aussi n'avoir eu pour fondement qu'une méchante rumeur, une misérable calomnie mise en circulation d'abord par les envieux ou seulement les oisifs et les bavards, et acceptée bénévolement et propagée ensuite et amplifiée par la crédulité maligne et moutonnière du vulgaire. Dans ce cas, l'illustre Flamand deviendrait un exemple de plus de la terrible vérité de cette trop fameuse parole : *Calomniez ! calomniez ! il en restera toujours quelque chose !* Malheureusement, dans la plupart des circonstances, comme dans celle-ci, ce n'est point seulement *quelque chose qui reste*, mais la calomnie tout entière qui subsiste et souvent même va toujours croissant et se fortifiant, comme le monstre aux cent bouches et aux cent yeux chanté par Virgile :

Accrescit vires eundo.

III

Une circonstance a retardé la publication de cet article à l'impression [1] déjà, quand a paru, dans la *Revue des deux Mondes*, un important et intéressant travail sur le même sujet et signé d'un nom qui fait autorité. Nous l'avons lue, cette étude, ou plutôt dévorée, en remerciant, à part nous, l'auteur, M. Vitet, de tout ce qu'il a mis dans ces belles pages, écrites comme il sait écrire, de chaleur communicative, d'observations fines, de judicieux aperçus, de science consommée. Nous avons regretté seulement que l'art pur ou l'esthétique tînt trop de place peut-être dans cette éloquente dissertation. Puis, nous, le grand admirateur de Rembrandt, nous serions tenté cependant de trouver que l'éminent critique ou plutôt le panégyriste, va trop loin dans l'éloge du Flamand, car il arrive à transformer en qualités même les défauts. En voici la preuve :

« ..... Ce n'étaient pas les formes, mais la lumière qu'il idéalisait. Il avait pour les formes la plus parfaite indifférence, et les prenait telles qu'il les rencontrait ; je ne sais même si sa prédilection n'était pas pour les moins élégantes, les moins nobles et les moins pures. Le hasard seul ne l'aurait pas conduit, surtout quand il peignait des femmes, à des modèles presque toujours laids. Il y mettait du sien évidemment et *recherchait de préférence les êtres les plus disgraciés.*

« ..... Dans ses traductions des Saintes Ecritures, il

---

[1] Cette étude fut publiée dans la *Revue du Monde Catholique.* (Palmé, éditeur.)

se place en dehors de toute tradition, supprime, ajoute, invente comme il lui plaît tels ou tels personnages, prête à ceux-ci des attitudes, à ceux-là des costumes grotesques, toujours de fantaisie. Le spectateur est dérouté. Qu'a-t-il devant les yeux? ce petit homme souffreteux, d'un type si misérable, d'une expression si basse; est-ce donc le divin Sauveur? Ces rustres, ces bohémiens déguenillés, sont-ce les saints Apôtres? Et faut-il voir le groupe des saintes femmes dans ces disgracieuses commères? »

Après de telles prémisses, critique trop motivée, qui pourrait s'attendre à cette conclusion si hasardée, si étrange et que nous ne saurions accepter malgré notre estime pour un tel juge :

« Ne vous rebutez pas ! sous ces travestissements il y a je ne sais quoi de touchant, de profond, d'onctueux, de tendre. Que ce Samaritain est charitable ! Que cet enfant prodigue est repentant ! Que ce père lui ouvre bien son cœur ! Que de compassion, que de larmes, dans ces gestes, dans ces mouvements, *surtout dans ces jets de lumière !* (Ceci nous semble un peu singulier, et même pour nous tourne au logogriphe !)

« ..... Pour peu qu'on pénètre au-delà de cette écorce inculte, presque difforme, qui trop souvent nous cache ses pensées, on découvre en lui la puissance et parfois les éclairs d'un Shakespeare. Si, dans les sujets religieux, il trouble nos habitudes, s'il déconcerte nos souvenirs en s'abaissant au trivial, que de fois il s'élance et nous entraîne au pathétique ! Seulement, c'est toujours son grand moyen d'effet, c'est-à-dire *la lumière qui produit chez lui* l'expression. »

Nous n'avons point, hélas ! des yeux si perspicaces et ce don de seconde vue qui permet de découvrir dans un rayon de soleil de telles vertus !

M. Vitet, on le comprend, s'empresse d'adopter la thèse de M. Charles Blanc et n'admet pas comme fondé le reproche d'avarice qui pèse sur la mémoire de Rembrandt. Il s'appuie sur les mêmes motifs et reproduit presque dans les mêmes termes les affirmations de l'autre écrivain. Bien qu'assurément l'opinion d'un homme si sérieux soit à nos yeux d'un grand poids, elle ne saurait empêcher que nos doutes subsistent au moins en partie. Certaines phrases du critique, à la vérité, ne semblaient guère de nature à faire cesser nos perplexités.

« On cherche de nos jours à disculper Rembrandt, à le laver de ces accusations de sordide avarice que de crédules historiens lui avaient prodiguées. Je crois qu'on a raison ; on peut affirmer du moins que Rembrandt ne thésaurisait point, puisqu'il est mort dans la misère. La passion des gravures, des statues, des tableaux, des armes, des costumes, lui fit faire des folies ; il s'endetta si bien que la vente de sa collection, faite de son vivant, ne lui laissa pas de quoi vivre, pas même de quoi acheter un cercueil. Il n'en est pas moins vrai que, dans le cours de sa vie, il gagna des sommes prodigieuses et ne cessa *d'évaluer à poids d'or chaque minute de son temps.* »

On remarquera cette phrase d'autant plus significative, à notre avis, que le critique avait dit, quelques lignes plus haut, des peintres flamands en général :

« ..... Quand on aime les gens, on craint de divulguer

un de leurs gros défauts. Quel est donc ce secret ? Ils aimaient trop l'argent. Un certain goût de lucre naturel au pays, une sorte d'émanation de l'esprit commercial régnaient à des degrés divers dans tous les ateliers. »

L'avarice de Rembrandt eut donc été seulement de la cupidité. Mais ne concilierait-on pas mieux encore les faits nouvellement mis en lumière par MM. Ch. Blanc et Vitet avec l'opinion si universellement adoptée par les biographes sur la lésinerie du Flamand, en admettant, ce qui n'est pas rare, qu'il fut tout à la fois avare et prodigue. Ne voit-on pas, tous les jours, chez certaines gens, des défauts qui semblent, au premier coup d'œil, contradictoires, vivre en parfait accord ? On est parcimonieux, dans ce qui vous est indifférent ou touche seulement autrui ; mais on ne compte plus, dès qu'il s'agit de sa satisfaction personnelle et d'une passion favorite.

Maintenant si l'on s'étonnait de nous voir insister sur ce point et suspendre encore notre jugement, quand nous serions trop heureux que cette illustre mémoire pût sortir victorieuse du débat, nous répondrions : d'abord il s'agit de la vérité historique, de la tradition que, de nos jours, on est trop porté à mettre, même à la légère, en question. Puis de la vie de Rembrandt, telle que nous l'a transmise cette tradition, résulte une grande leçon, une moralité importante ; à savoir que le génie n'est pas la vertu, n'est pas le seul et principal mérite. S'il ne s'appuie que sur sa propre force, s'il ne peut compter, pour lui venir en aide et le protéger contre les écarts de son orgueil ou de ses passions, sur une puissance supérieure, ce grand artiste, ce grand poète, cet homme d'une intelligence sublime, il court grand risque de déchoir un jour ou l'autre jusqu'à ces misérables faiblesses qui suffisent pour faire contre-poids aux plus éclatants triomphes, pour obscurcir la gloire de la plus brillante destinée.

IV

Post-Scriptum. — Après la publication de cet article, nous reçûmes de M. Vitet une lettre que le lecteur nous saura gré de ne pas garder pour nous seul. Elle nous a paru intéressante au point de vue de la discussion, en même temps qu'elle fait honneur aux généreux sentiments de celui qui l'écrivait. C'était donc un motif de plus pour nous de la publier, malgré quelques compliments à notre adresse.

Rocquigny, par la Capelle (Aisne) 15 Août.

« Monsieur,

« Si, comme je le suppose, c'est à vous que je dois l'envoi d'un n° de la *Revue du Monde Catholique*, où je trouve des preuves de votre extrême bienveillance, il y aurait de ma part plus que de l'ingratitude à ne pas vous en remercier. Si au contraire l'envoi n'est pas de vous, l'article reste votre ouvrage et mes remerciements subsistent, accompagnés de compliments.

« Je crains que vous n'ayez trop raison contre ce pauvre Rembrandt ; mais, dans ces incertitudes j'avoue mon faible pour la maxime : *Favores ampliandi* : méprise pour méprise, c'est la plus charitable que je préfère accepter.

« Croyez, monsieur, (etc.).

» L. VITET. »

RICHARD-LENOIR

I

Né le 16 avril 1765, Richard était fils d'un petit cultivateur d'Epinay-sur-Oon, près de Villers-le-Bocage (Calvados). La position de ce digne homme et en général des paysans à cette époque laissait fort à désirer d'après ce que Richard nous apprend du régime de vie habituel :

« La nourriture des domestiques et des hommes et femmes de peine n'était comptée qu'à raison de *trois sous* par jour ; elle se composait, le matin à six heures, d'une soupe appelée *caudé;* à midi, d'un morceau de galette de sarrasin et de pain noir ; enfin pour le souper d'une bouillie de sarrasin. Un cidre très-léger accompagnait ces trois modestes repas [1] ».

On peut croire, d'après les *Mémoires,* que l'éducation, dans les campagnes même, se ressentait des influences déplorables qui dominaient alors dans Paris et dans les grandes villes et devaient amener tant de catastrophes. Peut-être aussi, le caractère de l'enfant, porté dès le plus jeune âge et d'instinct à la spéculation, en l'incli-

[1] *Mémoires de Richard-Lenoir,* in-8°, 1837.

nant trop et trop tôt à la préoccupation du gain et d'une fortune à faire, le détournait de pensées d'un ordre plus élevé. On le voit à regret à l'âge de onze à douze ans, par une manœuvre plus coupable qu'il ne le croyait sans doute, dérober une dinde et la cacher en un lieu connu de lui seul pour se ménager à huis clos pendant le carême quelques bons repas au mépris de la loi religieuse sévèrement observée par le reste de la famille. Ce méchant tour, et deux ou trois autres non moins répréhensibles, par exemple le tort considérable fait, pour en bénéficier, au pigeonnier d'un voisin, sont racontés, ce semble, un peu trop le sourire aux lèvres et sur le ton badin, dans les *Mémoires* qui trahissent des préjugés qu'on ne peut attribuer qu'à une singulière ignorance. La préoccupation fiévreuse des affaires qui, pendant cinquante ans, avait absorbé, passionné cet homme dont le cœur était bon, généreux, affectueux, ne lui avait pas permis même quelques instants de réflexion sur ce qu'il nous importe le plus au monde de bien connaître et de pratiquer ; de là dans son livre, des phrases comme celles-ci qui prouvent une telle absence des notions les plus élémentaires de la foi :

« J'étais lié d'affaires avec une famille israélite nommée
» Brandon, braves négociants et assez philosophes.
» Aussi quoique ce fût un Vendredi-Saint, nous venions
» d'entamer par avance le jambon de Pâques, et nous
» ne nous étions pas montrés plus scrupuleux les uns
» que les autres. »

Ailleurs encore nous lisons : « Je louai alors au gou-
» vernement un hôtel situé rue de Thorigny, au Ma-
» rais... Quoiqu'il fût somptueux encore, je fis monter

» mes mulgenies dans les brillants salons où l'ancien
» propriétaire (l'Archevêque de Paris), étonnait par son
» luxe et dans lesquels le travail, l'ordre et l'industrie
» allaient remplacer désormais le faste et la paresse. »

Feu Dulaure, aveuglé par la fausse science pire encore que la complète ignorance, n'aurait pas mieux dit. Ces citations, qu'il semble inutile de multiplier, suffisent à prouver ce que j'affirmais plus haut. On comprend ainsi que Richard, au début de sa carrière de négociant, ne se soit pas fait scrupule de certains actes, de contrebande par exemple, aussi bien que plus tard de l'achat en commun avec son associé et ami Dufresne-Lenoir de domaines dits nationaux et de biens d'émigrés. Serait-il téméraire de penser que cette spéculation finalement ne porta bonheur ni à l'un ni à l'autre ? On en jugera par le récit des faits.

Richard, parti de son village à dix-sept ans et en sabots, vint à Rouen où, pour vivre, il fut contraint d'entrer, comme garçon limonadier, dans un café. Actif, sobre, intelligent, il fit là quelques économies, ce qui lui permit, dans l'année 1786, de se rendre à Paris, but de son ambition ; car là, comme tant d'autres pauvres villageois hallucinés par ce mirage de la grande ville, il se croyait assuré d'une prompte fortune. Mais à Paris comme à Rouen, Richard en fut réduit pour subsister à entrer comme garçon dans un café. « Mais, dit un biographe, c'était le café de la Victoire, l'un des plus fréquentés de la rue Saint-Denis. Aux bénéfices de son état, il joignit ceux de quelques petites spéculations lucratives, et compta bientôt dans son épargne une somme de 1,000 francs. Alors il se trouva riche et, ses

espérances réalisées accrurent celles qu'il devait naturellement concevoir. Il jeta le tablier blanc, loua une
petite chambre dans le quartier des halles, acheta quelques pièces de basin anglais, qui était alors un objet de
luxe et de contrebande, et se vit au bout de six mois
possesseur d'une somme de 6,000 francs. »

Victime de la mauvaise foi d'un faiseur d'affaires, et
un peu aussi de sa téméraire confiance, au bout de
quelques mois, non-seulement il avait tout perdu, mais
il se voyait emprisonné pour dettes à la Force. La Révolution l'en fit sortir avec beaucoup d'autres, et grâce à
son courage, à sa persévérance, à la prudence qu'il
avait acquise à ses dépens, sans doute, et qui tempé-
rait son audacieuse initiative, en peu d'années, de
1790 à 1792, non-seulement il avait rétabli ses affaires
et payé ses dettes, mais sa position était assez prospère
pour qu'il pût acheter le beau domaine du Fayt, près
Nemours. Par malheur, la situation du pays à l'intérieur devint telle, par suite du triomphe des anarchistes
et des terroristes, que Richard dut suspendre ses spéculations et même quitter pour un temps la capitale, après
un évènement qui pouvait avoir pour lui les suites les
plus graves et fait d'ailleurs grand honneur à son caractère. Bien qu'étranger et même assez indifférent à
la politique, Richard jugeait des choses en honnête
homme.

« Quoique je fusse très-bien vu à ma section, dit-il,
je n'étais pas maître de retenir parfois l'impression de
dégoût que m'inspirait une grande partie de nos gou-
verneurs de second ordre, et je ne raisonnais pas toujours
la manière d'exprimer mon opinion. Un soir, je jouais

aux dominos, au café, avec un membre du comité du
salut public ; c'était le marchand de beurre dont j'ai
parlé. Je tournais le dos à la rue, Mazie lui faisait face ;
il voit passer dans la rue Monconseil un notaire de ma
connaissance, fort digne homme et père de famille.

« En voilà un qui fait bien de se promener, dit-il
avec un sourire infâme, en posant son double-deux ;
dans *sept jours, il aura craché dans le grand panier.* »

» Sa phrase n'était pas encore achevée que déjà je
lui avais appliqué un vigoureux soufflet; il en demeura
tout étourdi. Je me levai alors, tremblant de colère et
d'horreur, et je quittai le café sans mot dire.

» Après m'être promené quelques instants pour dissiper un peu mon agitation, je rentrai chez moi, assez
calme en apparence, mais toujours fort inquiet des
suites de ma vivacité. Avoir souffleté un honorable
membre du comité révolutionnaire, c'était un crime de
lèze-nation; cela ne pouvait manquer de me conduire à
la guillotine comme un ennemi du peuple, un aristo-
crate, un infâme modéré. »

La femme de Richard (car il était marié depuis
quelque temps), instruite déjà de l'évènement, eut l'air
de tout ignorer ; et, tranquille de ce côté, Richard, les
rideaux tirés, fit ses préparatifs; car, en homme résolu,
il comptait se défendre et voulait vendre au moins chè-
rement sa vie. « Je sortis de mon secrétaire une paire
d'espingoles de gros calibre, je les chargeai et posai
près d'elles mes papiers indispensables... Tout fut
calme cependant jusqu'à minuit. Alors j'entends des
voix confuses, et le bruit de la patrouille qui se dirige
vers ma maison ; on s'arrête à la porte ; je saute à bas

de mon lit, je ne m'étais pas déshabillé ; j'entends monter mon escalier : je saisis mes armes et je m'apprête à faire bonne contenance. Ma pauvre femme s'élance tout en larmes vers moi et m'entoure de ses bras comme pour me protéger.

— Qu'espères-tu faire, mon ami, contre tant de monde ?

— Je défendrai bien ma vie, sois tranquille ; je ne me sens pas d'humeur à me laisser égorger comme un agneau. Du premier coup de feu, je puis me défaire des membres du comité, je n'aurai pas besoin d'en tirer un second ; tous les gardes nationaux me connaissent ; je n'ai fait que du bien à la section, personne n'osera m'arrêter.

« Tandis que je parlais, le bruit s'éloignait, on passait devant la porte de mon appartement. » C'était un voisin, un jacobin du nom de Loyse qu'on venait arrêter. Le reste de la nuit se passa tranquillement. Le lendemain, de bonne heure, Richard reçut la visite d'un autre membre du comité, appelé Marquet, qui lui dit :

« Vraiment, vous en faites de belles ! heureusement que vous avez des amis. Quoique nous soyons tous bien convaincus au comité que vous avez les sentiments d'un honnête citoyen et d'un bon Français, sans moi, vous étiez arrêté cette nuit ; vous n'avez eu que deux voix de majorité. Il faut étouffer l'affaire au plus vite ; venez dîner aujourd'hui chez moi où se trouvera Mazic, avec lequel j'aviserai à vous réconcilier. Cet homme est assez bon diable au fond, gonflé surtout de son importance, plus vaniteux et braillard que méchant. N'y mettez point d'amour-propre, vous, la chose en vaut la peine. Vous conviendrez, seulement pour la forme, que vous avez eu tort de lui détacher si lestement le soufflet ; sa vanité satisfaite, volontiers il oubliera tout. »

Les choses se passèrent en effet ainsi, grâce à Marquet, le bienveillant amphytrion, et la réconciliation, se fit sans grande difficulté. Mais Richard, dès lors devenu prudent, veilla sur sa langue comme sur ses mains, et la stagnation des affaires ne lui laissant que trop de loisir, il en profita pour faire un voyage dans le Calvados. Pendant son séjour à la ferme de son père, il eut la joie de pouvoir aider celui-ci de sa bourse en le délivrant de graves embarras résultant de la trop grande bonté du vieillard et du malheur des temps. Richard, paraît-il, ne revint à Paris qu'après le 9 thermidor, et c'est alors que commence véritablement pour lui la phase brillante et glorieuse de sa vie de négociant.

II

Sa maison déjà comptait entre les plus considérables de Paris, lorsqu'elle prit une nouvelle importance par suite de l'association de Richard avec un autre négociant, du nom de Lenoir-Dufresne. Ils se rencontrèrent pendant l'année 1797, à une vente, et presque spontanément la sympathie mutuelle, la conformité des idées, l'harmonie des caractères forma entre eux une de ces fortes amitiés dont il est peu d'exemples et d'autant plus admirable que, pendant près de dix années, il ne paraît pas qu'elle ait été troublée par le moindre orage. C'est là en vérité presque un phénomène et qui ne peut s'expliquer que par la condescendance réciproque et surtout la générosité naturelle des deux associés, oublieux l'un et l'autre de leur propre intérêt, et ne songeant, chose rare, qu'à faire tourner, chacun au profit de son associé, les succès de la communauté. On conçoit que dans ces conditions, et avec cette parfaite unité de direction, la maison Richard-Lenoir devînt l'une des premières maisons de Paris, de la France même, surtout lorsque les associés purent fabriquer eux-mêmes les marchandises tirées jusque là d'Angleterre et auxquelles on fut bientôt en mesure de faire une redoutable concurrence grâce à une heureuse découverte de Richard.

« Un jour de désœuvrement, dit un écrivain, Richard avait sous la main une pièce de mousseline prohibée. Machinalement d'abord, il la défile ; puis, plus attentif, il en compte les fils et les pèse. Il voit avec surprise que huit aunes de mousseline ne contiennent qu'une livre de coton ; que ces huit aunes, qui se vendent 80 fr., ne renferment que 12 fr. de matière première. Un simple coup d'œil lui révèle à l'instant qu'il y a là d'immenses bénéfices à réaliser et toute une industrie à créer. Il se promet de doter son pays de cette richesse. Pour mettre à exécution son projet, cependant, il n'a encore ni machines ni ouvriers. Il faut qu'il retrouve d'abord la manière de défiler, puis celle de filer, et enfin le secret des diverses fabrications, et aussi des ouvriers qui le comprennent. Aucun obstacle ne l'arrête. Il enrôle quelques pauvres Anglais à peine instruits des premières notions de l'industrie. D'après les dessins informes de l'un d'eux, il fait construire des métiers par un menuisier à défaut de mécanicien et il installe tout ce bizarre assemblage dans un cabaret vide et la première manufacture de coton commence à fonctionner en France [1]. »

Encouragé par ce premier succès, Richard fait fabriquer sans relâche des métiers pour lesquels il improvise des ouvriers et il en remplit plusieurs boutiques qu'il trouve vides. Mais l'espace cependant lui manque. Alors il avise au centre de Paris, rue de Charenton, un ancien grand couvent, domaine national, affecté au ministère de la guerre, mais qui semble abandonné. Par un coup d'audace, il s'y installe en y faisant transporter ses machines, et lorsque le ministre, ébahi à cette nouvelle, envoie pour constater l'usurpation, le commissaire reste stupéfait à la vue de deux cents métiers en pleine activité, et, dans un rapport tout favorable, conclut à ce que, moyennant indemnité, le local soit laissé au courageux industriel. L'évènement fit du bruit à ce point que le Premier Consul voulut visiter lui-même l'établissement. Dans l'admiration de tout ce qu'il avait vu, il félicita vivement Richard, et sur la demande de celui-ci, qui déjà se trouvait à l'étroit, il lui laissa espérer qu'on mettrait à sa disposition un autre domaine de l'État, le couvent des *Ternelles*, situé de l'autre côté de la rue. Fort de cet appui, Richard fit sa demande au préfet de la Seine, Frochot, et la réponse tardant trop à son gré, il se rend de sa personne chez le préfet qui le reçoit assez froidement, en disant que sa demande ne saurait être accueillie, attendu que l'administration a pour les bâtiments en question d'autres projets. Vainement Richard

---

[1] *Débats* du 8 mai 1837.

insiste, moins dans son intérêt que dans celui du pays et de nombreux ouvriers aujourd'hui dans la misère et auxquels la nouvelle industrie va donner du travail et du pain.

— Je vous l'ai dit, c'est impossible, ce local a sa destination.

— Mais, monsieur le Préfet, considérez...

— Cela ne sera pas, ne peut pas être ! reprend d'un ton bref et non sans quelque air de hauteur le fonctionnaire.

— ! me faut pourtant cet édifice ! répond sur le même ton Richard ; avant deux heures, j'en aurai pris possession, fût-ce malgré vous, monsieur le Préfet.

El effet, il sort, rentre chez lui au plus vite, et réunissant tous ses ouvriers, il fait enfoncer les portes, détruire les cellules, monter les métiers et il installe militairement ses ouvriers dans l'ancien couvent des Ternelles, pris d'assaut en quelque sorte. Le procédé était vif, car le Premier Consul, pas plus que l'Empereur plus tard, n'aimait qu'on se jouât à l'autorité de ses agents. Mais grâce à l'intervention de Joséphine, que Richard connaissait et qu'il avait eu soin de prévenir, Bonaparte, très-bien disposé au fond pour le fabricant, s'interposa entre lui et le préfet de la Seine, et couvrit d'un bill d'indemnité ce 18 brumaire industriel ! Si je ne me trompe même, les deux bâtiments devinrent, à des conditions toutes léonines, la propriété de Richard, qui vers le même temps fit acheter à son ami Lenoir le magnifique domaine de Malaifre, confisqué en vertu de la loi contre les émigrés. En peu d'années, la fabrication des tissus prit de tels développements qu'il fallut créer dans les départements plusieurs manufactures bientôt non moins prospères que celles de Paris. Mais au milieu de tous ces bonheurs dus à la prodigieuse activité de Richard, à son initiative hardie tempérée au besoin par la prudence de son associé, une grande affliction frappa notre industriel. Dufresne-Lenoir, pour lui devenu plus qu'un ami, devenu comme un frère, lui fut enlevé en quelques jours (avril 1806). Richard, en lui serrant la main pour la dernière fois, promit que la raison sociale resterait la même et que leurs noms ne seraient jamais séparés à l'avenir. Il tint parole et dès lors s'appela *Richard-Lenoir*.

Si douloureuse que lui fût la mort de son associé, il ne se laissa point abattre, et, pour faire diversion à son chagrin, il s'ingénia de plus en plus à développer ses établissements, déjà si vastes et si nombreux. Non content de convertir en tissus les cotons américains, il eut l'idée de faire croître le précieux végétal sur un territoire soumis à la domination française, et le seul royaume de Naples en produisit plus de vingt-cinq milliers de kilogrammes. Malheureusement les droits exagérés dont l'administration frappa le matières, même de cette provenance, en 1810, et bientôt après la réunion de la Hollande à la France qui jeta sur nos marchés brusquement une masse énorme de produits anglais, compromirent la situation naguère si prospère de Richard-Lenoir que l'Empereur dut aider par un prêt de 1,500,000 fr. « Puis enfin une fausse mesure de la res-
» tauration, dit Richard-Lenoir, porta le dernier coup à
» l'industrie cotonnière ; car, le 23 avril 1814, le comte
» d'Artois, lieutenant général du royaume, mal éclairé

» sur la situation, publia une ordonnance portant sup-
» pression entière de tous droits sur les cotons, et sans
» aucune indemnité pour les détenteurs... Quant à moi
» mon avoir était encore le 22 avril de huit millions ; le
24... j'étais ruiné. »

Bien littéralement *ruiné*, car, après avoir, en honnête
homme, fait vendre toutes ses propriétés au profit de
ses créanciers, Richard, n'ayant pu même sauver quelques épaves de cet immense naufrage, en fut réduit à
vivre d'une modeste pension que lui faisait son gendre et
qui cessa même par la mort de celui-ci sans doute ou
faute de ressources. Le fait est que, vers 1837, nous
voyons Richard tombé dans un état voisin de la détresse
et que nous révèle le passage suivant d'un article du
Journal des Débats à propos de la publication récente des
Mémoires de Richard-Lenoir :

« Celui qui a doté la France d'une industrie si belle
et si prospère a manqué de pain et d'abri pour ses vieux
jours. Un honorable commerçant vient de lui offrir un
asile au sein de ce faubourg Saint-Antoine qu'il a si
longtemps animé. Une souscription, dont la famille
royale a pris le patronage et que propage le haut commerce de Paris, va, en outre, secourir ses plus pres-
sants besoins. Cette souscription sera fructueuse, nous
l'espérons, pour les fabricants français.

» ... Lorsque Richard sera mort, à ce coup qui réveille
toujours le souvenir des œuvres accomplies, le pays lui
élèvera probablement une statue. Mais, en attendant
cet honneur que la faim a failli rapprocher, il faut assurer du pain aux derniers jours de celui qui a créé une
des plus belles industries de la France. »

Ce n'était pas seulement comme industriel, comme commerçant, que Richard méritait l'estime et la sympathie de ses concitoyens, mais à d'autres titres, comme homme de cœur et dont le patriotisme égalait le courage et la générosité. Colonel de la 8ᵉ légion en 1814, il concourut à la défense de Paris, et non-seulement il paya bravement de sa personne en arrachant à l'ennemi plusieurs pièces d'artillerie, mais on le vit prodiguer avec un zèle admirable ses soins et ses secours aux gardes nationaux et soldats blessés dans les hôpitaux et les ambulances où, par suite de l'encombrement et de la désorganisation du service, beaucoup se trouvaient dans une sorte d'abandon. Pendant deux mois ses manufactures chômèrent et les chaudières servirent à faire pour les malades de la soupe que portaient avec bonheur des ouvriers transformés, à l'exemple de leur chef, en infirmiers. On ne loue pas ces choses-là, on les raconte.

Il ne faut pas savoir moins de gré à Richard de l'énergie qu'il déploya pour obtenir la mise en liberté immédiate de beaucoup de gardes nationaux faits prisonniers sous les murs de Paris, et qu'on voulait traduire devant un conseil de guerre, sous prétexte qu'ils combattaient sans uniforme. Non content des promesses qui lui étaient faites, Richard ne se déclara satisfait qu'après la délivrance des prisonniers, qu'il ramena lui-même, comme il l'avait promis à leurs parents et amis.

Dans les *Mémoires*, où j'ai signalé plus d'un passage regrettable, mais que la *Biographie universelle* me paraît avoir jugés trop sévèrement, je trouve, à propos de la défense de Paris (1814), une très-jolie et très-curieuse anecdote :

« Les boulets et les biscaïens pleuvaient dans mon jardin. Au milieu de ces tristes et sanglantes affaires, je me rappelle une bonne plaisanterie de mon jardinier. Cet homme habitait un petit pavillon au bout du jardin ; il s'était réfugié à la maison, mais il ne cessait de se lamenter sur la perte de son trésor qu'il avait laissé dans sa chambre.

» — Allez le chercher, dit la cuisinière ; il est encore temps.

» — Merci, je n'ai pas envie de me faire tuer. Voyez les balles et les boulets qui brisent les arbres et qui pleuvent sur ce jardin.

» — Eh bien ! prenez un parapluie si vous avez peur.

» — En effet, je suis une bête.

« Il se mit effectivement en sûreté sous le taffetas d'un parapluie, et ainsi protégé, il fit deux fois le trajet au milieu des projectiles enflammés sans être atteint. »

Les biographes contemporains, selon leur habitude, nous disent, sans autres détails, que Richard-Lenoir mourut, à l'âge de 78 ans, en octobre 1839. On peut croire, on peut espérer que sa générosité, disons mieux, sa charité, dont nous avons cité de si touchants exemples, lui valut tout au moins le bonheur d'une mort chrétienne. Son convoi fut modeste, mais à défaut de pompe extérieure, la foule ne manquait point au cortége, composé surtout de milliers d'ouvriers qui gardaient pieusement le souvenir du grand industriel.

naguère leur bienfaiteur et qui, faute de liquider à
temps, par la crainte de laisser leur bras oisifs, avait
noblement compromis sa fortune. La reconnaissance
persévérante de ces braves artisans témoigne en leur
faveur et justifie ces paroles de l'auteur des *Mémoires* :
« C'est ici le cas de rendre une justice éclatante au
faubourg Saint-Antoine, si souvent regardé comme
turbulent et révolutionnaire : je n'ai jamais trouvé
d'hommes plus humains et plus généreux que ses habitants. Il est à remarquer que, dans les deux invasions
(1814-1815), personne n'a été ni arrêté, ni insulté dans
le faubourg. »

ROBINSON

Je lisais, il y a quelque temps, dans une vie de Bernardin de Saint-Pierre, une anecdote assez curieuse à propos du livre si populaire de Daniel de Foë, le *Robinson Crusoé*. Cette anecdote, peut-être mon lecteur ne la connaît pas et il me saura gré de la raconter, d'autant plus qu'elle m'a suggéré des réflexions qu'il pourra goûter, s'il ne les trouve pas singulières et même un peu baroques. Je lui laisse à cet égard toute liberté. Mais d'abord, avant de conter l'anecdote, il ne serait pas mal de dire quelques mots de Daniel de Foë, moins connu et moins célèbre que son héros. La vie de cet écrivain, quoique peu semée d'évènements, ne laisse pas d'avoir son intérêt et peut suggérer aussi quelques réflexions utiles.

Daniel de Foë, né à Londres en 1663, était fils d'un petit boucher, et lui-même, par le manque de fortune, semblait destiné à la plus modeste carrière. Adolescent à peine, il entra, en qualité d'apprenti commerçant, chez un bonnetier. C'est au fond d'une arrière-boutique et dans la prosaïque atmosphère d'un magasin que le goût des lettres se développa chez le jeune Daniel ; et chose à noter, ce goût lui fut inspiré d'abord par la passion politique : il comptait vingt-et-un ans à peine lorsqu'il publia sur l'une des questions à l'ordre du jour un hardi pamphlet intitulé : *Traité contre les Turcks.*

Ce pamphlet, dont le succès rapide encouragea l'auteur, fut suivi de plusieurs autres sur des sujets divers, et ces écrits, par la verve mordante, par la hardiesse de la pensée comme par la vivacité de l'expression, eurent bientôt rendu le nom de Daniel populaire. Avec le produit de ces brochures, il eut l'idée assez malheureuse d'acheter un établissement pour son compte et mit enseigne de bonnetier. Mais l'homme de lettres chez lui fit tort au commerçant, si bien qu'au bout de peu d'années Daniel se déclarait en faillite, heureux de pouvoir transiger avec ses créanciers point trop récalcitrants. Ils en furent récompensés, car bien que cet arrangement eût été consacré par un acte légal, Daniel dans sa conscience ne l'estima point définitif. Un petit poème, qu'il publia après la révolution de 1688, lui valut la protection du roi Guillaume. Riche des bienfaits du prince, le poète se hâta d'en profiter pour désintéresser les créanciers du bonnetier ; et sans vouloir en rien bénéficier du concordat, il tint à leur restituer intégralement tout ce qu'il leur avait fait perdre. Ce trait n'est pas le seul qu'on puisse citer à sa louange.

Après la mort de Guillaume, sous le règne de la reine Anne, le hardi pamphlétaire s'attira la haine des torys, alors au pouvoir, par une brochure anonyme en faveur des non-conformistes et très-énergique contre l'intolérance des anglicans. Ceux-ci prouvèrent qu'il ne les calomniait pas par la manière dont ils accueillirent la mercuriale. Le pamphlet, dénoncé à la Chambre des Communes, fut condamné à être brûlé par la main du bourreau ; et les juges en même temps votèrent une somme de 50 livres sterlings pour celui qui découvrirait l'auteur, prime offerte à la dénonciation ! Des poursuites, en attendant, furent dirigées contre le libraire et l'imprimeur. Dès qu'il l'apprit, Daniel n'hésita pas à se faire connaître et à assumer seul la responsabilité de son œuvre. Cette généreuse conduite eût dû lui concilier la bienveillance de ses juges, du moins lui mériter quelque indulgence, mais loin de là. L'arrêt, qui ne fait pas certes honneur à la tolérance protestante, condamnait, par une sévérité sans doute excessive, l'écrivain à l'exposition publique au pilori et à deux années de prison. De plus, il lui fallut payer une amende relativement énorme, puisqu'elle le dépouilla de toute sa fortune due soit au produit de ses brochures, soit à la générosité du roi Guillaume.

Dégoûté de la politique et de la polémique par cette fâcheuse expérience, de Foë, sorti de prison, ne s'occupa plus guère que de travaux littéraires. « Mais, dit un biographe, ses ouvrages furent trop nombreux et trop divers : à côté d'un traité de morale et de religion, on voit une satire virulente et un conte licencieux. Ses romans de *Molly Flanders* et du *Colonel Jack* sont des peintures du vice dans toute sa laideur, et il est sans doute des moyens plus sages d'inspirer le goût de la vertu. Du reste, ces écrits, ainsi que beaucoup d'autres, sont du nombre des livres qu'on ne lit plus ; il n'en est pas de même du *Robinson Crusoé* dont la fortune fut si étonnante, et qui, chose singulière, fut publié d'abord sans nom d'auteur, preuve que de Foë lui-même était loin de prévoir son succès. » La pensée de cet ouvrage original fut, dit-on, inspirée à l'auteur par le récit des aventures du matelot écossais, Alexandre Selkirk, abandonné dans l'île de Juan Fernandez, où il avait vécu seul pendant quatre mois. Mais les détails donnés à ce sujet par le capitaine Mades-Rogers, qui avait ramené le matelot, se réduisent à peu de chose et n'ôtent rien à Daniel du mérite de l'invention, quoi qu'aient pu dire et écrire naguère les dédaigneux et les jaloux exaspérés par le succès qui fut prodigieux.

Le livre, qui n'avait trouvé que difficilement un éditeur pour faire les frais de la première édition, bientôt fut dans toutes les mains, se vit traduit dans toutes les langues. De Foë lui dut une fortune considérable. « C'est qu'en effet, dit Suard, il a le mérite d'être un livre original où l'on trouve de l'intérêt dans le plan, de l'invention dans les incidents, de la variété dans les détails, et un grand naturel dans les sentiments et le récit. Il plaît aux bons esprits ; il instruit et il amuse les enfants ; c'est le livre de tous les pays et de tous les âges ; aussi a-t-il réussi chez toutes les nations. »

« Dans cet ouvrage, dit un écrivain moderne, règne un air de vérité qui n'appartient point d'ordinaire aux récits de pure fiction ; de là vient que, tandis qu'il captive l'attention de l'enfance, il fixe aussi celle de l'âge mûr. C'est le livre de tous les pays, de tous les âges, de toutes les classes ; il fait les délices des gens sans éducation et amuse les personnes de l'esprit le plus cultivé. Il contient, en outre, sinon un traité, du moins une espèce de système pratique d'éducation naturelle mis en jeu avec des détails d'une vérité et d'une simplicité charmantes ! »

Dès l'année 1720, une première traduction de *Robinson Crusoé* était publiée en France par Saint-Hyacinthe et Van Effen. D'autres se succédèrent à diverses époques qui rendirent le livre de plus en plus populaire. Mais on reproche à ces traductions de n'avoir pas supprimé certains passages où se trahissent les préjugés protestants de l'original. Les éditions modernes, celle de Mame en particulier, illustrée par le facile et ingénieux crayon de Karl Girardet, donnent, je crois, toute satisfaction à cet égard, et il est peu de cadeaux d'étrennes, en fait de livres, qui soient plus attrayants. Toutefois il ne faut pas se dissimuler que à l'âge où les impressions sont si vives, où l'inexpérience et l'ignorance du monde ne rendent que trop crédule aux séduisants mensonges de la fiction, la lecture de *Robinson Crusoé* peut n'être pas toujours sans inconvénient, sans danger même. J'en donnerai pour preuve l'exemple de Bernardin de Saint-Pierre enfant.

« Il était tout jeune encore, dit un biographe, lorsque sa marraine lui fit présent de quelques livres parmi lesquels se trouva *Robinson Crusoé*. Ce livre *décida* peut-être *de sa destinée* ; il s'empara de toutes ses facultés, il le prit au cœur, au cerveau, partout. Le vaisseau naufragé, l'île déserte, la chasse aux hommes, Vendredi, les sauvages occupèrent toutes ses pensées ; ce fut un enchantement. Il voulut, comme son héros bien aimé, se livrer aux houles de la mer, aborder à quelque île lointaine et y fonder une colonie..... Ce fut au milieu de ces dispositions romanesques que son oncle, Godebout, capitaine de vaisseau, lui proposa de s'embarquer avec lui pour la Martinique. L'enfant bondit de joie ;

c'est en vain que sa mère pleure, que son père résiste, il veut partir, il part..... Mais grand fut le désenchantement !.... et le voyage ne fut pas précisément une continuelle partie de plaisir. Au lieu de douces rêveries, de longues contemplations sur le pont, il fallut s'employer à de rudes manœuvres, ployer humblement sous la brusquerie de l'oncle, obéir servilement au sifflet du contre-maître et se coucher le soir dans un hamac, tout brisé par la douleur et la fatigue. Hélas ! les îles désertes, les plages inconnues et riantes, où étaient-elles ? Bernardin s'en revint fort découragé, fort désappointé, ce qui ne l'empêcha pas maintes fois plus tard de se laisser reprendre à de nouvelles illusions. Sans cesse nous le voyons attiré vers des rives étrangères par ses chimères décevantes, et sans cesse repoussé par les rudes leçons de l'adversité ! »

Mais quoi ! cette destinée n'est-elle pas celle de bien d'autres, de presque tous, de vous peut-être, ami lecteur, ou de moi-même qui, après mainte déception, mainte fâcheuse expérience, nous obstinons à ne pas voir la vie comme elle est, « une suite de devoirs prosaïques, » a dit un sage écrivain, et refaisons sans fin notre éternel roman du bonheur ?

Un petit mot encore. Pour montrer combien il importe de ne mettre entre les mains des enfants, des adolescents, que de bons, d'excellents livres, alors qu'une lecture fait de telles et si vives impressions sur ces imaginations vierges encore, je citerai un fait qui m'est personnel et me revient en ce moment à la mémoire.

Je me rappelle que, tout enfant, j'entendais lire à la

veillée une absurde historiette dont le héros était un
certain *Ourson,* dit le *sauvage,* qui venu on ne sait d'où,
élevé on ne disait pas comment, grandelet déjà, vivait
seul dans les bois, attrapant les lièvres à la course, les
oiseaux au vol, plus adroit à la pêche, avec ses mains
seules, qu'un cormoran avec son bec. Il est incroyable
quelles oreilles j'ouvrais à l'audition de ce conte extra-
vagant qui m'a trotté tant d'années dans la cervelle et
qu'aujourd'hui même je n'ai pas complètement oublié.
Comment ! il me semble avoir encore sous les yeux une
affreuse image représentant *Ourson le sauvage* avec une
immense chevelure qui lui servait de vêtement, et en
train de ronger, de l'air le plus farouche, un gigot
d'animal quelconque qu'assurément il n'avait pas pris
la peine de faire cuire. Le lecteur, bien sûr, dit à part
lui : « merci d'une telle cuisine ! »

LA SŒUR ROSALIE

I

« La vue d'une sœur de Charité est la plus éloquente démonstration du Christianisme », a dit quelque part, je crois, le P. Lacordaire. Combien plus cela est-il vrai s'il s'agit d'une religieuse, j'allais dire, d'une sainte comme celle dont le nom est si populaire ! Une vie telle que la sienne, tout entière consumée dans les exercices de la charité la plus héroïque, et racontée par M. de Melun, témoin oculaire, se peut-il une prédication meilleure, une apologie plus victorieuse parce qu'elle s'adresse à tous, à l'homme blanchi dans la science, à l'artiste, au poète, tout aussi bien qu'à l'artisan sans lettres qui par un rude labeur de chaque jour gagne le pain de sa femme et de ses enfants ? Aussi la vie de cette femme si véritablement illustre, quoique par les nombreux écrits publiés comme par la tradition récente, elle soit connue, je n'ai pu résister au désir de la raconter à mon tour brièvement, simplement, sinon pour mes contemporains, du moins pour ceux qui viendront après nous, ou qui vivent au loin, et dont le cœur tressaille au récit des actions généreuses, des élans héroïques, des sublimes dévouements.

Force me sera de faire plus d'un emprunt au livre de

M. de Melun [1] l'historien ou le biographe qu'à l'avenir tous devront consulter, car quel guide plus sûr et mieux renseigné ? « Malgré les imperfections de l'œuvre, dit-il, trop modestement dans sa préface, pour que le portrait fût ressemblant et fidèle, l'auteur s'est attaché à l'exactitude et à la sincérité du récit : les paroles qu'il répète, il les tient de ceux qui les ont entendues ; les faits qu'il rapporte ont été racontés par les acteurs ou les témoins ; et ses appréciations personnelles sont le fruit d'une longue et constante amitié avec celle dont il écrit l'histoire, amitié qui doit être la garantie et la protection de son travail. »

Jeanne Marie Rendu, en religion sœur Rosalie, naquit à Comfort, département de l'Ain, le 8 septembre 1787, d'une famille d'ancienne bourgeoisie jouissant d'une honnête aisance qui pouvait lui concilier le respect sans exciter l'envie. Jeanne était l'aînée de trois sœurs qui furent comme elle élevées par leur mère restée veuve après neuf années de mariage. « Elle puisa à l'école maternelle cette éducation forte, religieuse, qui s'inspire plus qu'elle ne s'apprend et vient surtout de l'exemple. » L'enfant était un peu taquine parfois avec ses sœurs, et malicieuse espiègle, jetait volontiers leurs poupées dans le jardin du voisin et semblait plus occupée du jeu que des livres. Mais la mère ne s'inquiétait pas trop de ces vivacités ; car Jeanne avait bon cœur et elle aimait tant les pauvres ! avec eux toujours douce et complaisante et prompte à partager son pain ou sa bourse souvent bien légère.

---

[1] 1 vol. in-8°.

Jeanne avait sept ans à peine lorsque éclata, avec la Révolution, la persécution contre les prêtres et les fidèles. Cette persécution fit des martys parmi les siens mêmes, car son parent, le maire d'Annecy, fut fusillé sur la place publique de la ville pour avoir sauvé de la profanation et du feu les reliques de saint François de Sales. Néanmoins, malgré les décrets terribles de la Convention, Anne Laracine, la mère de Jeanne, ouvrit sa maison à Dieu et à ses ministres et l'évêque d'Annecy, en particulier, y trouva un asile. Mais la célébration des saints mystères ne pouvait avoir lieu que dans le plus grand secret, et ce fut pendant la nuit, au fond d'une cave, que Jeanne fit sa première communion. Pas de fête, de beau soleil, de vêtements blancs, de pompe auguste, rien de ce qui rend ce jour si solennel et si radieux pour nos enfants ! tout se fit dans le plus profond silence et avec de rares lumières. Mais la ferveur de l'enfant suppléa à tout.

Les mauvais jours passés, Jeanne fut conduite, pour y compléter son éducation, dans un pensionnat tenu à Gex par d'anciennes Ursulines et sa piété la rendit l'édification des religieuses elles-mêmes qui volontiers le considéraient plutôt comme une novice que comme une pensionnaire. Mais là n'était point sa vocation qu'un cantique sur le bonheur des sœurs de la charité, entendu par hasard, lui avait instinctivement révélée, et sur laquelle une visite et un séjour à l'hôpital de Gex achevèrent de l'éclairer. Sa mère, vaincue par ses instances, consentit à la laisser partir pour Paris où la commnauté des Filles de Saint-Vincent-de-Paul venait d'être rétablie par le Premier Consul. Douloureuse fut la séparation pour la mère doutant de la vocation de sa fille, comme pour Jeanne qui aimait sa mère tendrement et souffrait de la quitter quoique d'ailleurs elle fût heureuse d'obéir à la volonté de Dieu.

La vocation de Jeanne ne se démentit pas à Paris, encore que, par la délicatesse de sa complexion, augmentée par une extrême sensibilité physique et morale, elle eût beaucoup à souffrir dans les premiers temps de son noviciat. Après une maladie grave, elle dut changer d'air et fut envoyée à la petite communauté de la rue des Francs-Bourgeois St-Michel qui, pendant la Terreur même, grâce à la courageuse entente et à la protection de tous les honnêtes gens du quartier, ne s'était point dispersée. La sœur Tardy, la supérieure, femme d'un grand cœur et d'un grand sens, sut apprécier Jeanne. Aussi le noviciat de celle-ci terminé, elle dit à la supérieure générale :

« Je suis très contente de cette petite Rendu, donnez-lui l'habit et laissez-la-moi. »

Ce qui eut lieu en effet : Jeanne, après avoir fait profession à la maison mère sous le nom de sœur Rosalie, revint, pour ne plus le quitter, au faubourg St-Marceau. Voyons-la sur ce théâtre « digne de son zèle et de son génie », le génie de la charité.

Le faubourg St-Marceau, à cette époque, populeux et mal habité, avait acquis, pendant la Révolution, une redoutable célébrité. Le calme revenu, l'ordre rétabli partout, la misère avait plus que jamais pris possession de ce quartier éloigné où, dans les greniers, les caves, les hideuses mansardes de maisons presque en ruines, végétaient des centaines, des milliers de tristes familles

d'ouvriers sans travail, couchant sur la paille, ou même
la terre nue, et auxquels manquait le pain souvent
aussi bien que l'air et la lumière. La vie morale était à
l'unisson de la vie physique, après tant d'années où
les églises avaient été fermées ainsi que les écoles. Il fallait, à ces pauvres gens, tout préoccupés
de la vie matérielle et trop souvent hébétés par le
vice, rapprendre le chemin de l'église, comme aussi
le chemin de l'atelier si longtemps délaissé pour celui
des sections. C'était là une rude tâche que la sœur
Rosalie mesura dans toute son étendue, mais sans
en être effrayée, et elle s'y dévoua tout entière. Simple
sœur d'abord dans la maison de la rue des Francs-
Bourgeois, puis supérieure (1815) de la maison de la
rue de l'Épée de Bois, elle entreprit vaillamment,
secondée par ses compagnes et les ecclésiastiques zélés
de la paroisse, une campagne énergique et incessante
contre le vice et la misère, et pour cette campagne, qui
dura plus de cinquante ans, la maison de la rue de
l'Épée de Bois, fut son quartier général. Là, sœur
Rosalie devint la confidente de toutes les peines et
aussi de toutes les joies honnêtes de ses pauvres et
nombreux clients. Elle donnait à l'un le pain de la
journée, en assurant celui du lendemain, à l'autre des
médicaments, à la mère de famille la layette nécesssaire
ou du linge et des vêtements pour les enfants. Elle
réconciliait le fils avec le père, l'ouvrier avec son patron en même temps qu'elle faisait ouvrir et organisait
des écoles qui pendant longtemps ont servi de modèles.

Il est juste de dire que, dans tout cela, elle fut grandement aidée par les administrateurs du bureau de bien-

faisance du 12° arrondissement, nouvellement établi, et qui s'aperçurent vite que personne ne comprenait et ne connaissait mieux que la sœur Rosalie la situation des pauvres ; en échange de ses conseils, ils l'aidèrent de leurs efforts désintéressés comme de toutes les ressources dont ils pouvaient disposer.

Si la sœur Rosalie connaissait si bien les pauvres, c'est que, les visitant sans cesse et à toute heure du jour, elle vivait pour ainsi dire au milieu d'eux et que rien ne pouvait échapper à la clairvoyance de son regard. Quand sa santé ou l'âge et ses fonctions multipliées ne lui permirent plus d'aller les visiter à domicile, du moins aussi souvent, « elle se fit une loi de ne jamais leur fermer sa porte, elle avait toujours du temps pour eux, ils passaient avant tout le monde » ; aussi beaucoup prirent l'habitude de venir chaque semaine faire une visite à leur mère comme ils la nommaient.

Un jour qu'elle était malade avec la fièvre, la sœur de garde à la maison refusa de laisser entrer un homme du quartier qui se plaignit avec l'accent de la colère et si haut qu'il fut entendu de la sœur Rosalie. Celle-ci descendit, écouta sa demande et lui promit de s'en occuper. Dès qu'il fut sorti, elle gronda doucement la jeune sœur de ne pas l'avoir avertie.

« Mais, ma mère, c'était l'ordre du médecin.

— Mon enfant, laissons les médecins faire leur métier et faisons le nôtre.

— Puis, ma mère, cet homme s'emportait.

— Eh ! mon enfant, faut-il s'effaroucher avec ces malheureux d'une parole vive ? Leur cœur est bon si leurs manières sont rudes.

Auprès du lit des malades, des malades pauvres en particulier, la sœur Rosalie était admirable, et pour combien, grâce à elle, cette grande épreuve de la souffrance devint une consolation et une bénédiction ! « Dans ce quartier si mal famé, aucun malade ne repoussait le prêtre envoyé par la sœur Rosalie », non, pas même le moribond tourmenté par le remords, en se rappelant que, pendant la Révolution, il avait trempé ses mains dans le sang et qui, touché par les exhortations et les soins de la sœur Rosalie, accueillait l'homme de Dieu avec bonheur. Un autre jour, un vieux chiffonnier, qu'elle avait secouru dans ses jours de misère, et qui, quoique vivant dans le désordre, se souvenait de la sœur, la fait appeler. Il était malade, ou plutôt mourant.

« Ma mère, lui dit-il, je vais mourir, j'ai quelques mille francs que je veux laisser à ma fille, les voilà, emportez-les pour les lui remettre ; car ici ils ne sont pas en sûreté, si je venais surtout à passer l'arme à gauche.

La sœur s'excuse en disant qu'il faudrait plutôt appeler un notaire pour lui confier ce dépôt.

— Non, non, pas de ces messieurs là, je n'ai confiance qu'en vous, prenez, là sous le traversin, les quinze mille fr. en or et billets.

La sœur se résigne à prendre l'argent, et alors, voyant le malade plus tranquille, elle lui parle de son âme et lui propose de voir un prêtre.

— Un prêtre ! à quoi bon ? reprend le chiffonnier, vous voilà, vous, la femme du bon Dieu, personne ne le représente aussi bien pour traiter ensemble des affaires qui le regardent ! Mieux vaut me confesser à vous qu'au curé que je ne connaîtrai pas et que j'ennuierai peut-être.

La sœur ne put s'empêcher de sourire à cette étrange proposition, attestant une si profonde ignorance, et il ne lui fut pas très-facile de persuader au pauvre homme qu'elle n'avait pas qualité pour entendre sa confession non plus que pour l'absoudre. Éclairé à ce sujet, il consentit à recevoir la visite du prêtre amené par elle et mourut reconcilié avec le ciel comme avec sa femme. Il eut ainsi la joie d'embrasser une dernière fois sa fille et de lui remettre lui-même la dot si péniblement amassée.

II

« En 1844, la sœur Rosalie voulut étendre jusqu'à la naissance les soins qu'elle donnait à sa nombreuse famille ; elle fit établir une crèche au-dessus même de l'école, dans la maison de secours. » La crèche devint en quelque sorte sa récréation, là elle passait de douces heures au milieu de ses chers petits protégés qui se disputaient ses caresses, ses sourires et de leurs berceaux tendaient à l'envi les mains vers elle. Un jour dans la crèche, tous les enfants partis, un seul était resté ; la mère, dont personne ne savait le nom ni la demeure, ne reparut point ; évidemment le pauvre petit était abandonné ; on parlait de l'envoyer aux Enfants-Trouvés.

« Un peu de patience, attendons ! dit la sœur Rosalie qui s'approche du berceau pour embrasser l'enfant. Celui-ci tout aussitôt enlaçant sa tête de ses petits bras, s'écrie : *Maman, maman !* et on ne pouvait le faire taire non plus que détacher ses mains.

« Oh ! bien, dit alors avec une larme dans les yeux la bonne sœur, il m'appelle maman; je ne puis plus l'abandonner. Il n'ira pas aux Enfants-Trouvés. »

Et l'enfant en effet, élevé sous ses yeux, trouva dans la sœur une mère d'adoption qui sut remplacer admirablement la mère selon la nature.

A la crèche, sans doute à cette occasion, la sœur Rosalie obtint qu'on ajoutât un asile qui devint l'*Asile des Petits Orphelins*, transféré par la suite à Menil-Montant où il est encore. La visite que nous avons faite naguère à cet établissement, visite racontée dans un volume des *Annales du Bien*, est un de nos meilleurs souvenirs.

Le départ des orphelins, laissant vacante la maison de la rue Pascal, la bonne supérieure en profita tout aussitôt pour y installer de vieux ménages d'ouvriers auxquels l'âge ôtait la ressource du travail. « C'est à cette heureuse initiative, dit le baron R.... que les vieillards du 12ᵉ arrondissement doivent, depuis 1856, l'établissement, justement nommé plus tard, *Asile Sainte-Rosalie*, où ils sont à perpétuité [1]. »

Une autre création de la bonne sœur, qui avait précédé celle-ci et que l'expérience a fait de plus en plus apprécier, fut l'œuvre du Patronage des jeunes ouvrières de l'association de Notre-Dame-du-Bon-Conseil ayant pour but de protéger les jeunes filles contre les dangers de l'apprentissage et les influences délétères de l'atelier.

Est-il besoin de dire, car qui ne le sait ? ce que fut la

[1] *Nouvelle Biographie.*

bonne sœur, cette Providence des infortunés, aux jours des grandes calamités, quand ces fléaux terribles, la guerre civile ou l'épidémie, le formidable choléra de 1832 en particulier, s'abattaient sur la capitale. M. de Melun, dans des pages émues, nous montre la sœur Rosalie prompte à courir là où le péril était le plus menaçant, toujours calme, forte, héroïque et par sa seule présence rassurant les plus timides. Que d'épisodes émouvants racontés à ce sujet et pour lesquels nous renvoyons le lecteur à l'intéressant ouvrage de M. de Melun ! Une ou deux citations seulement.

Un jour, le docteur Royer-Collard accompagnait un cholérique que l'on conduisait sur un brancard à la Pitié. Il est reconnu dans la rue : aussitôt, on crie : « Au meurtrier ! à l'empoisonneur ! à l'empoisonneur ! car le peuple alors croyait au poison plutôt qu'au fléau. » En vain le docteur soulève le drap qui cachait le visage du malade, et s'efforce de prouver qu'en l'accompagnant le médecin cherche à le sauver et non à le faire périr. La vue du moribond ajoute à l'exaspération, les cris et les menaces redoublent ; un ouvrier s'élance, un outil tranchant à la main, lorsqu'à bout d'arguments, M. Royer-Collard s'écrie : « Je suis un ami de la sœur Rosalie.

— C'est différent ! répondent aussitôt mille voix : la foule s'écarte, se découvre et le laisse passer. »

Un officier de la garde mobile, en juin 1848, poursuivi par des insurgés, avait pu se réfugier dans la cour de la maison de la rue de l'Épée de Bois. Mais les insurgés l'ont suivi et réclament leur prisonnier que les sœurs, la supérieure en tête, couvrent de leurs corps.

« Laissez, laissez, crient à l'envi les insurgés, que nous l'emmenions pour le fusiller dans la rue ; lui qui a versé le sang de ses frères, il recevra la peine de son crime ! »

Et malgré les supplications et les efforts des bonnes sœurs, le cercle se resserrant de plus en plus autour d'elles, le prisonnier allait leur être arraché lorsque la sœur Rosalie, se jetant à genoux, s'écrie dans un sublime élan :

« Voilà cinquante ans que je vous consacre ma vie ; pour tout le bien que j'ai fait à vous, à vos femmes, à vos enfants, je vous demande la vie de cet homme. »

A ce spectacle, à ce cri parti du cœur, les fusils qui menaçaient l'infortuné se relèvent, des larmes d'attendrissement et de pitié coulent sur ces visages tout à l'heure si farouches et le mot de : *pardon, pardon !* s'échappe de toutes les bouches. Le prisonnier est sauvé.

Mais quelques jours après, les rôles étant changés, c'est en faveur d'un malheureux insurgé que la sœur Rosalie déploie son zèle. Entre les prisonniers de juin se trouvait un ouvrier du quartier, jusque-là fort paisible, mais entraîné comme tant d'autres dans la révolte par de perfides conseils et que menaçait une condamnation terrible. Sa fille, une gentille enfant de cinq à six ans, fréquentait l'école des sœurs. Sur ces entrefaites, le général Cavaignac vint voir la sœur Rosalie sans doute pour la remercier des soins donnés par elle et ses religieuses aux blessés. La supérieure conduit le général dans l'école, et appelant alors la petite fille, elle lui dit :

« Mon enfant, voilà un monsieur qui, s'il le veut, peut te rendre ton père.»

L'enfant tout aussitôt, tombant à genoux, s'écrie tout en larmes.

« O mon bon monsieur, rendez-moi mon papa, il est si bon et nous avons tant besoin de lui !

— Mais, dit le général, pour être en prison, il faut qu'il ait fait quelque chose de mal.

— Oh ! non, bien sûr, non ! demandez à maman : Et d'ailleurs, il ne le fera plus, je vous le promets. Grâce, grâce ! rendez-nous mon papa et je vous aimerai bien ! oh ! oui !

Cavaignac, ce soldat si brave, avait un noble cœur. Il embrassa l'enfant et sortit les yeux humides. Quelques jours après, le prisonnier était rendu à sa famille.

Que de fois l'humble maison de la rue de l'Épée de Bois s'ouvrit-elle ainsi pour des personnages illustres : l'abbé Emery, le directeur de St-Sulpice, l'abbé de Lamennais, avant sa chute, Donoso Cortès, une des gloires de l'Espagne moderne, etc. ; et enfin le 18 mars 1854, l'Empereur Napoléon III, accompagné de l'Impératrice. La sœur Rosalie « reçut cette visite avec reconnaissance et respect, dit M. de Melun. Elle voyait dans ce témoignage d'intérêt une leçon de bienveillance et de charité envers les petits et les faibles, donnée à tous les fonctionnaires et une recommandation à ceux qui disposent de l'autorité publique, quels que soient leur rang et leur puissance, d'être attentifs, affectueux, pleins de pitié pour les malheureux que les souverains ne dédaignaient pas de visiter. »

Peu de temps auparavant, l'Empereur avait envoyé

à la sœur Rosalie la croix de la Légion d'Honneur
« aux applaudissements de tout le quartier, chaque
pauvre se croyant décoré en sa personne. Mais, tout en
l'acceptant par obéissance pour ses supérieurs, la
sœur ne put jamais se résigner à la porter, « et son
humilité souffrit tellement de cette distinction, d'après
ce que M. de Melun nous affirme, que, pendant
plusieurs jours, elle en fut malade.... cette faveur elle
la regardait comme une des grandes épreuves de sa
vie. »

La cécité dont elle fut affligée par suite de cataracte
dans les derniers temps de sa vie, lui parut peut-être
moins pénible, quoique d'ailleurs elle souffrît beaucoup,
elle si active, de cet état qui la condamnait à l'inaction
et la privait de la consolation de voir ses chers pauvres
dont elle ne cessait de s'occuper d'ailleurs.

L'opération de la cataracte fut tentée, mais avec peu
de succès. On espérait la recommencer dans des conditions plus favorables, lorsque la sœur Rosalie, à la
suite d'un refroidissement, fut prise de la fièvre et d'un
point de côté, symptômes annonçant la pneumonie ou
la fluxion de poitrine. Une médication énergique amena
un mieux sensible qui donnait grand espoir.

La malade souffrait beaucoup cependant, mais sans
en laisser rien paraître. Une des sœurs gardes-malades
s'aperçut que, sur un vésicatoire posé récemment, une
serviette s'était repliée, et en pesant sur la plaie, devait
la rendre très douloureuse.

« Comment, ma mère, dit-elle, ne m'avez-vous point
appelée ? N'avez-vous donc rien senti ?

— Si vraiment, répondit la malade avec un sourire,

je sentais le mal, mais c'était un clou de la croix de Notre-Seigneur et je voulais le conserver.

Le six février (1856), les symptômes les plus graves ayant disparu, on croyait la supérieure sauvée ; les sœurs se réjouissaient ; mais quelques heures plus tard, par un soubresaut de la maladie, le danger reparaissait plus imminent, et elles s'agenouillaient près de leur mère agonisante qui succomba le lendemain.

A la nouvelle de cette mort, éclatant dans le quartier Saint Marceau comme un coup de foudre, ce fut une consternation générale. Les ouvriers, leurs femmes, leurs enfants, comme les vieillards et les infirmes mêmes, vinrent en foule pour faire à la sœur Rosalie une dernière visite dans la chapelle ardente où elle était exposée. Dans tous les yeux on voyait des larmes, on n'entendait que des gémissements et des sanglots, comme le jour d'après dans l'immense cortège qui suivait l'humble corbillard conduisant la servante des pauvres à l'église, puis au cimetière. La foule se composait d'un peuple entier avec ses grands et ses petits, ses riches et ses pauvres, ses savants et ses ouvriers, en un mot les personnages les plus illustres et les plus obscurs réunis par le même sentiment de douleur et de vénération.

Ah ! quand on voit ces regrets unanimes, et ces explosions d'admiration pour la vertu, le dévouement, la sainteté, on se sent consolé, fortifié ; on se croirait coupable de douter de l'avenir ; et l'on regarderait presque comme un blasphème de qualifier, ainsi que l'ont fait quelques-uns, de Babylone moderne ce Paris témoin, mais pas indifférent certes, de si sublimes et si persévérants dévouements, et où la dépouille mortelle d'une pauvre religieuse reçoit de pareils hommages, se voit, en souvenir de la belle âme qui l'animait, honorée de ces royales funérailles !

ROTROU

« L'un des créateurs du théâtre moderne », dit de lui
M. Laya dans la *Biographie universelle*. Rotrou, en effet,
a beaucoup écrit pour le théâtre, puisque ses Œuvres
dramatiques complètes, publiées pour la première fois
en 1820 seulement, forment cinq volumes in-8°. Une
seule de ses tragédies, *Wenceslas*, est restée au théâtre,
et encore la joue-t-on rarement ou même jamais. « Rotrou, dit encore M. Laya, s'était proposé dans ses pièces
un but moral qu'il fut loin d'atteindre dans l'exécution.
Il voulait purger le théâtre de ces plates équivoques, de
ces grivoises facéties, de ces situations hasardées, enfin
de toute cette licence de mœurs qui est d'un si mauvais
exemple en un lieu où l'on a la prétention de les réformer et de corriger les hommes. Malheureusement, la
route était frayée, la pente était faite, et sans le vouloir
et presque sans le savoir, il se laissa entraîner sur le
chemin glissant qu'avaient suivi ses devanciers. »

Ses deux premières pièces, l'*Hypocondriaque* et la
Bague de l'oubli, imitations de Lope de Véga, méritent
peu d'estime, et même aujourd'hui sont presque illi-
sibles. Rotrou lui-même disait à ce sujet: « Que ce qu'on
louait le plus dans ses ouvrages appartenait à l'auteur

espagnol ; que tout ce qu'on y trouvait de blâmable, au contraire, lui appartenait. »

Néanmoins, malgré leurs défauts, ces pièces, supérieures à ce qu'on avait fait jusqu'alors, avaient mis en relief le nom de l'auteur et attiré l'attention du cardinal de Richelieu, qui l'appela près de lui. Rotrou fit à Paris la connaissance de Corneille. « Une liaison franche s'établit entre eux. Corneille était né trois ans avant Rotrou [1] ; mais comme les deux succès de celui-ci avaient précédé le coup d'essai dramatique de Corneille, ce dernier, éminemment bonhomme, l'appelait *son père*. »

Mais bientôt les rôles changèrent. En 1636, le *Cid* parut, et avec un tel éclat, que le cardinal de Richelieu lui-même en prit de l'ombrage. La pièce par son ordre fut soumise à la censure de l'Académie française, qui s'honora par l'indépendance de son jugement et la mesure de sa critique... On sait que La bruyère a dit : « Le *Cid* enfin est l'un des plus beaux poèmes que l'on puisse faire ; et l'une des meilleures critiques qui aient été faites sur aucun sujet est celle du *Cid*. »

Rotrou, qui n'appartenait point à l'Académie, faute d'avoir sa résidence à Paris, se montra plus courageux encore : « Seul parmi tous les poètes dramatiques, dit M. A. Firmin Didot dans sa Notice, il prit la défense du *Cid ;* dès ce moment, il reconnut Corneille pour son maître, et depuis il appela toujours de ce nom celui qui, comme nous avons vu, se plaisait à le nommer lui-même son père. »

De ces sentiments, Rotrou voulut témoigner d'une

---

[1] Rotrou était né à Dreux en 1609.

façon solennelle en insérant dans sa tragédie de *Saint-Genest* des vers à la louange de Corneille. Précisément, parce que le passage est un hors d'œuvre et vient même d'une façon un peu forcée, il prouvait le désir qu'avait l'auteur d'attester publiquement son admiration pour le poète, son illustre ami. L'empereur Dioclétien demande au comédien Genest quelles sont les tragédies les plus célèbres de l'époque, et Genest répond : ce sont celles qui :

> Portent les noms fameux de Pompée et d'Auguste,
> Ces poèmes sans prix où son illustre main
> D'un pinceau sans pareil a peint l'esprit romain,
> Rendront de leurs beautés toute oreille idolâtre,
> Et sont aujourd'hui l'âme et l'amour du théâtre.

Plus tard, après la représentation de *la Veuve*, Rotrou dit à Corneille, en termes plus énergiques :

> Pour te rendre justice, autant que pour te plaire,
> Je veux parler, Corneille, et ne me puis plus taire ;
> Juge de ton mérite, à qui rien n'est égal,
> Par la confession de ton propre rival.
> . . . .
> Je vois que ton esprit, unique dans ton
> A des naïvetés plus belles que le fard,
> Que tes inventions ont des charmes étranges,
> Que leur moindre incident attire des louanges,
> Que par toute la France on parle de ton nom,
> Et qu'il n'est plus d'estime égale à ton renom.
>
> . . . .
> Tel je te sais connaître et te rendre justice,
> Tel on me voit partout adorer ta *Clarice;*
> Aussi rien n'est égal à ses moindres attraits;
> Tout ce que j'ai produit cède à ses moindres traits.

Ce langage parfaitement sincère, et qui n'était point celui de la fausse modestie, prouve chez notre poète une grande noblesse de caractère. Il ne craignait point de reconnaître l'heureuse influence de Corneille sur son propre génie ; car *Cosroës* et *Wenceslas*, les deux meilleures pièces de Rotrou, ne vinrent qu'après *le Cid, les Horaces, Cinna,* etc.

A propos de *Wenceslas*, on lit dans l'*Histoire du Théâtre-Français* par les frères du Parfait : « Rotrou, après avoir achevé sa tragédie, se préparait à la lire aux comédiens, lorsqu'il fut arrêté et conduit en prison pour une dette qu'il ne pouvait acquitter. La somme n'était pas considérable, mais il était joueur et par conséquent assez souvent vis-à-vis de rien. Il envoya chercher les comédiens et leur offrit sa tragédie pour vingt pistoles.»

L'anecdote est plus que contestable, et à l'époque où Rotrou fit jouer son *Wenceslas*, nul doute qu'il était revenu de ces égarements dont l'auteur de la *Notice,* mise en tête des Œuvres complètes, nous dit : « Rotrou, jeté à dix-neuf ans, dans une société fort corrompue, contracta de funestes habitudes. Une tradition de famille nous apprend qu'il répandait dans un grenier, sur des fagots, l'argent qu'il recevait des comédiens, étant forcé ensuite de le chercher pièce à pièce et se formant ainsi, presque malgré lui, une réserve que sa passion pour le jeu ne lui aurait pas permis de conserver. »

Il avait cédé aussi à d'autres entraînements qu'il confesse et déplore en termes des plus énergiques dans une épitre à un ami où se lisent ces stances entre autres :

> Mais que le souvenir de ces jours criminels,
> En l'état où je suis m'offense la mémoire !...

> Mon Dieu ! que ta bonté rend mon esprit confus
>   Qu'avecque raison je t'adore ;
>   Et combien l'enfer en dévore
>   Qni sont meilleurs que je ne fus !
>
> Les rayons de ta grâce ont éclairé mes sens,
> Le monde et ses plaisirs me semblent moins qu'un verre ;
> Je pousse encor des vœux, mais des vœux innocens
>   Qui montent plus haut que la terre !

Le repentir pouvait-il s'exprimer en termes plus éloquents ? Ce langage d'ailleurs ne saurait surprendre de la part de celui qui devait léguer à la postérité le mémorable exemple de sa mort héroïque, plus digne d'admiration certes que les œuvres les plus sublimes du génie. « Revenu jeune de ses égarements, dit la Notice déjà citée, et ayant obtenu une pension de la munificence du roi, il acheta la charge de lieutenant particulier au baillage de Dreux ; il fut nommé ensuite assesseur criminel et commissaire-examinateur au même comté. » Mais les voyages qu'il faisait à Paris pour la représentation de ses pièces nécessitaient souvent son absence hors de la ville. Or, en 1650, une maladie épidémique se déclara dans la ville de Dreux où bientôt elle exerça les plus cruels ravages. Le nombre des victimes dépassait trente par jour ; déjà le maire et plusieurs des notables avaient succombé ; d'autres, cédant à l'épouvante, s'étaient hâtés de fuir. Rotrou, qui se trouvait à Paris, est averti ; tout aussitôt sa résolution est prise et il repart pour Dreux. De cette ville, en réponse à son frère qui le suppliait de s'éloigner du foyer de la contagion, il écrit... Mais laissons parler un contemporain dont le récit est admirable dans sa naïveté :

« L'an 1650, la ville de Dreux fut affligée d'une dangereuse maladie. C'était une fièvre pourprée, avec des transports au cerveau, dont on mourait presque aussitôt qu'on en était attaqué. Cette maladie enlevait chaque jour un grand nombre de personnes et même les plus considérables de la ville. Cela obligea le frère de Rotrou, qui, dès sa plus grande jeunesse, s'était établi à Paris, de lui écrire et le prier fortement de sortir de Dreux et de venir chez lui, ou de se retirer dans une terre qui lui appartenait, entre Paris et Dreux. Mais Rotrou répondit chrétiennement à son frère qu'étant seul dans la ville qui pût veiller avec autorité pour y faire garder la police nécessaire afin de tâcher de la purger du mauvais air dont elle était infectée, il n'en pouvait sortir, le lieutenant général étant à Paris pour des affaires qui l'y retiendraient longtemps et le maire venant de mourir. Que c'était la raison qui l'avait obligé de remercier Mme de Clermont d'Entragues de la grâce qu'elle lui voulait faire de lui donner un logement dans son château, qui n'était éloigné que d'une lieue de Dreux, et celle dont il le priait de trouver bon qu'il se servît pour n'accepter pas les offres qu'il lui faisait. Il finissait sa lettre par ces paroles mémorables :

« Le salut de mes concitoyens m'est confié, j'en ré-
» ponds à ma patrie : je ne trahirai ni l'honneur ni ma
» conscience. Ce n'est pas que le péril où je me trouve
» ne soit fort grand, puisque, au moment où je vous
» écris, les cloches sonnent pour la *vingt-deuxième* per-
» sonne qui est morte aujourd'hui. Ce sera pour moi
» quand il plaira à Dieu. »

» Ce fut la dernière lettre qu'il écrivit, car peu de

temps après, ayant été attaqué de cette fièvre pourprée avec de grands assoupissements, il demanda les sacrements qui lui furent administrés, étant dans une parfaite connaissance, et qu'il reçut avec une grande résignation à la volonté de Dieu, qui le retira du monde le 27 juin de l'an 1650, après huit jours de maladie, âgé de 40 ans et dix mois. Il fut regretté non-seulement de ses parents et amis, mais encore de tous les habitants de Dreux et des lieux circonvoisins, dont il était fort estimé et parfaitement aimé. On l'inhuma dans l'église paroissiale de Saint-Pierre de Dreux. »

Certes Rotrou méritait bien la statue qui récemment lui a été érigée dans la ville de Dreux ; il la méritait par son dévouement plus encore sans doute que par son génie, encore que le *Wenceslas* comme le *Saint-Genest* renferment des scènes admirables. « Voltaire, dit **M.** Firmin Didot, cite souvent la tragédie de *Wenceslas* avec de grands éloges ; il ne met rien au-dessus de la scène d'ouverture et du quatrième acte ; la comparaison qu'il fait de plusieurs endroits de *Polyeucte* et de *Saint-Genest* est très-souvent à l'avantage de Rotrou. »

Celui-ci, d'ailleurs, comme nous l'avons dit déjà, pensait très-modestement de lui-même : « Il ne parlait jamais de ses ouvrages dans les compagnies où il se trouvait, soit des personnes de qualité, ou de ses amis, si on ne l'y obligeait ; et quand cela arrivait, il le faisait avec tant de modestie, qu'il paraissait bien que ce n'était que par excès de complaisance. »

Ainsi s'exprime l'auteur des *Singularités historiques*, qui plus loin nous dit encore : « Ce conseil (de Godeau, évêque de Grasse) confirma Rotrou dans le désir qu'il avait de penser sérieusement à la principale affaire, et l'on prétend qu'il s'y appliqua si bien que, plus d'un an avant sa mort, il se dérobait deux heures chaque jour pour les passer dans l'église où il méditait avec une grande attention et dévotion sur nos mystères sacrés. »

En 1811, l'Académie française proposa comme sujet pour le prix de poésie : *La Mort de Rotrou*. Millevoye, qui fut couronné, mourut bientôt après, enlevé à la fleur de ses années, comme celui qu'il avait célébré.

DE RUMFORD [1]

Benjamin Thomson, comte de Rumford, *physicien*, fut un *philanthrope* non moins célèbre, comme s'exprime la *Biographie Universelle*. L'illustre Cuvier, dans l'Éloge prononcé en séance publique à l'Institut, tout en proclamant bien haut les services rendus par Rumford à l'humanité, nous dit : « Il faut l'avouer, il perçait dans sa conversation et dans toute sa manière d'être, un sentiment qui devait paraître fort extraordinaire dans un homme si constamment bien traité par les autres et qui leur avait fait lui-même tant de bien ; c'est que c'était *sans les aimer et sans les estimer qu'il avait rendu tous ces services à ses semblables*. Apparemment que les passions viles qu'il avait observées dans les misérables commis à ses soins ou ces autres passions non moins viles que sa fortune avait excitées parmi ses rivaux, l'avaient ulcéré contre la nature humaine. »

N'est-ce pas un phénomène des plus curieux que ce scepticisme cruel chez cet étrange bienfaiteur de l'humanité, mais dont la véritable cause nous paraît avoir échappé à Cuvier ? Cette cause ne se trouverait-elle

[1] La rue qui portait ce nom a disparu. Elle commençait à la rue Lavoisier et finissait à la rue de la Pépinière (rue *Abattucci*.)

point dans la croyance religieuse de Thomson, américain de naissance, presbytérien ou puritain du culte, et
à qui la religion vraie, qui fut la religion des saint
Charles Borromée, des saint Vincent de Paul, des Fénelon, des Belsunce, n'avait pas appris l'indulgence, la
compassion généreuse pour les hommes, nos frères,
laquelle porte, par un motif supérieur, à les aimer,
sans jamais se laisser décourager par les déceptions,
sans jamais surtout se lasser d'espérer le changement
en mieux. L'exemple de M. de Rumford, dans sa singu-
larité même, nous semble remarquable, parce qu'il fait
toucher du doigt en quelque sorte toute la différence
qui sépare la philanthropie de la charité, et cette différence n'est rien moins qu'un abîme. Ces réflexions
faites, venons au récit.

Benjamin Thomson était né en 1753, dans un canton
de l'état de New-Hampshire autrefois nommé Rumford
et maintenant Concord. Sa famille d'origine anglaise,
mais depuis longtemps établie en Amérique, vivait du
produit d'une petite métairie. La mort de son père et
un second mariage de sa mère forcèrent le jeune homme
à quitter la ferme où il gênait pour aviser à se créer par
lui-même des ressources. Il pensait les trouver dans le
commerce et pour ce motif prit des leçons de mathématiques d'un ecclésiastique instruit qui lui donna le goût
des sciences. Mais c'était là une carrière des plus
ingrates au point de vue de la fortune, lorsqu'un mariage inespéré fit de Thomson, à peine âgé de 19 ans, un
des personnages importants de la Colonie. Par ce motif
et aussi par les tendances de son caractère qui le rendaient partisan de l'autorité, lors de la guerre de l'in-

dépendance, il embrassa avec ardeur la cause de la métropole et se distingua dans plusieurs circonstances à la fois comme diplomate et comme officier. Aussi au moment de la signature de la paix, se trouvait-il déjà colonel.

Croyant alors que l'état militaire était sa vocation véritable, il s'embarqua pour l'Europe avec l'intention d'aller offrir ses services à l'empereur d'Autriche dans la guerre contre les Turcs. Mais en passant à Munich, il eut occasion de voir l'électeur régnant, Charles-Théodore, qui, dès la première entrevue, fut si charmé de son entretien, de la sagesse de ses conseils, de la justesse de ses observations, qu'il n'hésita point à offrir à l'étranger un emploi des plus importants en Bavière. Thomson accepta sous réserve de cette condition qu'il lui serait permis d'en référer au roi d'Angleterre, considéré par lui toujours comme son souverain, et dont il voulait avant tout obtenir le consentement. Il partit en conséquence pour Londres où ce consentement lui fut donné dans les termes les plus bienveillants, avec maintien du grade de colonel et moitié de la solde qui lui fut payée jusqu'à sa mort.

« De retour à Munich, dit M. Weiss [1], Thomson mérita de plus en plus la confiance de l'électeur qui l'éleva par degrés au rang de conseiller d'état et de lieutenant général de ses armées et finit par lui remettre l'administration de la guerre. » Thomson se montra à la hauteur de ces nouvelles fonctions ; l'armée réorganisée lui dut des améliorations précieuses au point de vue moral et matériel. Il sut attacher le soldat à son état en ren-

[1] *Biographie Universelle.*

dant son sort plus heureux, régla l'avancement d'une façon plus équitable, créa des écoles régimentaires, etc. Comme ministre de la police, il ne se montra pas administrateur moins éclairé et moins ferme. La capitale de la Bavière était désolée par la mendicité. « Les mendiants, dit Cuvier, obstruaient les rues ; ils se partageaient les postes, se les vendaient ou en héritaient comme nous ferions d'une maison ou d'une métairie ; quelquefois même on les voyait se livrer des combats pour la possession d'une borne ou d'une porte d'église, et, quand l'occasion s'en présentait, ils ne se refusaient pas aux crimes les plus révoltants. »

C'était là véritablement un abus et qui déshonorait la pauvreté par elle-même si respectable. Thomson dut y porter remède en fournissant aux pauvres avec des moyens d'existence un travail que leur zèle et leur activité pouvaient rendre lucratif. « Et, s'il faut en croire Cuvier, pour changer ainsi les déplorables dispositions d'une classe avilie, il ne fallut que l'habitude de l'ordre et des bons procédés. Ces êtres farouches et défiants cédèrent aux attentions et aux prévenances. Ce fut, dit M. de Rumford lui-même, en les rendant heureux qu'on les accoutuma à devenir vertueux : *pas même un enfant ne reçut un coup ;* bien plus, on payait d'abord les enfants seulement pour qu'ils regardassent travailler leurs camarades et ils ne tardaient pas à demander en pleurant qu'on les mît aussi à l'ouvrage. Quelques louanges données à propos, quelques vêtements plus distingués, récompensèrent la bonne conduite et établirent l'émulation [1]. »

[1] Cuvier. — *Eloges et Notices historiques,* 3 vol. in 8°

Cela tient du merveilleux ; mais voici qui n'est pas moins admirable quoique plus touchant encore. « Bien que M. de Rumford ait été dirigé dans ses opérations plutôt par les calculs d'un administrateur que par les mouvements d'un homme sensible, il ne put se refuser à une véritable émotion, au spectacle de la métamorphose qu'il avait effectuée, et lorsqu'il vit sur ces visages auparavant flétris par le malheur et par le vice un air de satisfaction et quelquefois des larmes de tendresse et de reconnaissance. Pendant une maladie assez dangereuse, il entendit sous sa fenêtre un bruit dont il demanda la cause : c'étaient les pauvres de la ville qui se rendaient en procession à la principale église pour obtenir du ciel la guérison de leur bienfaiteur. Il convient lui-même que cet acte spontané de reconnaissance religieuse en faveur d'un homme d'une autre communion lui parut la plus touchante des récompenses ; mais il ne se dissimulait pas qu'il en avait obtenu une autre qui sera plus durable. En effet, c'est en travaillant pour les pauvres qu'il a fait ses plus belles découvertes. »

Malgré ses occupations comme homme d'état et administrateur, il trouvait du temps pour continuer ses recherches. Faisant tourner au profit des malheureux les connaissances qu'il avait acquises, il s'inquiéta des moyens de leur procurer à moins de frais la nourriture, le vêtement, le chauffage, etc., de là ses expériences sur la chaleur, la lumière, etc. On lui doit le premier établissement des fourneaux économiques aussi bien que des foyers qui portent son nom. Dans un de ses établissements, à Munich, *trois* femmes suffisaient pour faire à dîner à *mille* personnes et elles ne brûlaient que pour *neuf sous* de bois. Un personnage justement célèbre par son esprit disait de Rumford que bientôt il ferait ainsi son dîner à la fumée de son voisin.

Les services rendus à la Bavière par Thomson accrurent pour lui l'estime et l'affection de l'électeur qui le créa comte en lui donnant le nom du petit canton où il était né. De plus il le nomma, d'après son désir, ambassadeur en Angleterre ; mais par suite d'anciens usages diplomatiques qui, paraît-il, ne permettaient pas qu'une puissance étrangère fût représentée à Londres par un sujet anglais, Rumford ne put être agréé. Ce déboire qu'il n'avait pas prévu et la mort de l'électeur arrivée sur ces entrefaites, guérirent le comte de l'ambition, et il se résolut à prendre sa retraite. Après un court séjour à Munich, d'où il était revenu de Londres pour le réglement de ses affaires, il quitta la Bavière, voyagea quelque temps en Suisse et vint enfin se fixer en France, à Auteuil, près Paris (1804). Dans cette résidence, alors toute champêtre, habitait la veuve du célèbre Lavoisier, l'une des victimes de la Révolution. « Il (Rumford) plut à cette dame, dit M. Guizot, par son esprit élevé, sa conversation pleine d'intérêt, ses manières pleines de bonté. Tout en lui selon les apparences s'accordait avec ses habitudes, ses goûts, on pourrait presque dire ses souvenirs ; elle espéra en quelque sorte recommencer son bonheur et fut heureuse d'offrir à un homme distingué une grande fortune et une plus agréable existence. »

Vains calculs de la prévoyance humaine si souvent déçus, qui prouvent que, pour cette sainte association du mariage, il faut autre chose qu'une certaine conformité de goûts, et que la sympathie sérieuse et durable ne peut naître que de la sincère tendresse, de l'affection intime, de la mutuelle condescendance à laquelle aident beaucoup la solidité des principes et l'harmonie des croyances. Or, M. de Rumford était protestant, et madame Lavoisier, femme du monde, quoique très-honnête femme d'ailleurs, n'avait pas en vain peut-être respiré l'atmosphère du 18e siècle et toute jeune entendu chez son père les conversations de Malesberbes, Condorcet, etc. Quoiqu'il en soit, au bout de quelques mois, tout au moins de peu d'années, les deux époux, se trouvèrent divisés par des incompatibilités absolues d'humeur, et il faut bien avouer que les torts les plus graves, sinon tous les torts, doivent être imputés à M. de Rumford.

« Rien, dit Cuvier, n'aurait manqué à la douceur de son existence si l'aménité de son caractère avait égalé son ardeur pour l'utilité publique... Il appelait l'ordre l'auxiliaire nécessaire du génie, le seul instrument possible d'un véritable bien et presque une divinité subordonnée, régulatrice de ce bas monde..... Lui-même de sa personne était sur tous les points et sous tous les rapports imaginables le modèle de l'ordre ; ses besoins, ses plaisirs, ses travaux étaient calculés comme ses expériences. Il ne buvait que de l'eau ; il ne mangeait que de la viande grillée ou rôtie parce que la viande bouillie donne sous le même volume un peu moins d'aliments. Il ne se permettait enfin rien de superflu, pas même un pas ni une parole et c'était dans le sens le plus strict qu'il prenait le mot *superflu.* C'était sans doute un moyen de consacrer plus sûrement toutes ses forces au bien ; mais il n'en était pas un d'être agréable dans la société de ses pareils » et tout particulièrement de sa femme à laquelle cette régularité mathématique et tenant de la monomanie devait faire une vie fort peu agréable.

Mais, M. de Rumford eut vis-à-vis d'elle un tort plus grave : madame de Lavoisier, en se remariant, avait expressément stipulé qu'elle se ferait appeler madame *Lavoisier* de Rumford, ce à quoi volontiers en apparence avait consenti le futur. Mais M. de Rumford, prompt à oublier ses engagements, s'étonna que sa femme ne fît pas de même, et il ne dissimula pas sa mauvaise humeur. La veuve de Lavoisier lui rappela avec convenance mais avec fermeté leurs conventions, en ajoutant, dans une lettre écrite vers 1808 : « J'ai regardé » comme un devoir, comme une religion, de ne point » quitter le nom de mon premier mari..... Comptant sur » la parole de M. de Rumford, je n'en aurais pas fait un » article de mes engagements civils avec lui si je n'avais » voulu laisser un acte public de mon respect pour M. » Lavoisier et une preuve de la générosité de M. de » Rumford. C'est un devoir pour moi de tenir à une dé- » termination qui a toujours été une des conditions de » notre union et j'ai dans le fond de l'âme la conviction » que M. de Rumford, après avoir pris le temps de » réfléchir, me permettra de continuer à remplir un » devoir que je regarde comme sacré. »

M. de Rumford pourtant, loin de se rendre, s'opiniâtra dans ces susceptibilités tardives, dans cette jalousie assez ridicule puisqu'elle s'adressait à une ombre, à la mémoire d'un homme éminent que sa fin tragique devait rendre plus digne de vénération. Tout en le blâmant de manquer ainsi à sa parole, on ne saurait excuser tout à fait madame de Rumford. Puisque le souvenir de Lavoisier lui était encore si cher, pourquoi ne pas rester tout simplement dans son veuvage au lieu de consentir à une union qui, par les motifs indiqués plus haut, devait la placer vis-à-vis de son second mari dans une position fausse et délicate ? Par suite de ces difficultés et des luttes qui en résultèrent, la position des époux devint telle qu'ils jugèrent tous deux une séparation nécessaire et elle eut lieu à l'amiable le 30 juin 1809.

M. de Rumford, par sa propre faute sans doute, passa ainsi dans l'isolement les dernières années de la vieillesse et mourut plus que jamais en proie à l'amer désenchantement, dans sa maison d'Auteuil (21 août 1814).

Son éminent biographe, qui, même dans un *Éloge*, sait rester historien sérieux et n'a point dissimulé le revers de la médaille, rend cependant à Rumford, dans sa peroraison, ce témoignage qu'il semble juste de ne pas négliger :

« Quels que fussent au reste, dit Cuvier, les sentiments de M. Rumford pour les hommes, ils ne diminuaient en rien son respect pour la divinité. Il n'a négligé dans ses ouvrages aucune occasion d'expliquer sa religieuse admiration pour la Providence, et d'y offrir à l'admiration des autres les précautions innombrables et variées par lesquelles elle a pourvu à la conservation de ses créatures ; peut-être même son système politique venait-il de ce qu'il croyait que les princes doivent faire comme elle, et prendre soin de nous sans en rendre compte. »

OLIVIER DE SERRES

I

Un contemporain et ami d'Olivier de Serres, dans une Épître remarquable à celui-ci, fait de l'agriculture un éloge qui n'est que l'expression de la vérité, et auquel on est heureux de s'associer en reproduisant tout au long le passage, non pas pourtant dans le texte original, car ce petit poème est en latin. Aussi, nous croyons préférable d'emprunter l'élégante traduction qu'en a donnée François de Neufchâteau à la suite de son *Eloge* d'Olivier de Serres, prononcé à Paris le 18 septembre 1803, et qui se lit en tête de la nouvelle édition du *Théâtre d'Agriculture* [1] :

> Ton art est le premier dont notre premier père
> Reçut la loi, dirai-je, ou fâcheuse ou prospère?
> Nul autre n'est plus noble et plus riche et plus doux ;
> Il est de tous les temps, il plaît à tous les goûts.
> Le père de famille, au sein de son domaine,
> Goûte les biens permis à la nature humaine ;
> Ses moments sont remplis, ses guérêts cultivés,
> Dans l'amour du travail ses enfants élevés ;
> Sous les rapports d'époux, et de père et de maître,
> Il est heureux autant qu'un mortel le peut être,
> Du théâtre des champs tel est le digne acteur.
> Non, mon cher *Ollivier*! non, l'on ne peut jamais

[1] 2 vol in-4°, an XII (1804.)

Ni sur des monceaux d'or, ni parmi les palais,
Ni dans l'éclat des rangs que le luxe accompagne,
Racheter les douceurs qu'on trouve à la campagne.

Malgré quelques passages faibles, voilà en somme un heureux commentaire du fameux : *O fortunatos agricolas,* de Virgile. Souhaitons que ces vérités soient de plus en plus comprises aujourd'hui, que tous les hommes d'Etat comme les moindres bourgeois estiment à sa valeur cet art, honorable et utile entre tous, qui inspira si merveilleusement au siècle d'Auguste le génie du grand poète, et auquel Olivier de Serres, plus pratique sans doute, avait élevé ce précieux monument [1], fruit de sa longue expérience et d'une vie toute entière occupée à ce noble travail de la terre : « Mon inclination et l'état de mes affaires, dit-il dans la préface, m'ont retenu aux champs en ma maison, et fait passer une partie de mes meilleurs ans, durant les guerres civiles de ce royaume, cultivant ma terre par mes serviteurs, comme le temps l'a pu porter. En quoi Dieu m'a tellement béni par sa sainte grâce, que m'ayant conservé parmi tant de calamités, dont j'ai senti ma bonne part, je me suis tellement comporté parmi les diverses humeurs de ma patrie, que ma maison, ayant été plus logis de paix que de guerre, quand les occasions s'en sont présentées, j'ai rapporté ce témoignage de mes voisins, qu'en me conservant avec eux, je me suis principalement adonné chez moi à faire mon ménage. »

C'est ce qui explique que cette vie, si utilement employée d'ailleurs, ne renferme que peu ou point d'évènements, d'accidents notables, ou que du moins les bio-

---

[1] Le *Théâtre d'Agriculture.*

graphes aient crus suffisamment importants pour nous
les transmettre. François de Neufchâteau, dans plusieurs
endroits de son *Eloge*, en fait l'aveu non sans regret :
« Si vous me demandez, non pas des phrases oratoires,
non pas des épisodes étrangers, mais une Notice historique et des faits qui peignent la vie du respectable
auteur du *Théâtre d'Agriculture*, je ne puis vous dissimuler que cette tâche est à peu près impossible à remplir, et qu'un talent supérieur à mes faibles efforts ne
pourrait suppléer ici au défaut absolu des matériaux les
plus simples et des renseignements même les plus vulgaires sur le sujet qui nous occupe. »

Tout ce qu'on sait de l'illustre agronome, c'est qu'Olivier de Serres, seigneur du Pradel, naquit à Villeneuve
de Berg, dans le Vivarais (Ardèche), en 1539. Le domaine de Pradel était situé à une demi lieue de cette
dernière ville, et le propriétaire, comme il nous le dit,
s'y étant retiré, se plut à l'embellir et à en faire ce que
de nos jours on appellerait une ferme modèle :

> L'heureux Pradel domine un beau vallon champêtre ;
> Mais ses fruits sont entés de la main de son maître ;
> Mais ce pré verdoyant (dont ce nom fut tiré,)
> D'arbres majestueux par toi fut entouré.
> . . . . La Naïade lointaine
> Vit changer, par tes soins, le cours de sa fontaine.
> Son tribut, au Pradel si longtemps inconnu,
> Du domaine embelli doubla le revenu.
> Tes champs désaltérés en tout temps prospérèrent ;
> Tes bâtiments surpris d'un vivier s'entourèrent ;
> Et, dans sa fuite encor, suivant tes intérêts,
> L'eau fit tourner pour toi les meules de Cérès.

Le fait le plus important de la vie d'Olivier de Serres,

après la publication de son grand ouvrage, fut le témoignage de confiance que lui donna le roi Henri IV, lorsqu'il voulut introduire la culture du mûrier en France, afin que celle-ci cessât d'être tributaire de l'étranger pour la soie « et qu'elle se voye redimée de la valeur de plus de quatre millions d'or, que tous les ans il en fallait sortir, pour la fournir des étoffes composées de cette matière ou de la matière même. »

Henri, qui connaissait Olivier, au moins par ses écrits et le tenait en singulière estime, lui écrivit de sa propre main sur le sujet en question en lui envoyant, de Grenoble où il se trouvait à cause de la guerre avec la Savoie, sa missive par un de ses principaux officiers, le seigneur de Bordeaux, « baron de Colonce, » surintendant général des jardins de France, seigneur rempli de toutes rares vertus, dit Olivier de Serres. « Par cette même voie, le roi me fit l'honneur de m'écrire pour m'employer au recouvrement desdits plants, où j'apportai telle diligence que, au commencement de l'an 1601, il en fut conduit à Paris jusqu'au nombre de quinze à vingt mille. Lesquels furent plantés en divers lieux dans les jardins des Tuileries, où ils se sont heureusement élevés... Et pour d'autant plus accélérer et avancer ladite entreprise, et faire connaître la facilité de cette manufacture, Sa Majesté fit exprès construire une grande maison au bout de son jardin des Tuileries à Paris, accommodée de toutes choses nécessaires, tant pour la nourriture des vers, que pour les ouvrages de la soie. »

Cette *mangannerie* s'élevait à l'endroit où se voit maintenant le Jeu de Paume qui a remplacé l'Orangerie du côté de la rue Saint-Florentin, au bout de la terrasse dite autrefois des Feuillants.

Après ces détails, la biographie ne nous apprend rien de plus sur Olivier de Serres, si ce n'est la date de sa mort, qui eut lieu au Pradel le 2 juillet 1619. Il avait pu jouir d'ailleurs de sa gloire, car, de son vivant seulement, huit éditions de son livre, paru en 1600 et dédié au roi (Henri IV), se succédèrent rapidement. Neuf autres parurent ensuite, dont la dernière fut publiée à Lyon en 1675. Depuis lors, par un de ces caprices de la vogue plus faciles à constater qu'à expliquer, le *Théâtre d'Agriculture* cessa de se vendre et par conséquent de s'imprimer. On préféra la médiocre *Maison rustique*, complétée par Ch. Liébault, à l'œuvre si substantielle et si originale d'Olivier de Serres, dont François de Neufchâteau dit excellemment :

« Les révolutions de la langue française ont fait vieillir, en effet, un grand nombre de livres ; mais il est des auteurs que leur naïveté ou leur précision a sauvés du naufrage des compositions gauloises. Ces auteurs font aimer leur physionomie antique. Ils ont une couleur à eux : la rajeunir, c'est l'altérer, comme on dégrade un vieux palais qu'on s'avise de regratter. Boileau se moque de celui qui avait traduit le français d'Amyot. On ne pourrait pas supporter une version de Montaigne. Nous croyons qu'Olivier de Serres est un peu de la même trempe. L'intérêt d'un livre a trois sources : le sujet, le plan et le style. Le *Théâtre d'Agriculture* réunit ces trois avantages : le sujet en est bien saisi, l'ordonnance en est simple et grande ; quant au langage de l'auteur, on voit qu'il avait fait d'excellentes études et que les formes de son style sont celles des auteurs classiques. Il jette dans ce moule des notions si justes, des

idées si précises et des conceptions si nettes, qu'une
sorte de charme est encore attachée à sa manière de les
rendre. En lisant posément le *Théâtre d'Agriculture*, on
l'entend sans aucune peine ; malgré la grammaire moderne, on s'habitue à ses tournures, on aime à remonter
au temps où l'auteur écrivait. Nous nous plairions à
conférer avec un bon vieillard qui eût vécu sous Henri IV
et qui lui eût parlé. En dépit de son vieux langage, s'il
avait de l'esprit nous saurions l'écouter avec attention.
Eh bien ! voilà précisément l'espèce de plaisir que donne
le livre d'OLIVIER DE SERRES [1]

II

A défaut de détails biographiques plus complets sur
l'illustre laboureur, on nous saura donc gré de faire
quelques emprunts à son livre :

Naturel des terres. « Le fondement de l'agriculture est
la connaissance du naturel des terroirs que nous voulons cultiver...

« .... On remarque plusieurs et diverses sortes de
terres ; mais pour éviter la confusion de ce grand nombre, nous les distinguerons en deux principales ; à savoir en argilleuses et sablonneuses, d'autant que ces
deux qualités-là sont les plus apparentes en tous terroirs
et dont de nécessité faut qu'ils participent. De là procède
la fertilité et stérilité des terroirs au profit ou détri-
ment du laboureur, selon que la composition des argiles
et sablons s'en trouve bien ou mal faite. Car comme le
sel assaisonne les viandes, ainsi l'argile et le sablon
étant distribués ès terroirs par juste proportion, ou par

[1] *Éloge d'Olivier de Serres.*

nature ou par artifice, les rendent faciles à labourer, à retenir et rejeter convenablement l'humidité, et, par ce moyen, domptés, approvisionnés, engraissés, rapportent gaiement toutes sortes de fruits. Comme au contraire, importunément surmontés par l'une ou l'autre de ces deux différentes qualités, ne peuvent être d'aucune valeur : se convertissant en terres trop pesantes ou trop légères, trop dures ou trop molles, trop fortes ou trop faibles, trop humides ou trop sèches; bourbeuses, crayeuses, glaiseuses, difficiles à manier en tout temps, craignant l'humidité en hiver et la sécheresse en été, et par conséquent presque infertiles. »

N'est-ce pas là une langue excellente qui dit bien ce qu'elle veut dire, nette, précise et cependant colorée ?

Le père de famille, bon ménager ! « Pour un préalable doncques, notre père de famille sera averti de s'étudier à se rendre digne de sa charge ; afin que sachant bien commander ceux qu'il a sous soi, en puisse tirer l'obéissance nécessaire (ce qui est l'abrégé du ménage), tâchant, pour en venir là, de changer, ou du moins d'adoucir les humeurs qu'il pourrait avoir contraires à tout louable exercice, par n'y être né. Moyennant ce, et la faveur du ciel, ne doutera de venir très-bien à bout de ses desseins.

» ... Le père de famille ajoutera à ses œuvres pies et charitables, celle-ci, de s'employer à pacifier les différents et querelles d'entre ses sujets et voisins, les gardant d'entrer en procès et les aidant à en sortir s'ils y sont : à ce que la paix étant conservée parmi eux, il participe lui-même à l'aise et repos qu'elle aura produit.

» ... Sera véritable, continent, sobre, patient, prudent, provident, épargnant, libéral, industrieux et diligent. Parties nécessaires à l'homme qui désire bien vivre en ce monde, même au ménager ; étant leurs contraires ennemies formelles de notre profit et bonheur, Dieu maudissant le labeur des vicieux et fainéants, et les hommes les ayant en exécration. »

La Poulaille ; du Coq. « Que le coq soit de moyenne taille, toutefois plus grand que petit : de pennage (plumage) noir ou rouge obscur ; ayant les pieds gros, garnis d'ongles et de griffes avec les ergots forts et acérés ; les jambes fortes et tout cela de couleur jaune ; les cuisses massives et fournies de plumes ; la poitrine large, le col élevé et fort garni de plumes de diverses et variantes couleurs, comme dorées, jaunes, violettes et rouges ; la tête grosse et élevée ; la crête rouge comme écarlate, grande, redoublée, crépelue ; le bec gros et court, les yeux noirs et brillants, les oreilles larges et blanches, la barbe longue et pendante ; les ailes fortes et bien fournies de pennage ; la queue grande et haute, la portant redoublée par-dessus la tête, si toutefois il a queue ; car des esqueués (sans queue) s'en trouve de fort bons. Sera aussi le coq éveillé, chaud, courageux, remuant, robuste, prompt à chanter, affectionné à défendre ses poules et à les faire manger. »

N'est-ce pas bien dit ? Se peut-il une peinture plus vive et plus franche et telle que Weenix ou tel autre Flamand pourrait l'avouer ! J'imagine que si La Fontaine connut ce passage, il dut en être ravi et maintes fois le lire et relire.

FIN DU DEUXIÈME VOLUME.

TABLE

—

FIN DE LA TABLE DU DEUXIÈME VOLUME.

CAMBRAI. — IMPRIMERIE DE A. RÉGNIER-FAREZ, PLACE-AU-BOIS, 28.

www.ingramcontent.com/pod-product-compliance
Lightning Source LLC
Chambersburg PA
CBHW051732250726

48659CB00001B/17